Der Zwergkärpfling

Heterandria formosa

Michael Kempkes

Die Neue Brehm-Bücherei Bd. 683
VerlagsKG Wolf · 2020

mit 82 Abbildungen und 29 Tabellen

Titelbild: Adultes Männchen mit angespannter Beflossung. Foto: Elke Weiand.

Alle Rechte vorbehalten, insbesondere die der
fotomechanischen Vervielfältigung oder Übernahme
in elektronische Medien, auch auszugsweise.

2., aktualisierte und erweiterte Auflage
© 2020 VerlagsKG Wolf · Magdeburg · www.vkgw.de

ISSN: 0138-1423
ISBN: 978-3-89432-251-9

Lektorat: Dr. Günther Wannenmacher · www.lektorat-wannenmacher.de
Satz und Layout: Alf Zander
Druck und Bindung: Druckerei Kühne & Partner GmbH & Co KG

Vorwort zur 2. Auflage

»*Dazu sei bemerkt, dass jedes Tier ziemlich alle Rätsel des Lebens in sich birgt.*«

Karl von Frisch, »Erinnerungen eines Biologen«, 1973

»*In dem Maße, wie die Erkundung vorangetrieben wird, rückt sie immer dichter an Herz und Geist des Menschen heran.*«

Edward O. Wilson, »Biophilia«, 1984

Nach dem Erscheinen der 1. Auflage der Monografie über den Zwergkärpfling im Jahr 2014 sind einige weitere sehr interessante Artikel über diese Art publiziert worden, die ich bei den Arbeiten an der vorliegenden aktualisierten und erweiterten Auflage berücksichtigen konnte. In jedem Fall habe ich mich darum bemüht, die wichtigsten neuen Erkenntnisse um *Heterandria formosa* im Folgenden wiederzugeben und somit zu einem weiteren Erkenntnisgewinn der Leserschaft beizutragen. Unter den ergänzend eingefügten, zwischen 2014 und 2019 erschienenen Artikeln ist sicherlich der, der die Entschlüsselung des Genoms dieser Art dokumentiert, besonders hervorhebenswert. In diesem Zusammenhang gilt mein ganz besonderer Dank Herrn Prof. Dr. Bart Pollux (Universität Wageningen, Niederlande).

Dass neue Aufsätze bei einer weiteren Auflage eine entsprechende Berücksichtigung erfahren, ist selbstverständlich, dass jedoch sehr alte, ja historische Arbeiten teilweise erstmalig in einer zweiten Auflage aufgegriffen und in ihren wichtigsten Aussagen dargestellt werden, ist dagegen eher ungewöhnlich. Die Tatsache, dass dies in diesem Buch nun so erfolgt, ist schlichtweg auf den Umstand zurückzuführen, dass ich viele der ganz alten, sogar der ersten deutschsprachigen Aufsätze über diese Art erst jetzt vorliegen habe. Mein großer Dank gilt diesbezüglich Herrn Stefan Körber (Mühlheim an der Ruhr), der mir zahlreiches altes, mit viel Mühe aufbereitetes Material zur Verfügung gestellt hat. Für zwei weitere elektronenmikroskopische Aufnahmen und einen sehr regen und zugleich äußerst angenehmen Austausch danke ich Herrn Professor Dr. Hartmut Greven (Düsseldorf). Herrn Dr. Hans-Joachim Paepke (Potsdam) danke ich für persönliche Schilderungen und die sehr wertschätzende Korrespondenz. Der Fotografin Chiara Sciarone (Zwolle, Niederlande) danke ich sehr herzlich für die Bereitstellung aussagekräftiger Fotos. Mein Freund Dr. Fred N. Poeser (Amsterdam, Niederlande) gab mir wichtige Hinweise auf Fragen der Systematik, wofür ich ihm herzlich danke. Ebenso bedanke ich mich sehr herzlich bei meinem Verleger Herrn Michael Wolf, dass er mir die Möglichkeit gibt, die 1. Auflage dieser Monografie durch weitere Ergänzungen zu aktualisieren und zu erweitern. Möge dieses Buch, ebenso wie die 1. Auflage, bei den Leserinnen und Lesern, also den an Zwergkärpflingen interessierten Biologen, Aquarianern und anderen Naturfreunden, wieder viel positiven Anklang finden. Schließlich danke ich auch meiner Partnerin Stefanie Fonck sehr herzlich, die mir während der Arbeiten an der 2. Auflage dieses Buches in vielerlei Hinsicht den Rücken freigehalten und zugleich gestärkt hat.

Bocholt, im Spätsommer 2019

Vorwort zur 1. Auflage

>»Wer nichts weiß, der liebt nichts. (...)
>Je mehr Erkenntnis in einem Ding liegt,
>desto größer die Liebe.«
>
>PARACELSUS, »Labyrinthus medicorum erratium«

Der Zwergkärpfling ist, wie der deutsche Populärname es bereits vermuten lässt, eine sehr kleine Fischart. Lange Zeit galt *Heterandria formosa* – so der zoologische Name – als eine der allerkleinsten Wirbeltierarten überhaupt. Mittlerweile sind allerdings einige noch kleinere Arten gefunden worden. Nichtsdestotrotz ist der Zwergkärpfling eine außergewöhnliche Fischart, deren besondere Schönheit sich aus ihrer Schlichtheit ergibt, und deren Anmut sich nur demjenigen erschließt, der mit wachem, geduldigem Blick diese Kleinode betrachtet. Die dunklen Zeichnungselemente kontrastieren hübsch zur deutlich helleren Grundfarbe, die von Beige über Grau bis zu Olivgrün reicht; ein dezenter roter Fleck in der Rückenflosse ist der »farbliche Höhepunkt«. Und trotz des schlichten Farbkleides, das mit den meisten gängigen Aquarienfischen nicht annähernd konkurrieren kann, üben diese zierlichen Winzlinge eine ungeheure Faszination auf ihre Beobachter aus. Sicherlich trägt auch das interessante Verhalten dazu bei. Dieser vom Körperbau her recht primitive Lebendgebärende Zahnkarpfen pflanzt sich in einer außergewöhnlichen Form fort, die zwar nicht einzigartig, aber dennoch eines näheren Hinsehens allemal wert ist. Viele der an der Biologie der Poeciliinen interessierten Wissenschaftler haben sich demzufolge auch mit der Fortpflanzung und anderen biologischen Besonderheiten des Zwergkärpflings beschäftigt. Darüber hinaus hat diese Art, trotz ihres eher schlichten Farbkleides, auch unter den Aquarianern viele Freunde gefunden, die diesen Fischen ein kleines, verkrautetes Artaquarium ohne großen technischen Aufwand bieten. Vor allem in den letzten Jahren hat der Zwergkärpfling im Rahmen des noch immer anhaltenden Trends zu den sogenannten Nano-Aquarien viel Beliebtheit dazugewonnen. Aber auch vor dieser neuen »Mode« gehörte der Zwergkärpfling in vielen Zuchtanlagen zu den Fischen, denen man wenigstens ein eigenes, zumeist kleineres Aquarium dauerhaft reserviert hat. Sie müssen also, trotz der fehlenden

DIE NEUE BREHM-BÜCHEREI

intensiv-bunten Farben und großer, extravaganter Flossen, wie sie bei anderen Vertretern der Lebendgebärenden Zahnkarpfen zu finden sind, doch etwas Besonderes an sich haben, das viele Aquarianer an ihnen fasziniert. Auch ich konnte mich noch nie dieser Faszination der Zwergkärpflinge entziehen, und so ist nicht grundlos die vorliegende Monografie entstanden. In den zurückliegenden Jahren der intensiven Beschäftigung mit den »Zwergen« ist eine intensive Beziehung zu ihnen entstanden, die weit über die anfängliche Begeisterung hinausgeht. Dem einleitenden Zitat von PARACELSUS ist eigentlich nichts hinzuzufügen!

Und so fasst das vorliegende Werk einerseits die gegenwärtigen Kenntnisse um die spezielle Biologie der Zwergkärpflinge weitgehend zusammen, und andererseits werden noch unbeantwortete Fragen dargestellt, sodass das Buch gewissermaßen auch als Arbeitsauftrag an alle verstanden werden kann, die sich, aus welchen Gründen und mit welcher Profession auch immer, näher mit diesen überaus faszinierenden Fischen beschäftigen. Aus den zitierten Artikeln gebe ich die nach meinem Dafürhalten wichtigsten Erkenntnisse wieder, wohl wissend, dass diese Arbeiten häufig weit mehr hergeben. Daher sei jedem weitergehend Interessierten dazu geraten, die Artikel im Original zu lesen. Ich habe bei der Auswahl der Aufsätze die m. E. wichtigsten Arbeiten ausgewählt, sodass, das hoffe ich zumindest, eine Monografie vorliegt, die tiefere Einblicke in die Biologie von *Heterandria formosa* ermöglicht.

Ohne die Unterstützung vieler Menschen wäre die Realisierung dieses Bandes nicht möglich gewesen. Ich danke HERMAN VAN DER KOOY (Vlijmen, Niederlande), CLAUS OSCHE (Berlin), HEIKE SAVELSBERGH (Linnich), INGO BOTHO REIZE (Köln) sowie JAAP-JAN DE GREEF (Parrish, Florida, USA) jeweils für kleine Zuchtgruppen. ALEXANDER DORN (Halle/Saale) stellte mir dankenswerterweise seine Diplomarbeit über Zwergkärpflinge zur Verfügung. Auch KEES DE JONG (Hoorn, Niederlande), VOLKER DIEKMANN (Rosendahl, Münsterland), Dr. DIETER GENTZSCH (Kitzscher), Dr. BART POLLUX (Wageningen, Niederlande), MARION RUTTKOWSKI (Gelsenkirchen) und MICHI TOBLER (Oklahoma, USA) sei für die Kopien wichtiger Arbeiten gedankt. RONAN BOUTOT (Hodenc l'Évêque, Frankreich), RICHARD »RIT« FORCIER (Florida, USA), Dr. MATTHEW S. SCHRADER (Tallahassee, Florida, USA), THUE GRUM-SCHWENSEN (Kopenhagen, Dänemark), JÖRG HARTIG-BEECKEN (Konstanz), FOKKO PADMOS (Amsterdam, Niederlande) und KLAUS PRÖPPER (Balve, Sauerland) gaben mir wichtige Informationen, ebenso wie HORST SELIGER (†, einst Niederpöllnitz, Thüringen), bei dem ich jenseits des einstigen »Eisernen Vorhangs« zwischen Ost und West einige Jahre vor der deutschen Wiedervereinigung als jugendlicher Züchter zum ersten Mal Zwergkärpflinge bestaunen durfte.

Ein herzlicher Dank gilt auch Prof. Dr. HARTMUT GREVEN (Düsseldorf), LEO VAN DER MEER (Amsterdam, Niederlande), JUAN CARLOS MERINO (Leusden, Niederlande), Dr. INGO BOTHO REIZE (Köln), Dr. RÜDIGER RIEHL (†, einst Düsseldorf) sowie ELKE WEIAND (Freiburg im Breisgau), ohne deren beeindruckende Fotos die vorliegende Monografie nicht so aussagekräftig bebildert worden wäre. Vor allem ELKE WEIAND, Prof. Dr. HARTMUT GREVEN und Dr. INGO BOTHO REIZE erfüllten mir zahlreiche, teils auch außergewöhnliche Fotowünsche. JAAP-JAN DE GREEF und RICHARD FORCIER sei herzlich für wichtige Hinweise aus dem Freiland und praktische Unterstützungen gedankt. Und auch weiteren, hier nicht genannten Freunden gilt mein Dank für mannigfaltige Unterstützung.

Meiner Nachbarin EVELYN MESSING danke ich sehr für die Betreuung meiner Tiere während meiner Abwesenheit. Einen großen Dank richte ich an meine Freunde Dr. FRED N. POESER (Universität Leiden, Niederlande) und FRANK BUDESHEIM (Kerpen), die von Anfang an meine Vorhaben in vielfältiger Weise unterstützt und einzelne Kapitel kritisch gesichtet haben. Mein herzlicher Dank gilt zudem der Westarp Wissenschaften-Verlagsgesellschaft mbH, namentlich WOLF GRAF VON WESTARP, der als Verleger das Buch in das Programm der traditionsreichen Neuen Brehm-Bücherei aufgenommen hatte, bevor diese von der VerlagsKG Wolf übernommen wurde. Ich danke auch dem neuen Verleger der Reihe, MICHAEL WOLF, herzlich für die gute Zusammenarbeit. Es ist für mich als Autor eine große Ehre, dass auch diese Monografie in der Neuen Brehm-Bücherei erscheint. Selbstverständlich richte ich einen großen Dank auch an den Lektor, Dr. GÜNTHER WANNENMACHER, für die gewohnt gute Zusammenarbeit.

Ein herzlicher Dank gilt natürlich meiner Familie, wobei ich hier besonders meinen Sohn JOSHUA erwähnen möchte, der mich im Oktober 2011 auf der Reise durch Florida begleitet und tatkräftig bei den Untersuchungen der Biotope unterstützt hat. Ihm sei dieses Buch als Dank und zur Erinnerung an unsere gemeinsame, ereignisreiche Zeit in Florida gewidmet.

Isselburg-Anholt, im Frühjahr 2014

Meinem Sohn JOSHUA gewidmet.

Inhaltsverzeichnis

	Vorworte zur 2. und 1. Auflage	5
	Inhaltsverzeichnis	9
1	Systematische Stellung im Tierreich	13
2	Stammesgeschichte der Zwergkärpflinge	20
3	**Morphologie**	23
3.1	Habitus und Färbung	24
3.2	Meristische Daten und Flossen	35
3.3	Fortpflanzungsorgane	39
3.3.1	Weibliche Fortpflanzungsorgane und Oozyten	39
3.3.2	Männliche Fortpflanzungsorgane und Spermien	43
3.3.3	Hermaphroditismus	44
3.3.4	Das Genom	44
4	**Verbreitung und Ökologie**	46
4.1	Natürliche Verbreitung	47
4.1.1	Lebensbedingungen in den unterschiedlichen Habitaten	53
4.1.2	Geografische Variationen bzw. Lokalformen	58
4.1.3	*Heterandria formosa* als Neozoon	70

4.2	Natürliche Selektion durch konkurrierende Arten, Fressfeinde und intraspezifische Konkurrenz sowie Auswirkungen auf die Life History der Zwergkärpflinge	71
4.2.1	Sympatrisches und syntopes Vorkommen mit anderen Arten	71
4.2.2	Natürliche Selektion durch Fressfeinde	80
4.2.3	Innerartliche Konkurrenz	87
4.3	Nahrungsressourcen	91
4.4	Gefährdungssituation im Freiland	92
5	**Verhalten**	**96**
5.1	Gruppenstrukturen und Sozialverhalten	97
5.2	Nahrungserwerb	100
5.2.1	Nahrungserwerb in der Natur	102
5.2.2	Nahrungserwerb im Aquarium	103
5.3	Agonistisches Verhalten und Territorialität	110
5.3.1	Innerartliches Aggressionsverhalten und Territorialität	111
5.3.2	Artübergreifendes Aggressionsverhalten	119
5.4	Balz- und Fortpflanzungsverhalten	120
5.5	Schreck- und Fluchtverhalten	129
6	**Fortpflanzung und Ontogenese**	**131**
6.1	Sexuelle Selektion und Partnerwahl	132
6.1.1	Partnerwahl durch die Weibchen	135
6.1.2	Partnerwahl durch die Männchen	138
6.1.3	Intrasexuelle Konkurrenz der Männchen	140
6.2	Kopulation	141

6.3	Spermienspeicherung, Trächtigkeit, Geburt, Geburtsintervalle und Geschlechterverhältnis	143
6.3.1	Spermienspeicherung	144
6.3.2	Trächtigkeit	145
6.3.3	Geburt und Geburtsintervalle	148
6.3.4	Geschlechterverhältnis	168
6.4	Ontogenese und Life History	170
6.4.1	Geburtslänge und Geburtsgewicht	171
6.4.2	Mortalität der Jungfische	173
6.4.3	Wachstum der Jungfische	173
6.4.4	Geschlechtsdimorphismus	176
6.4.5	Geschlechtsreife	178
6.4.6	Wachstum der Adulti	179
6.4.7	Lebenserwartung, Altern und Tod	180
7	**Zwergkärpflinge im Aquarium**	**182**
7.1	Sind Zwergkärpflinge domestiziert?	183
7.2	Haltung, Pflege und Vermehrung	187
7.2.1	Wasser	188
7.2.2	Einrichtung des Aquariums	195
7.2.3	Ernährung	197
7.2.4	Vergesellschaftung	202
7.2.5	Freilandhaltung	204
7.2.6	Vermehrung	206
7.2.7	Erwerb, Eingewöhnung und Umgang mit den Tieren	209
7.2.8	Krankheitsvorbeugung und -behandlung	211

8	Glossar	213
9	Literaturverzeichnis	215
10	Register	223
11	Vereine und Internetadressen	225

1 Systematische Stellung im Tierreich

»Leben wird am besten durchs Lebendige gelehrt.«

Johann Wolfgang von Goethe

Der Zwergkärpfling, *Heterandria formosa*, wurde durch J. L. R. Agassiz im Jahr 1855 beschrieben in: Remarks on Dr. B. Dowler′s Paper »Discovery of viviparous fish in Louisiana« im Amercian Journal of Science and Arts, ser. 2, vol. 19, Seiten 133–136. Die Typuslokalität ist New Orleans, USA. Mit der Artbeschreibung stellte ihr Verfasser auch die Gattung *Heterandria* auf, die gegenwärtig wieder monotypisch ist (s. weiter unten), d. h. nur eine Art umfasst. Die Beschreibung – bzw. eigentlich Beschreibungen – dieser Art soll an dieser Stelle etwas näher betrachtet werden. Bereits zwei Jahre zuvor, also 1853, hatte Agassiz diesen Fisch erwähnt, doch er hatte noch keine tatsächliche Beschreibung dazu gegeben. Agassiz bezog sich lediglich auf die Unterschiede der Analflossen zwischen den Geschlechtern. Auch seine Beschreibung von 1855 fiel sehr dürftig aus – was für jene Zeit allerdings nicht ungewöhnlich ist –, denn bis auf die Hinweise auf seine zwei Jahre zuvor erschienene Arbeit und darauf, dass die Tiere 1 Inch (2,54 cm) lang werden und 33 mg wiegen, ist nichts Wesentliches über *Heterandria formosa* zu finden (Agassiz 1855).

Im Jahr 1859 nahm Girard ebenfalls eine Beschreibung dieser Art vor, die tatsächlich als solche betrachtet werden muss. Girard bezog sich darin auch auf die erste Erwähnung der neuen Art durch Agassiz (1853). Zunächst erwähnte er, dass im selben Jahr unter dem Gattungsnamen *Heterandria* drei weitere Arten beschrieben wurden, die er nun den Gattungen *Girardinus* und *Gambusia* zuordnete. Dann folgte eine ausführliche morphologische Beschreibung; er unterschied die Geschlechter, beschrieb die Flossen und die Färbung der Flossen und des Körpers. Girard (1859) verwendete Exemplare aus Charleston (South Carolina) und Palatka (Florida). Der aktuelle Status ist der, dass die Art offiziell als *Heterandria formosa* Girard, 1859 bezeichnet wird (Catalog of Fishes des Institute for Biodiversity Science and Substainability, Eschmeyer; Stand: 05.02.2014). Auch Rosen & Bailey (1963) erkannten Girard den Status als Beschreiber dieser Art zu, wie viele weitere Autoren ebenfalls (s. a. http://research.calacademy.org). In der Literatur finden sich allerdings auch noch viele Aufsätze, in denen AGASSIZ mit unterschiedlichen Jahreszahlen, mal 1853, mal 1855, als Erstbeschreiber genannt wird. AGASSIZ (1853, 1855) steht allerdings sehr wohl der Status zu, die Gattung benannt zu haben, und der Gattungsname *Heterandria* ist seit seiner ersten Erwähnung im Jahr 1853 nach wie vor gültig.

Die Bedeutung des wissenschaftlichen Gattungsnamens *Heterandria* bezieht sich auf die Unterschiede zwischen den Geschlechtern und kann frei mit »unterschiedliche Männchen« übersetzt werden. Der Artname (genauer: das Epitheton) *formosa* bedeutet »schön« oder »wohlgestaltet«; bereits AGASSIZ hatte diese Bezeichnung gewählt.

Die systematische Einordnung von *Heterandria formosa* in das Tierreich zeigt Tabelle 1.

Tab. 1: Die traditionelle und stark vereinfachte Einordnung des Zwergkärpflings in das System.

Stamm:	Chordatiere (Chordata)
Unterstamm:	Wirbeltiere (Vertebrata)
Überklasse:	Kiefermäuler (Gnathostomata)
Klasse:	Knochenfische (Osteichthyes)
Unterklasse:	Strahlenflosser (Actinopterygii)
Infraklasse:	Neuflosser (Neopterygii)
Teilklasse:	Echte Knochenfische (Teleostei)
Überordnung:	Stachelflosser (Acanthopterygii)
Ordnung:	Ährenfischartige (Atheriniformes)
Unterordnung:	Zahnkärpflinge (Cyprinodontiformes)
Familie:	Zahnkärpflinge (Poeciliidae)
Unterfamilie:	Lebendgebärende Zahnkarpfen (Poeciliinae)
Tribus:	Heterandriini
Gattung:	*Heterandria*
Art:	*Heterandria formosa*

Die systematische Einordung der Zwergkärpflinge ist nach der »traditionellen« Vorgehensweise vorgenommen worden und dadurch stark vereinfacht. Bevor ich näher auf die systematischen Diskussionen und Eingruppierungen eingehe, sei dargestellt, dass *Heterandria formosa* zur Unterfamilie der Lebendgebärenden Zahnkarpfen, der Poeciliinae (PARENTI 1981) gehört, die gemeinsam mit den Unterfamilien Aplocheilichthyniae (Nackenfleck-Leuchtaugenfische) und Procatopodinae (Leuchtaugenfische) die Familie Poeciliidae bilden (NELSON 2006).

Im Jahr 1963 erfolgte durch ROSEN & BAILEY (1963) eine sehr umfassende Revision der Poeciliidae (gegenwärtig Poeciliinae, Lebendgebärende Zahnkarpfen; PARENTI 1981), wobei sich die Autoren auf morphologische Vergleiche bezogen. Im Rahmen dieser überaus umfangreichen Arbeit wurden die Arten der Gattung bzw. Untergattung *Pseudoxiphophorus* von den Autoren der Gattung *Heterandria* zugerechnet, die dadurch nicht mehr monotypisch war, sondern sogar recht heterogen wurde. Die Autoren führten *Pseudoxiphophorus* als Synonym von *Heterandria* ein, nachdem sie ähnliche Strukturen der Schädelskelette, der Gonopodialsuspensorien und der Gonopodien festgestellt hatten. MILLER (1974) erkannte *Pseudoxiphophorus* dagegen wieder den Rang einer Untergattung zu. ROSEN beschrieb 1979 sechs neue Arten der Gattung *Pseudoxiphophorus*, die allesamt aus Guatemala stammen. Es sei hier am Rande erwähnt, dass auch die weit auseinander liegenden Verbreitungsgebiete von *Pseudoxiphophorus* (Mittelamerika) und *Heterandria* (südöstliches Nordamerika) für eine systematische Trennung zwischen *Pseudoxiphophorus* und *Heterandria* (s. a. Abbildung 4) sprechen könnten. Im Jahr 1986 trennte RADDA anhand der in Tabelle 2 dargestellten Unterschiede *Heterandria* und *Pseudoxiphophorus* voneinander. Er belegte, dass aufgrund der morphologischen und fortpflanzungsbiologischen Unterschiede die Synonymisierung von *Pseudoxiphophorus* durch ROSEN & BAILEY (1963) nicht gerechtfertigt war und stellte *Pseudoxiphophorus* als Gattung wieder auf.

Tab. 2: Morphologische und fortpflanzungsbiologische Unterschiede zwischen *Heterandria* und *Pseudoxiphophorus* (nach RADDA 1986, verändert).

Merkmal	*Heterandria*	*Pseudoxiphophorus*
Skelett	s. Abb. 1	s. Abb. 1
Gonopodialsuspensorium: Ligastyl (s. a. Abb. 2)	reduziert oder fehlend	verlängerter Knochen unter dem 11. Wirbel
Gonopodialsuspensorium: Ende der Gonapophyse I (s.a. Abb. 2)	ein Drittel Abstand zur Wirbelsäule	> ein Drittel bis die Hälfte Abstand zur Wirbelsäule
Gonopodium: Zähne am Hinterrand des Strahls 4p	7–9	9–18
Gonopodium: Segmente unter den hintersten Zähnen von 4p	5 oder < 5	5 oder > 5
Gonopodium: Ende von Strahl 5a	über das Ende von Strahl 4p hinausgehend	über dem Ende von Strahl 4p
Gonopodium: Distalteil von Strahl 3	weit getrennt von Strahl 4	nahe an Strahl 4 liegend

Merkmal	*Heterandria*	*Pseudoxiphophorus*
Rückenflosse der Weibchen	etwa gleich groß wie Afterflosse	viel größer als Afterflosse
Ansatz der Rückenflosse	hinter der Afterflosse	vor der Afterflosse
Beginn der Rückenflosse	über dem 16.–17. Wirbel	über dem 12.–15. Wirbel
Dorsalstrahlenanzahl	6–8	9–18
Superfötation	stark ausgeprägt	fehlend
Eigröße bei der Befruchtung	0,37–0,40 mm	2,08–2,56 mm
Wurfintervalle	durchschnittlich 5–6 Tage	35–40 Tage
Wurfgröße	gering	hoch
Körpergröße	größtes ♂: 14 mm	größtes ♂: 22 mm

PARENTI & RAUCHENBERGER (1989) zufolge umfasst die Tribus Heterandriini fünf Gattungen (*Priapichthys, Neoheterandria, Heterandria, Poeciliopsis, Phallichthys*). Die Autorinnen betrachteten seinerzeit neun Arten als zur Gattung *Heterandria* gehörend, die wiederum in zwei Untergattungen, *Heterandria* und *Pseudoxiphophorus*, aufgeteilt war. Im Jahr 2008 wurde mit *Heterandria tuxtlaensis* eine weitere Art in dieser Gattung beschrieben (MCEACHRAN & DEWITT 2008), die mittlerweile aber auch der Gattung *Pseudoxiphophorus* zugeordnet wird.

Nach einer neueren, auf molekularen Untersuchungsergebnissen basierenden Arbeit von MORALES-CAZAN & ALBERT (2012) werden gegenwärtig sieben Gattungen der Tribus Heterandriini zugerechnet: *Heterandria, Pseudoxiphophorus, Neoheterandria, Poeciliopsis, Priapichthys, Pseudopoecilia* und *Xenophallus*. Die Autoren haben dabei vor allem eine Abgrenzung zwischen *Heterandria* und *Pseudoxiphophorus* vorgenommen, denn deren verwandtschaftliche Stellung war lange umstritten. MORALES-CAZAN & ALBERT (2012) bestätigten schließlich auch, dass die Arten der Gattung *Pseudoxiphophorus* und die einzige Art der Gattung *Heterandria* nicht näher miteinander verwandt sind und es keine weiteren Verbindungen gibt; es bestehen gar Zweifel daran, ob *Pseudoxiphophorus* der Tribus Heterandrinii zugehörig ist. Insgesamt verdeutlichte die letztgenannte Arbeit zusammenfassend, dass es einer weiteren grundlegenden Revision bedarf. Damit ist *Heterandria* wieder eine monotypische Gattung.

Systematische Stellung im Tierreich

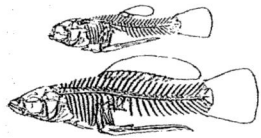

Abb. 1: Skelette der Männchen von *Heterandria formosa* (oben) und *Pseudoxiphophorus bimaculatus* (unten); nach ROSEN & BAILEY (1963).

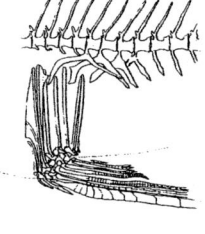

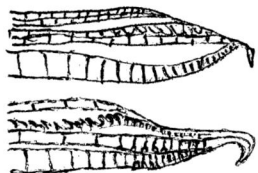

Abb. 3: Gonopodienspitzen von *Heterandria formosa* (oben) und *Pseudoxiphophorus bimaculatus* (unten); nach MILLER (1974).

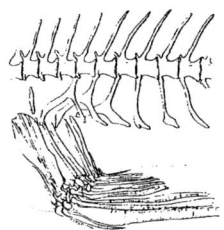

Abb. 2: Gonopodialsuspensorien von *Heterandria formosa* (oben) und *Pseudoxiphophorus bimaculatus* (unten); nach MILLER (1974) und RIEHL et al. (1978), verändert, aus RADDA (1986).

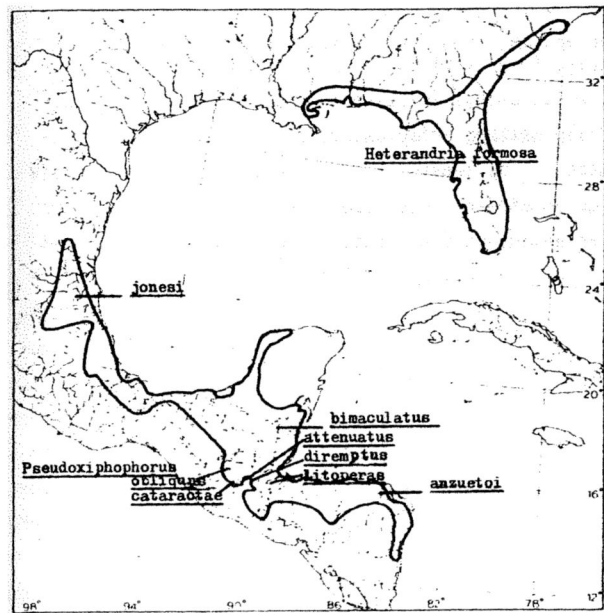

Abb. 4: Die natürlichen Verbreitungsgebiete von *Heterandria formosa* und den Arten der Gattung *Pseudoxiphophorus*; nach ROSEN (1979), verändert, aus RADDA (1986).

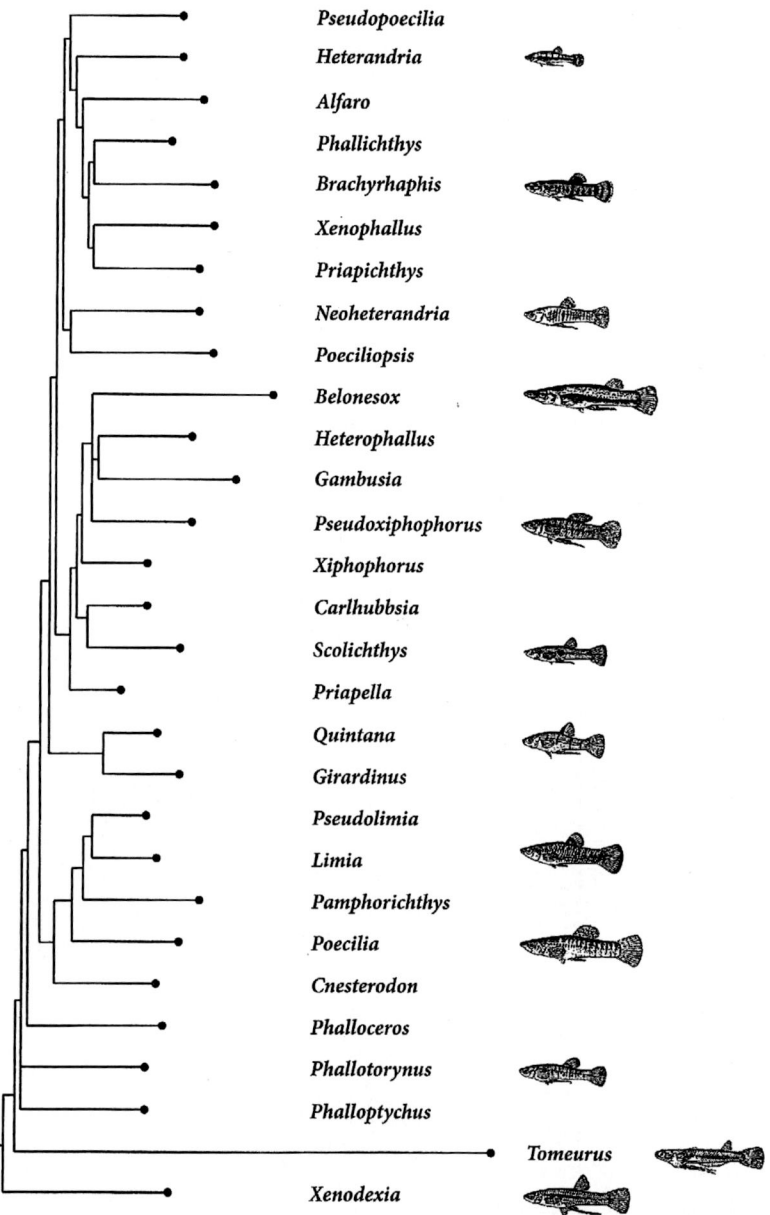

Abb. 5: Das Cladogramm lässt die Verwandtschaftsverhältnisse innerhalb der Poeciliidae erkennen. Dabei werden auch die Unterschiede zwischen *Heterandria* und *Pseudoxiphophorus* deutlich; MEYER 2015.

Subfamily Poecilinae Bonaparte, 1831
　Supertribe Tomeurini Eigenmann, 1912
　　Tomeurus
　Supertribe Poeciliini Bonaparte, 1831
　　Tribe Poeciliini Garman, 1895
　　　Poecilia, Xiphophorus, Alfaro, Priapella
　　Tribe Cnesterodontini Hubbs, 1924
　　　Cnesterodon, Phalloceros, Phalloptychus, Phallotorynus.
　　Tribe Scolichthyini Rosen, 1967
　　　Scolichthys
　　Tribe Gambusiini Gill, 1893
　　　Gambusia, Belonesox, Brachyrhaphis
　　Tribe Girardinini Hubbs, 1924
　　　Girardinus, Quintana, Carlhubbsia.
　　Tribe Heterandriini Hubbs, 1924
　　　Heterandria, Poeciliopsis, Priapichthys, Neoheterandria, Phallichthys
　　Tribe Xenodexini Hubbs, 1950
　　　Xenodexia

Abb. 6: Klassifikation der Poeciliinae nach ROSEN & BAILEY (1963) und PARENTI & RAUCHENBERGER (1989). Man beachte die Tribus Heterandriini, HUBBS 1924.

Subfamily Poecilinae Bonaparte, 1831
　Tribe Poeciliini Bonaparte, 1831
　　Poecilia, Xiphophorus, Phallichthys
　Tribe Alfarini Hubbs, 1924
　　Alfaro,
　Tribe Cnesterodontini Hubbs, 1924
　　Cnesterodon, Phalloceros, Phalloptychus, Tomeurus Phallotorynus.
　Tribe Gambusiini Gill, 1893
　　Gambusia, Belonesox, Brachyrhaphis
　Tribe Girardinini Hubbs, 1924
　　Girardinus, Quintana, Carlhubbsia.
　Tribe Heterandriini Hubbs, 1924
　　Heterandria, Priapichthys, Poeciliopsis, Neoheterandria
　Tribe Xenodexini Hubbs, 1950
　　Xenodexia
　Tribe Scolichthyini Rosen, 1967
　　Scolichthys
　Tribe Priapellini Ghedotti, 2000
　　Priapella

Abb. 7: Klassifikation der Poeciliinae nach GHEDOTTI (2000). Man beachte die Tribus Heterandriini, HUBBS 1924.

2 Stammesgeschichte der Zwergkärpflinge

»Nichts in der Biologie ergibt einen Sinn, außer im Lichte der Evolution.«

THEODOSIUS DOBZHANSKY

Lediglich erdgeschichtliche Entwicklungen geben Anhaltspunkte für die Stammesgeschichte der heutigen Lebendgebärenden Zahnkarpfen. Manches ist sicherlich auch spekulativ, aber einige Hypothesen aus jüngeren Arbeiten scheinen gut geeignet, die Entwicklung seit der Zeit des Präkambriums bis in die Gegenwart zu erklären.

Die Entstehung der heutigen Unterordnung Cyprinodontiformes (Zahnkärpflinge) wird von den Autoren jüngerer Arbeiten (PARENTI 1981, POESER 2003) auf dem einstigen Kontinent Gondwana vermutet. Gondwana war ein riesiger Kontinent, der in der Erdfrühzeit (Präkambrium) vor ca. 600 Millionen Jahren entstand und vor ca. 150 Millionen Jahren, gegen Ende des Juras, langsam wieder zerbrach. Zwischenzeitlich war Gondwana mit dem Kontinent Laurasia zum Superkontinent Pangäa verbunden. Gondwana umfasste die Landmassen des heutigen Südamerikas, Afrikas, Indiens, Westaustraliens und vermutlich auch größerer Teile der Antarktis. Das heutige Verbreitungsgebiet der Lebendgebärenden Zahnkarpfen beschränkt sich auf das südliche Nordamerika, Mittel- und Südamerika sowie auf die in der Karibik zwischen Nord- und Südamerika gelegenen Inseln. Die stammesgeschichtlich verwandten Eierlegenden Zahnkarpfen (Cyprinodontidae) kommen dagegen sowohl in Amerika als auch in Afrika vor. Die gegenwärtigen Verbreitungsgebiete der Poeciliinen im heutigen Amerika und ihr Fehlen auf dem afrikanischen Kontinent lassen nur den Schluss zu, dass die Abspaltung von den gemeinsamen Vorfahren nach dem Auseinanderbrechen Gondwanas erfolgte und damit unabhängige Entwicklungslinien auftraten. PARENTI (1981) folgerte aus der erdgeschichtlichen Entwicklung einerseits und den heutigen Verbreitungsgebieten der Eierlegenden und der Lebendgebärenden Zahnkarpfen andererseits, dass Letztere auf Gondwana entstanden seien. POESER (2003, 2005) folgt der Autorin und nachfolgend gebe ich seine Ausführungen in zusammenfassender Form wieder. Die heutigen Kontinente Afrika und Südamerika waren noch vor 160 Millionen Jahren miteinander verbunden, sodass sie eine Landmasse bildeten. Dieses Land hatte auch eine Verbindung zum heutigen Nordamerika. Vor 120 Millionen Jahren brachen Nord- und Südamerika auseinander, die Verbindung zwischen Südamerika und Afrika blieb aber zunächst bestehen. Zwischenzeitlich schoben sich vom pazifischen Rand Südamerikas die Inseln Hispaniola und Kuba in Richtung Atlantik. Im jüngeren Mesozoikum (Kreidezeit, vor ca. 145 bis 165 Millionen Jahren) löste sich der einstige Großkontinent auf, und Südamerika und Afrika wurden zu eigenen Erdteilen, da sich die Wassermassen des Atlantischen Ozeans zwischen den Landmassen ausbreiteten (ZEIL 1986). POESER (2003) datierte die Trennung Afrikas von Südamerika auf etwa 80 Millionen Jahre vor unserer Zeit. Die Poeciliinae entwickelten sich seit jener Zeit unabhängig. Vor 60 Millionen Jahren bewegten sich Hispaniola und Kuba weiter in Richtung Atlantik und am südlichen Nordamerika bildeten sich weitere Landmassen, die das heutige Mittelamerika darstellen. POESER postulierte eine weitere Verbreitung der Vorfahren der heute lebenden Poeciliinen in Zentralamerika, die möglicherweise durch den Einschlag des Alvarez-Meteoriten nahe Yucatán begünstigt wurde. Der Meteoriteneinschlag führte zur Vernichtung fast allen Lebens und die opportunistischen Poeciliinen besetzten rasch die frei gewordenen ökologischen Nischen.

Dass die Vorfahren der heutigen Lebendgebärenden Zahnkarpfen einst im Meer lebten und von da aus in die entstehenden Süßgewässer wanderten, scheint recht naheliegend zu sein. Viele Autoren nehmen dies an (u. a. ROSEN 1973, 1976; MEYER et al. 1985; PARENTI & RAUCHENBERGER 1989). MEYER et al. (1985) begründeten ihre Vermutung damit, dass fast 30 % aller Arten der Poeciliinae an Meerwasser umzugewöhnen seien, dass 5 % von ihnen ständig im Brackwasser leben und gar 3 % überwiegend im Meerwasser vorkommen sollen. Von *Heterandria formosa* ist das Vorkommen im Brackwasser bekannt (u. a. auf den Florida Keys, MARTIN 1980, pers. Mitteilung DE GREEF; in Georgia, CHANEY & BECHLER 2006) und auch das überwiegend küstennahe Verbreitungsgebiet (s. a. Abb. 30, S. 48) dieser Art stützt die Annahme, dass sie marine Vorfahren hat. *Gambusia holbrooki*, eine Art, die sympatrisch mit dem Zwergkärpfling vorkommt (s. a. Kap. 4.2), wechselt scheinbar ohne Probleme die Lebensräume zwischen Süß-, Brack- und Meerwasser (eig. Beobachtung); die Salinitätstoleranz dieser Art ist bemerkenswert. Die Vorfahren der heutigen Arten der Poeciliinae besiedelten schließlich die Süßgewässer, wenngleich bei manchen Arten, vor allem den in Küstennähe lebenden, eine beachtenswerte Salinitätstoleranz geblieben ist. Während der sogenannten Wisconsin-Eiszeit (Wisconinan glacial period) entstanden die meisten Süßgewässer im Südosten der USA; in diesem Zeitraum, der sich vor etwa 85 000 Jahren bis vor etwa 11 000 Jahren erstreckte, waren das heutige Florida trockener und die Wasserstände niedriger (BRENNER et al. 1990, WEBB 1990; zitiert nach SCHRADER & TRAVIS 2008). Dabei kam es auch zu unterschiedlichen Entwicklungslinien innerhalb der Art, wie BAER (1998a, b) aufzeigte (s. a. Kapitel 4.1.2).

3 Morphologie

»*Fast jeder Teil eines organischen Wesens steht in einem so schönen Verhältnis zu dessen komplizierten Lebensbedingungen, dass es ebenso unglaublich erscheint, dass irgendein Teil auf einmal in seiner ganzen Vollkommenheit hervorgebracht worden sei, wie dass jemand eine komplizierte Maschine gleich in einem vollkommenen Zustand erfunden habe.*«

CHARLES DARWIN

DZWILLO (1961) stellte heraus, dass der Zwergkärpfling lange Zeit »als das kleinste Wirbeltier der Erde« galt, und auch JACOBS (1969) betrachtete *Heterandria formosa* als »überhaupt eines der kleinsten bisher bekannten Wirbeltiere« und führte ihn auf Platz 7 der Liste der kleinsten Fischarten der Welt. Mittlerweile sind zwar einige noch kleinere Arten gefunden und beschrieben worden, doch ändert dies nichts an der Tatsache, dass es sich bei *Heterandria formosa* um eine extrem kleine Wirbeltierart handelt. Allerdings gibt es auch unter den Poeciliinae noch kleinere Arten als den Zwergkärpfling, z. B. *Neoheterandria elegans*, der den deutschen Populärnamen Zwergschmuckkärpfling oder auch Teddykärpfling trägt, und von JACOBS (1969) auf Platz 4 gelistet wurde. Nichtsdestotrotz ist der Zwergkärpfling eine Art, die ihren deutschen Populärnamen völlig zu Recht trägt. Laut CHANEY & BECHLER (2006) handelt es sich bei *Heterandria formosa* um die kleinste Fischart Nordamerikas.

Heterandria formosa ist eine recht ursprüngliche Art der Lebendgebärenden Zahnkarpfen, obschon ihre Fortpflanzung sehr weit entwickelt ist, auch im Vergleich zu anderen Arten der Poeciliinae. Das verhältnismäßig lange Begattungsorgan, die zum sogenannten Gonopodium modifizierte Afterflosse, ist im Vergleich zu dem der Männchen anderer Arten der Lebendgebärenden Zahnkarpfen ziemlich einfach gebaut (s. a. Kap. 3.2). Der Körper beider Geschlechter verläuft weitgehend stromlinienförmig. Für die Männchen Lebendgebärender Zahnkarpfen ist dies typisch, die Weibchen der meisten anderen Arten sind dagegen vor allem zum Ende der Trächtigkeit hin recht dickbäuchig. Durch die Superfötation (s. a. Kap. 6) verhält sich dies bei den weiblichen Zwergkärpflingen etwas anders; ihr Bauch ist im Vergleich zu den Weibchen anderer Poeciliinae-Arten nicht so stark gewölbt, was insbesondere beim Fliehen ein deutlicher Vorteil sein könnte.

3.1 Habitus und Färbung

Der Habitus adulter Zwergkärpflingsmännchen ist sehr grazil. Sie erreichen Körperlängen zwischen 12 und 20 mm, manchmal auch einige wenige Millimeter mehr; ihr Körper ist besonders schlank. Während der etwas breitere Rücken rundlich verläuft, verjüngt sich die Brust und der Bauch keilförmig, was den Männchen ein schnelles Schwimmen ermöglicht. Trotz des sehr schmalen, stromlinienförmigen Körpers bewegen sich die Zwergkärpflinge überwiegend recht langsam durch das Wasser. Schnelle Bewegungen sind gelegentlich während des Jagens oder bei den Kopulationsversuchen der Männchen zu beobachten. Darüber hinaus zeigen die Zwergkärpflinge auch dann ihre Schnelligkeit, wenn sie Rivalen verjagen; das gilt insbesondere für die sehr wendigen Männchen. Bei akuten Bedrohungen reagieren die Zwergkärpflinge ebenfalls durch schnelle Flucht, wobei auch die größeren und dickbäuchigeren trächtigen Weibchen recht schnell sein können. Die vor allem im trächtigen Zustand deutlich dickeren Weibchen können zwischen 28 und 38 mm lang werden. Das sind Durchschnittswerte und es gibt Extremata nach oben und nach unten. Dabei kommen neben genetischen Ursachen vorwiegend auch die Einflüsse der Umweltbedingungen zum Tragen. Im Südosten Georgias (USA) vermaßen CHANEY & BECHLER (2006) 30 Exemplare und kamen dabei zu Durchschnittswerten bei den Weibchen von 17,3 mm (12,8–20,8 mm) und bei den Männchen von 12,5 mm (12,0–13,4 mm). In manchen Stämmen sind die Weibchen durchschnittlich signifikant länger. So berichtete ROGNER (1990) von 40–45 mm langen Weibchen. Laut RIEHL (1984) müsse der von vielen Autoren angegebene Wert von 30–35 mm korrigiert werden, da nach seinen Erfahrungen und auch nach Rücksprache mit anderen Haltern eher von 45 mm langen Weibchen ausgegangen werden könne. In meinen Aquarien schwimmen auch ältere Weibchen, die durchaus eine Standardlänge von mehr als 45 mm erreichen. LISEK (1987) gab 5 cm an, und STALLKNECHT (2000) schrieb völlig zu Recht ebenfalls von Weibchen »bis über 5 cm Länge«. Allerdings sei dazu angemerkt, dass es sich dabei um Weibchen aus domestizierten Stämmen handeln muss, denn im natürlichen Verbreitungsgebiet der Zwergkärpflinge habe ich in keiner Population adulte Weibchen finden können, die auch nur ansatzweise diese Werte erreicht hätten (ich habe in Südflorida insgesamt neun Populationen untersucht und von jeder durchschnittlich 20 Weibchen vermessen). Während in domestizierten Stämmen nach meinen Beobachtungen ein Durchschnittswert von rund 42 mm Standardlänge (32–52 mm) angegeben werden kann, liegt dieser Wert in Wildstämmen bei ca. 26 mm. Nur wenige Weibchen aus Wildstämmen werden länger als 30 oder 32 mm. Bei den Männchen sind dagegen kaum Unterschiede bezüglich der Standardlänge zwischen Tieren aus Aquarienstämmen und Wildpopulationen auszumachen; Männchen aus domestizierten Stämmen weisen zuweilen 2–3 mm mehr Körperlänge als ihre Artgenossen aus dem Freiland auf. Die oben genannten Werte von CHANEY & BECHLER (2006) sind somit niedriger als die von mir gemessenen Standardlängen in Südflorida.

Dass es deutliche Unterschiede im Habitus zwischen adulten Männchen gibt, die durch Jahreszeiten und Unterschiede in den Lebensräumen bewirkt werden, verdeutlicht die Ergebnisse einer Studie von LANDY & TRAVIS (2015). Die im Freiland gesammelten Tiere waren vor allem unterschiedlich bezogen auf die Ausrichtung des Gonopodiums, auf die Körperform sowie auf die Form der Schwanzmuskulatur. Im Frühling gesammelte Männchen waren größer als die im Herbst gefangenen Männchen, und die Position ihres Gonopodiums befand sich weiter vorne. Auch beim Vergleich der Lebensräume ließen sich durch die Autoren Unterschiede im Habitus adulter Männchen feststellen, die offenbar auf die verschiedenen Umweltbedingungen zurückzuführen sind: Die einer Lehmhöhle entnommenen Tiere waren größer und stromlinienförmiger als ihre Artgenossen aus einem Teich bzw. aus einem Gezeitensumpf. Während die Körperform den diversen Einflüssen wie Populationsdichte, Vegetation, Fressfeinddruck unterworfen ist, verändert sich die Position des Gonopodiums und die Form der Schwanzmuskulatur nicht. In einer weiteren Studie haben sich dieselben Autoren mit den ökologischen und den mütterlichen Einflüssen auf die Phänotypen der Nachkommen beschäftigt (LANDY & TRAVIS 2018). Die Ergebnisse deuten darauf hin, dass die Anpassungen an die Gegebenheiten des jeweiligen Lebensraumes bereits während der Embryonalentwicklung als mütterliche Reaktionsnormen auf unterschiedliche Umweltfaktoren erfolgen. So entdeckten sie Anpassungen an die Wassertemperatur und andere chemische Parameter.

Die Standardlänge der neonatalen Jungfische liegt zwischen 5 und 9 mm, ihre Körpervolumina hängen »enorm« vom Muttertier ab (CHEONG et al. 1984, TRAVIS et al. 1987, TRAVIS 1989), wobei sich dies u. a. auf das Alter der trächtigen und schließlich werfenden Weibchen bezieht (CHEONG et al. 1984, TRAVIS et al. 1987, HENRICH 1988) (s. a. Kap. 6.4). Das Geburtsgewicht schwankt zwischen knapp 0,5 mg und bis zu 0,8 mg und ist neben den individuellen Körpervolumina und der Konstitution des Muttertieres auch wesentlich von dessen Stammeszugehörigkeit (Populationen s. a. Kap. 4.1.2) und dem jeweiligen Lebensraum abhängig (SCHRADER & TRAVIS 2012); es sind auch schon Geburtsgewichte von rund 1 mg dokumentiert worden (LEIPS et al. 2009).

Im Gegensatz zu anderen Arten der Poeciliinae (u. a. *Poecilia reticulata*, *Xiphophorus helleri*) lassen sich bei *Heterandria formosa* keine »klassischen«

Abb. 8: Porträt eines Schädels eines adulten Weibchens. Foto: Rüdiger Riehl.

 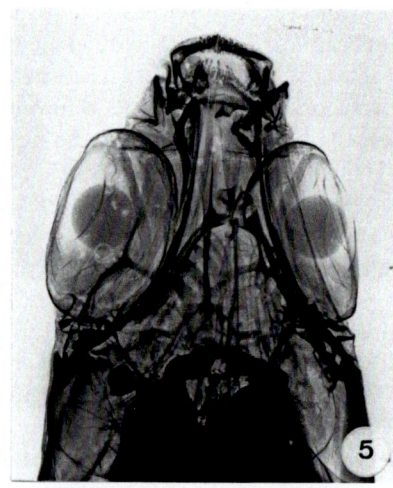

Abb. 9: Röntgenaufnahme von Schädeln, von oben betrachtet. Foto: Rüdiger Riehl.

Abb. 11: »Mopskopf«, eine Deformation des Mauls und des übrigen Schädels. Foto: Rüdiger Riehl.

Abb. 10: Porträt eines Kopfes. Man beachte die beweglichen Augen, die seitlich und vorne wahrnehmen. Foto: Elke Weiand.

Früh- und Spätmännchen erkennen, bei denen also einige Männchen sehr jung und in noch nicht ausgewachsenem Zustand die Geschlechtsreife erreichen, während andere Männchen erst deutlich später und körperlich voll ausgereift reproduktiv tätig werden können. Zwar kommt es beim Wachstum gleichaltriger Männchen auch zu Unterschieden, sowohl beim Erreichen der Geschlechtsreife als auch bezüglich der Körperlänge, doch sind diese Verschiedenheiten eher geringfügiger Art.

RIEHL & SCHMITT (1985) waren die ersten Autoren, die eine sogenannte »Mopsköpfigkeit« bei *Heterandria formosa* nachgewiesen und beschrieben haben. Dabei kommt es zu einer Deformation des Schädels, bei der vor allem der Unterkiefer unnatürlich vergrößert ist, während der Oberkiefer und das Schädelskelett verkürzt sind. Der Schädel ist durch die Vorstülpung des Unterkiefers insgesamt im Vergleich zu gesunden Artgenossen um ca. 1,5 mm länger, während der Durchmesser des Auges kleiner ist als bei normal entwickelten Zwergkärpflingen. Die Missbildungen entwickeln sich während der Embryonalentwicklung, und neben genetischen Ursachen werden auch Umweltfaktoren als auslösend betrachtet.

Die Grundfärbung der Zwergkärpflinge jeglichen Alters ergibt sich aus einem Gemisch aus Grautönen und beigen Farbnuancen. Das charakteristische Merkmal ist das dunkelbraune bis schwarze Lateralband, das sich am Ende der Schwanzwurzel beginnend über die gesamte Körperseite zieht

Abb. 12 (links): Wenige Tage alter Jungfisch mit der alterstypischen Querbänderung, die nach wenigen Wochen verblasst. Foto: ELKE WEIAND.

Abb. 13 (rechts): Adultes Weibchen mit typischem Habitus und Färbung. Foto: LEO VAN DER MEER.

und auch über das Maul verläuft; es kontrastiert durch die dunkle Farbe zur helleren Grundfarbe. Der Zwergkärpfling weist keinen Geschlechtsdichromatismus auf. Die Adulti zeigen in der Färbung kaum Unterschiede. Während bei einigen Arten der Lebendgebärenden Zahnkarpfen die Männchen deutlich intensiver und bunter als ihre Artgenossinnen gefärbt sind (z. B. Guppys, Arten der Untergattung *Micropoecilia* etc.), lässt sich bei den Zwergkärpflingen kein signifikanter Unterschied in der Färbung und in ihrer Intensität erkennen. Die Färbung der juvenilen Zwergkärpflinge ist dagegen intensiver als die ihrer subadulten und adulten Artgenossen. Insbesondere die Querbänderung, die aus 8–15 kurzen Streifen besteht, tritt in den ersten Tagen und Wochen nach der Geburt besonders hervor; mit zunehmendem Alter verblasst sie. In manchen Populationen, so in der Population Charleston County (South Carolina, USA), sind die Neugeborenen sehr dunkel, beinahe schwarz. Nach wenigen Stunden, zuweilen auch Tagen, verblasst die Dunkelfärbung dann zusehends. Im Laufe der weiteren Entwicklung vor dem einsetzenden Geschlechtsdimorphismus (Veränderungen im Körperbau der Geschlechter und Beginn der Entwicklung der Afterflosse der Männchen zum Begattungsorgan) verändert sich die Färbung nochmals. Laut STALLKNECHT (1976a) zeigen heranwachsende Männchen »lange vor der Ausbildung des Gonopodiums einen kräftigen porzellanweißen Strich auf dem ersten Afterflossenstrahl, während die gesamte Afterflosse bläulich schimmert, wenn man für auffallendes Licht sorgt«.

Bei den Weibchen färbt sich die Afterflosse im Alter von etwa sechs Wochen rötlich und weist auch schwarze Farbtupfen auf, wobei die rötliche Färbung mit zunehmendem Alter wieder verschwindet (MOLCH 1961). Anhand meiner Beobachtungen an verschiedenen Stämmen (drei Populationen aus Wildfangnachzuchten und zwei domestizierte Stämme) kann ich festhalten, dass die Rotfärbung der Analis und der Dorsalis auch eher oder später beginnen kann, und in manchen Stämmen ist auch bei den Adulti die Rotfärbung – vor allem in der Rückenflosse – noch vorhanden. Die Färbung der Rückenflosse ist neben der markanten, kontrastierenden Querbänderung der Jungfische vor dem Erreichen ihrer Geschlechtsreife das schönste, ja ein bezauberndes Farbmerkmal. An der Flossenbasis ist die Färbung weiß, darüber erstreckt sich ein schwarzer Balken und schließlich ist der äußere Rand der Dorsalis rot gefärbt. Je nach Stamm, ist die Färbung unterschiedlich ausgeprägt. Dies bezieht sich sowohl auf Populationen im Freiland (eig. Beobachtungen) als auch auf Aquarienbestände. In manchen Stämmen verblasst die Färbung der Rückenflosse erst mit zunehmendem Alter der Tiere. Insbesondere die Intensität der Rotfärbung scheint auch von der Ernährung der Zwergkärpflinge beeinflusst zu werden; eine carotinoidhaltige Nahrung, wie »Cyclop-Eeze®« oder *Artemia*-Nauplien, fördert die Intensität der Färbung des Flossenrandes.

Bei adulten Weibchen ist der Analfleck recht unterschiedlich ausgeprägt. Es lassen sich sowohl individuelle Unterschiede zwischen einzelnen Weibchen ausmachen als auch zwischen verschiedenen Populationen. So weisen die adulten Weibchen aus dem Wildstamm Charleston County (South

Carolina) einen sehr markanten, stark ausgeprägten Analfleck auf, während beispielsweise der Analfleck der Weibchen der Population aus Naples (Florida) deutlich weniger markant ist. Während der Trächtigkeit ist der Analfleck bei einigen Weibchen kaum vergrößert, bei anderen scheint er ein sicheres Anzeichen für die fortwährende Trächtigkeit zu sein. Für Fraser & Renton (1940, zitiert nach Leips et al. 2000), ist der Analfleck ein Indikator für eine bestehende Trächtigkeit.

Die Schwanzflosse ist hyalin. Allerdings fand ich in einem meiner Aquarien ein Männchen, das eine teilweise schwarz pigmentierte Schwanzflosse aufwies. Hierbei handelte es sich offensichtlich um eine Verlängerung des in der Körpermitte verlaufenden Längsbandes (Kempkes 2019). Dieser Fund ist deshalb so ungewöhnlich, weil ich eine derartige Färbung zuvor unter mehreren tausend Zwergkärpflingen, die ich im Lauf von Jahrzehnten in Aquarien und im Freiland beobachtet habe, niemals beobachten konnte. Leider blieb dieses Männchen ohne Nachwuchs.

Abb. 14: Bei diesem Männchen ist ein Teil der Schwanzflosse dunkel pigmentiert, es handelt sich offensichtlich um eine Verlängerung des Lateralbandes. Leider gelang es nicht, von diesem Männchen Nachkommen zu erzielen, sodass über die Genetik keine Aussagen getroffen werden können. Foto: Michael Kempkes

Abb. 15: Zwei sich gegenseitig imponierende Weibchen. Das linke Weibchen hat eine deutliche hellere Färbung eingenommen, so wie das beim intrasexuellen Imponieren bei beiden Geschlechtern zu beobachten ist. Die beiden rivalisierenden Weibchen tragen ihren Kampf während einer Fütterung mit *Artemia*-Nauplien aus. Fotot: ELKE WEIAND.

Abb. 16: Ein komplett aufgehelltes Weibchen, dem sogar in den Flossen das Melanin fehlt. Foto: ELKE WEIAND.

Morphologie

Abb. 17: Ein aufgehelltes Weibchen färbt sich wieder um, es wird wieder wildfarben. Bis auf die hellen Kiemendeckel wird das Weibchen wieder weitgehend seine ursprüngliche Färbung annehmen. Man beachte den altersbedingten Knick im hinteren Teil der Wirbelsäule. Foto: ELKE WEIAND.

Abb. 18: Ein partiell aufgehelltes Weibchen. Foto: ELKE WEIAND.

Die Färbung der Zwergkärpflinge unterliegt stimmungsabhängigen Veränderungen. Sobald Zwergkärpflinge sich beunruhigt fühlen, verblassen ihre dunklen Farben (STALLKNECHT 1976b, eig. Beobachtungen). Während des Einnehmens der Schreckfärbung sind die ansonsten dunklen Bänder und Punkte kaum noch von der Grundfärbung zu unterscheiden. Gleiches gilt auch für die Färbung während des Austragens agonistischer Handlungen; in beiden Geschlechtern kommt es beim intrasexuellen Imponieren, Drohen oder gar Kämpfen zum Verblassen der dunklen Farben, sodass die beteiligten Fische eher beige bis hellbraun erscheinen.

Ebenfalls ist ein Verblassen bei »Unwohlsein« feststellbar (LISEK 1987).

Zudem lässt sich festhalten, dass es bezüglich der Färbung durchaus geografische Varianten gibt; es lassen sich Unterschiede in der Färbung der Juvenilen und der Adulti feststellen, die sich insbesondere auf die Intensität der dunklen, kontrastierenden Farben beziehen, aber auch bezüglich des Körperglanzes bestehen Unterschiede zwischen einzelnen Populationen (s. a. Kap. 4.1.2 und dazugehörige Abbildungen). Dennoch ist angesichts des doch vergleichsweise großen natürlichen Verbreitungsgebietes der Phänotyp dieser Art insgesamt betrachtet, und verglichen mit anderen Poeciliinae-Arten, als recht homogen zu bezeichnen.

In einem Vergleich von insgesamt fünf verschiedenen, in Florida vorkommenden kleineren Süßwasserfischarten (*Heterandria formosa*, *Gambusia holbrooki*, *Poecilia latipinna*, *Lucania goodei* und *L. parva*) stellten Cox et al. (2009) fest, dass die Zwergkärpflinge sich nicht einer veränderten Grundhelligkeit anpassen. Die Autorinnen verglichen die farbliche Anpassung an die Umgebung, insbesondere hinsichtlich der Tarnung, um damit den Fressfeinden nicht aufzufallen. Während andere Arten ihre Färbung bezüglich der Helligkeit bzw. ihres Glanzes anpassten, zeigten die Zwergkärpflinge, ebenso wie die Rotschwanzkärpflinge (*L. goodei*) diesbezüglich keine Veränderungen der Färbung. Die Autorinnen schlossen aus der Kleinheit von *H. formosa* sowie dem horizontalen und den vertikalen Streifen, dass diese Art auch während der Fortbewegung bereits gut getarnt sei und mit der Umgebung verschmelze, sodass eine Anpassung der Färbung an die Umgebung nicht notwendig sei.

Immer wieder berichten verschiedene Autoren vom Auftreten einer hellen Farbmorphe bzw. von Zwergkärpflingen, bei denen ein Teil des Körpers keine oder nur eine geringfügige Pigmentierung aufweist.

Hartig-Beecken (1984), der aus Florida fünf wildgraue Männchen und zehn wildgraue Weibchen mitnahm, stellte in den folgenden Generationen immer wieder das Auftreten heller Zwergkärpflinge fest. Gleiches berichtete mir auch Pröpper (pers. Mitteilung). Im Sommer 2012 habe ich Wildfangnachzuchten aus drei Populationen (zwei aus Florida, eine aus South-Carolina) erhalten und in zwei Stämmen (Naples, Florida, und Stono River Drainage, Charleston County, South Carolina) traten ebenfalls in der F2-Generation Tiere mit hellen Körpern bzw. gescheckte Tiere auf. Somit muss davon ausgegangen werden, dass es sich dabei um keinerlei Domestikationserscheinungen handelt und solche Farbmorphen auch in der Natur immer wieder auftreten, doch dort wahrscheinlich aufgrund ihrer fehlenden Tarnung wohl eher den zahlreichen Fressfeinden zum Opfer fallen. Bei der Farbmorphe weisen manche Tiere neben der Aufhellung auf dem Körper auch dunkle oder helle Farben in der Rückenflosse auf und manche nicht. Das Melanin wird bei vielen farblich veränderten Exemplaren offensichtlich nicht gänzlich unterdrückt, denn bei den meisten dieser Tiere lassen sich in einzelnen Körperregionen noch dunkle Färbungen erkennen. In diesem Zusammenhang ist auch überaus erwähnenswert, dass nach meinen Beobachtungen diese hellen Zwergkärpflinge erst im Laufe ihrer Ontogenese zusehends heller werden, d. h., sie werden als »normal« gefärbte Tiere geboren und verändern ihre Färbung zum Hellen hin erst ungefähr um den Zeitpunkt des einsetzenden Geschlechtsdimorphismus. Die Aufhellung erfolgt dabei über mehrere Wochen. Eher selten färben sich Adulti um. Manche der völlig aufgehellten Tiere wirken eher gelblich, andere dagegen fast weißlich. Bei manchen Individuen kommt es im Laufe der weiteren Ontogenese nach dem »Aufhellen« auch wieder zu einer »Verdunklung« der Körperfärbung, bis sie fast so aussehen wie vor der Verfärbung. Derartige Tiere sind meistens an den helleren Kiemendeckeln erkennbar, die so gut wie nie nachdunkeln und demzufolge fast frei von Melanophoren sind.

Neben der komplett hellen Variante, die keinerlei Pigmentierung auf dem Körper aufweist, und der gescheckten Variante mit den partiellen Aufhellungen, tritt zuweilen (in Aquarienstämmen) eine dunkle Variante auf, bei der ein Teil des Körpers (zumeist der Vorderkörper) sehr dunkel gefärbt ist. Von dieser dunklen Farbmorphe ließ sich bislang ebenso wenig ein homozygoter Stamm züchten wie auch von der hellen bzw. der hell gescheckten Farbmorphe. Ich bin durch reziproke Verpaarung der Genetik der hellen Farbmorphe nachgegangen.

Tab. 3: Ergebnis der phänotypischen Auswertung der F2-Generation (gesamt 258 Nachkommen) aus Verpaarungen wildfarbener Tiere mit Tieren mit Farbmangel (helle Farbmorphe). Die Resultate lassen vermuten, dass es sich nicht um einen »klassischen« autosomal-dominanten Erbgang handelt. Das Auftreten des (temporären) Farbmangels muss andere Ursachen haben. Bei DORN (briefl. Mitt.) traten interessanterweise mehr helle Männchen als Weibchen auf. KEMPKES orig.

Männchen wildfarben	Weibchen wildfarben	Männchen mit Farbmangel (aufgehellt)	Weibchen mit Farbmangel (aufgehellt)
122 (47,29 %)	106 (41,09 %)	3 (1,16 %)	27 (10,47 %)
Wildfarbene total (♂ + ♀): 228		Farbmangelmutanten total (♂ + ♀): 30	

Die Ergebnisse lassen erkennen, dass insgesamt 228 wildfarbene Tiere gegenüber 30 Fischen der Farbmorphe stehen, was einerseits bedeutet, dass sich daraus keine MENDEL'schen Regel ableiten lässt, andererseits jedoch das ungefähre Verhältnis von 10 : 1 auch ein Hinweis darauf sein könnte, dass die helle Farbmorphe eine geringere Vitalität aufweist und möglicherweise Letalfaktoren wirken. Zudem ist der hohe Anteil heller Weibchen im Vergleich zu hellen Männchen auffällig. Interessanterweise ist es mir in mehreren Versuchen nicht geglückt, helle Männchen mit hellen Weibchen erfolgreich zu verpaaren. Auch HANS BARTH gelang nicht die reine Zucht von partiell hellen Zwergkärpflingen (STALLKNECHT 1976b). DE JONG (1994) berichtete von seinen eigenen Erfahrungen und denen von THEO TERSTAL; beiden Züchtern glückte die homozygote Zucht der hellen Zwergkärpflinge nicht, bei DE JONG traten die sich verfärbenden Tiere ebenfalls in einem Stamm auf, den er kurz zuvor aus Florida mitgebracht hatte.

Ich habe trotz insgesamt acht Weibchen und fünf Männchen, die in verschiedenen Zuchtansätzen miteinander verpaart wurden, keine Nachkommen erzielen können. Da jedoch die Verpaarung der hellen Zwergkärpflinge mit ihren wildgrauen Artgenossen sehr wohl gelang (und zwar sowohl zwischen hellen Männchen und wildfarbenen Weibchen als auch umgekehrt), muss davon ausgegangen werden, dass die helle Farbmorphe lediglich bei Verpaarungen untereinander offensichtlich nicht fertil ist. Dafür spricht auch die Beobachtung, dass die hellen Männchen die hellen Weibchen umwarben und kopulierten, und sich dennoch keine Jungen einstellten.

Eine Verpaarung zwischen einem hellen Männchen und einem sehr dunklen Weibchen ist ebenfalls missglückt, trotz des sexuellen Interesses des Männchens an dem Weibchen.

Der Vererbung der dunklen Farbmorphe bin ich ebenfalls nachgegangen. Bei der Verpaarung eines wildfarbenen Männchens mit einem dunklen Weibchen waren in der F1-Generation insgesamt 90 Jungfische (Geschlechterverhältnis 58 : 32) phänotypisch auszuwerten, von denen kein einziges dunkel war. In der F2-Generation wurden lediglich sechs Jungfische geboren, von denen ebenfalls kein einziges Tier dunkel war. Um hier zu aussagekräftigen Ergebnissen zu kommen, hätten in der F2-Generation selbstverständlich deutlich mehr Jungfische geboren werden müssen. Im Gegensatz zu den hellen bzw. hell gescheckten Tieren, die in beiderlei Geschlechtern auftreten, habe ich bislang ausschließlich dunkle Weibchen beobachten können und noch keine Männchen. Wie dem auch sei, das Auftreten der hellen Farbmorphe, der hell gescheckten sowie der dunklen Zwergkärpflinge kann noch nicht abschließend erklärt werden und bleibt bis auf Weiteres ein Phänomen. Es handelt sich in jedem Fall um ein interessantes Betätigungsfeld für ambitionierte Aquarianer!

Die Ontogenese der hellen, der hell gescheckten sowie der dunkel gescheckten Zwergkärpflinge erfolgt wie die ihrer wildfarbenen Geschwister. D. h., nach dem Umfärben, etwa um den Zeitpunkt des einsetzenden Geschlechtsdimorphismus, sind keine Unterschiede im Wachstum und im Erreichen der Geschlechtsreife zu ihren wildfarbenen Geschwistern zu erkennen. Ebenso wenig lassen sich Unterschiede in der Fertilität erkennen: Helle bzw. gescheckte und auch dunkle Weibchen werfen eine vergleichbare Anzahl an Jungfischen wie ihre wildfarbenen Geschlechtsgenossinnen.

3.2 Meristische Daten und Flossen

In der Literatur finden sich teils unterschiedliche Angaben zur Anzahl der Flossenstrahlen, was sich durch die Variabilität der Art gut erklären lässt, sowie lediglich unvollständige Flossenformeln, die ich hier wiedergebe:

Dorsalis	Ventralis	Pectoralis	Analis	Caudalis	Quelle
7–8	-	-	10	-	Meyer et al. 1985
-	6	11–12	8–11	-	Jacobs 1969
7–8	-	-	-	16–18	Kempkes
7–8	-	12	8–11	-	Rachow 1912a

Zudem gibt Rachow (1912a) die Schuppenformel lateral mit 24–31 und transversal mit 7–8 an.

Nach eigenen Untersuchungen variiert die Anzahl der Caudalstrahlen zwischen 16 und 18, wobei sich einige der Strahlen ab etwa einem Drittel bis ungefähr zur Hälfte fortan verzweigen.

Ein wesentlicher phänotypischer Unterschied zwischen den Geschlechtern ist die bei den adulten Männchen zum Begattungsorgan modifizierte Afterflosse. Dieses sogenannte Gonopodium dient während der Begattung und Besamung als Transportschiene für die Spermiozeugmen, die über dieses Begattungsorgan zunächst in den Sinus urogenitalis und dann in den Oviduktor oder Gonodukt des Weibchens gelangen.

Einige Autoren unterscheiden bei den Lebendgebärenden Zahnkarpfen die Arten zwischen Kurz- und Langgonopodienträgern (u. a. Stallknecht 2000). *Heterandria formosa* gehört laut dieser Definition eindeutig zu den Langgonopodienträgern. Laut Rosen & Bailey (1963) beträgt die Länge des Gonopodiums bei *Heterandria formosa* 35–40 % der Standardlänge, Chambers (1990) bemisst sie gar auf etwa 70 % der Standardlänge, Bisazza & Pilastro (1997) kamen ebenfalls auf 35–40 % und Greven (2005) gab sie mit annähernd 46 % der Standardlänge an; letztgenannte Relation ist nach meinem Dafürhalten realistisch, wenngleich man anmerken muss, dass es auch individuelle Unterschiede gibt. Bei der Unterscheidung zwischen Kurz- und Langgonopodienträgern wird auch das Balz- und Fortpflanzungsverhalten der Männchen differenziert betrachtet. Die Männchen der Arten mit einem kurzen Gonopodium balzen demzufolge intensiver, damit sie näher an das Weibchen gelangen, um zu kopulieren, während die Männchen der Arten mit einem langen Gonopodium mehr »aus dem Hintergrund« die Weibchen begatten, da sie nicht so nah an das Weibchen heran müssen. Allerdings gibt es fließende Übergänge. So versuchen auch Kurzgonopodienträger, die Weibchen ohne vorherige Balz zu begatten,

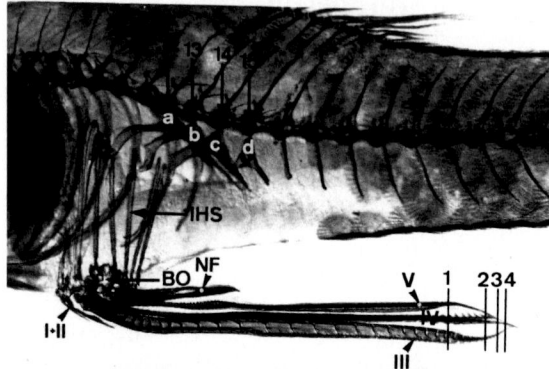

Abb. 19: Gonopodium mitsamt Suspensorium, an dem das Begattungsorgan aufgehängt ist. BO Baseosten; IHS Interhämalstacheln; NF Normalflosse; I & II Analisstrahlen I & II; III, IV, V Analisstrahlen III, IV & V (Gonopodiumstrahlen); a, b, c, d Gonapophysen der Wirbel 12–15; 12, 13, 14, 15 Wirbel 12–15. Foto: Rüdiger Riehl.

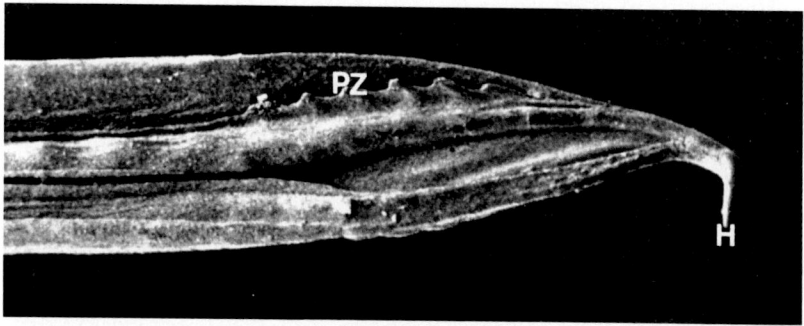

Abb. 20: Lateralansicht der Gonopodiumspitze. Das Foto verdeutlicht den relativ einfachen Bau des Begattungsorgans im Vergleich zu dem einiger anderer Poeciliinae-Arten. H Haken; PZ proximale Zähnung. Foto: Rüdiger Riehl.

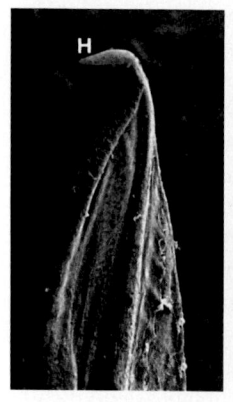
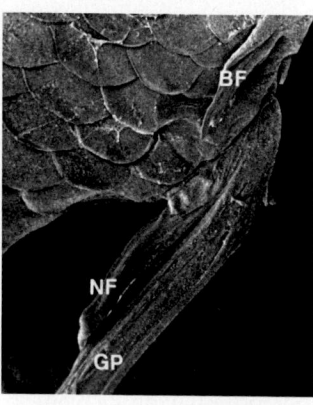

Abb. 21 (links): Lateralansicht der Gonopodiumspitze mit dem Haken (H). Foto: Rüdiger Riehl.

Abb. 22 (rechts): Basis des Gonopodiums. NF Normalflosse; GP Gonopodium; BF Basisflosse. Foto: Rüdiger Riehl.

Morphologie

Abb. 23: Histologie der Gonopodiumspitze. Kleine Pfeile: Blutgefäße; große Pfeile: Knochenstrahlen; E: Epithel; BM Basalmembran mit Kollagentextur; III, IV & V Analisstrahlen. Foto: Rüdiger Riehl.

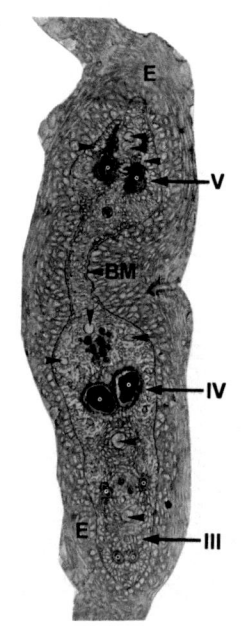

während auch Langgonopodienträger intensiv um ein Weibchen werben, bevor sie es begatten. Zusammenfassend lässt sich festhalten, dass die Zwergkärpflingsmännchen, wie das für Langgonopodienträger üblich ist, überwiegend die Weibchen ohne vorherige Balz zu begatten versuchen, dass sich aber auch durchaus Balzelemente bei ihnen beobachten lassen (s. a. Kap. 5.4. und 6.2).

Das Gonopodium von *Heterandria formosa* wurde durch Riehl (1978), Riehl et al. (1978) und Riehl (1980a) licht- und elektronenmikroskopisch untersucht. Dabei bestätigten sie die Ergebnisse von Jacobs (1969), wonach die Anzahl der Afterflossenstrahlen zwischen 8 und 11 schwankt. Die Autoren unterteilten das Begattungsorgan in drei Abschnitte und nummerierten die Flossenstrahlen von cranial nach caudal. Abschnitt 1 besteht aus den Flossenstrahlen I & II und bildet den vorderen, stark reduzierten Flossenteil.

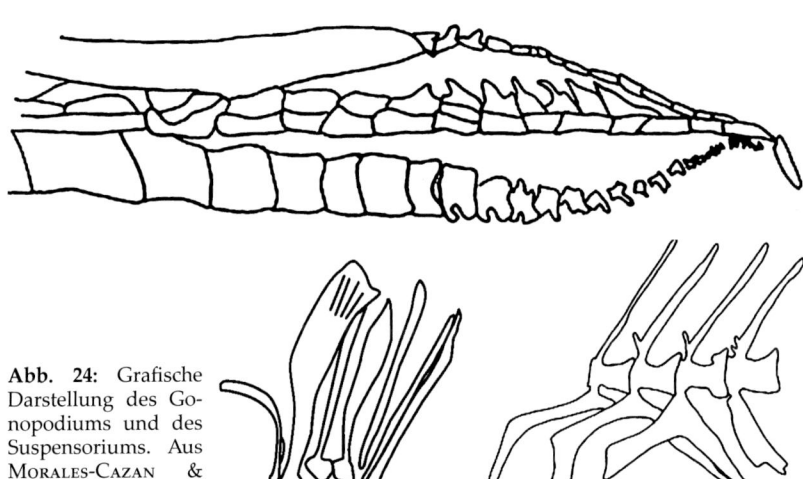

Abb. 24: Grafische Darstellung des Gonopodiums und des Suspensoriums. Aus Morales-Cazan & Albert (2012).

Abschnitt 2 ist der mittlere, begattungsfunktionelle Teil, der aus den Flossenstrahlen III–V besteht. Und schließlich Abschnitt 3, der als hinterer, »normaler« Flossenabschnitt bezeichnet und aus den Flossenstrahlen VI–VIII/IX/X/XI gebildet wird. Der Flossenstrahl III ist der stärkste Strahl der Analis und das Hauptstützelement des Gonopodiums; er besteht aus etwa 40 Einzelgliedern, die Anzahl der Einzelglieder ist bei den Strahlen IV und V größer als 40 (meist ca. 50) (RIEHL 1978). Im Gegensatz zu den Gonopodien vieler anderer Poeciliinen sind auf dem Flossenstrahl III die vorkommenden Dornen stark reduziert. Die Flossenstrahlen IV und V liegen dorsal von Strahl III. Der hintere Ast des relativ schlanken Strahls IV weist eine proximale Zähnung auf, während der vordere Ast zu einem »gattungscharakteristischen« Haken ausgezogen ist. Der Strahl V weist eine paddelartige Form auf. Alle Strahlen bestehen aus hintereinanderliegenden Knochensegmenten.

Das Suspensorium besteht aus vier Gonapophysen (Wirbel 12–15), neun Interhämalstacheln und einer Anzahl Baseosten (RIEHL et al. 1978) (s. a. Abb. 21). Bezüglich der Anzahl der Gonapophysen widersprechen damit die Ergebnisse von RIEHL et al. (1978) denen früherer Autoren (ROSEN & GORDON 1953; ROSEN & BAILEY 1963), die beim Suspensorium von *Heterandria formosa* nur drei Gonapophysen (Wirbel 13–15) und einen Ligastyl am 12. Wirbel beschrieben. Die mikroskopischen Aufnahmen von RIEHL et al. zeigen, dass vier Gonapophysen vorhanden sind und ein Ligastyl fehlt. GREVEN (brief. Mitt.) fand bei eigenen Untersuchungen ein Ligastyl und geht von einer gewissen Variabilität des Suspensoriums aus. Die Gonapophysen (modifizierte Hämalstachel der Wirbel) haben die Form eines umgedrehten Ypsilons. Bei den Baseosten handelt es sich um winzige Knöchelchen, die sich zwischen den Basen der Interhämalstacheln und den Basen der Gonopodiumsstrahlen befinden. Das Gonopodium sitzt Flossenträgern auf, die durch die Ausbildung von Fortsätzen und Gelenken die Bewegungen des Begattungsorgans gestatten. An den Fortsätzen inseriert die Muskulatur, die die Bewegungen des Gonopodiums ermöglicht.

Das Gonopodium ist von einem mehrschichtigen Epithel umschlossen; die Epithelzellen sind untereinander stark verzahnt bzw. durch Desmosomen miteinander verbunden. Auf der Oberfläche der Epithelzellen wiesen die Autoren mäandrisch verlaufende Mikroleisten nach; in den Epithelzellen fanden sie vereinzelt freie Nervenendigungen. Eine Basalmembran wechselnder Stärke bildet den basalen Abschluss der Epithelzellen; die Basalmembran umschließt den zentralen Knochenteil.

Der gesamte zentrale Teil des Gonopodiums wird von verschiedenen Stützgeweben (Knochen, Bindegewebe) ausgefüllt, in denen Gefäße und Nerven verlaufen. Das Gonopodium ist durchblutet und – im Gegensatz

zu anderen Flossen – stark innerviert (RIEHL et al. 1978).
Das bewegliche Gonopodium kann einen Winkel von nahezu 180° abdecken. In der Ruhestellung liegt es eng am Körper an. Es wird während der Kopulation weit nach vorne geklappt (s. a. Kapitel 6.2); dieses Verhalten kann man allerdings auch beobachten, wenn sich zwei Männchen gegenseitig imponieren. Gelegentlich ist auch kein auslösender Stimulus für dieses Verhalten erkennbar (s. a. Kapitel 5.3.1 und 5.4), d. h., das Gonopodium wird auch in Abwesenheit von Weibchen und/oder Kontrahenten nach vorne geschwungen. Dies kann als ein Komfortverhalten betrachtet werden.

In seltenen Fällen kommt es zu einer Versteifung des Gonopodiums, bei dem das Begattungsorgan in einem bestimmten Winkel zur Körperachse steht und kaum oder überhaupt nicht mehr beweglich ist (eig. Beobachtungen). Dann kann es auch nicht mehr zielgerichtet zum Kopulieren eingesetzt werden. Zwar tritt das Versteifen nur selten auf, und dann meistens bei älteren Männchen, doch auch bei einem wenige Monate alten Männchen habe ich dieses bereits beobachten können. Die Ursachen für diese Versteifung sind unbekannt.

3.3 Fortpflanzungsorgane

3.3.1 Weibliche Fortpflanzungsorgane und Oozyten

Das Ovar ist ein Hohlorgan, in dessen Wand sich Ureizellen (Oogonien) und verschiedene Entwicklungsstadien von Eizellen (Oozyten) befinden. Die Ovarhöhle verengt sich in caudaler Richtung zum Eileiter (Ovi- oder Gonodukt), der in den Urogenitalsinus mündet, der sich über der Geschlechtsöffnung zwischen Ansatz der Analis und After nach außen öffnet.
Im Ovar reifen die Eizellen heran (Oogenese). SCRIMSHAW (1944a, b, 1946) beschrieb die Oozyten von *Heterandria formosa* als extrem klein und dotterarm. Die noch unreifen Oozyten zeigen nur wenig Dotter, aber es lassen sich zahlreiche Ölkügelchen nachweisen (SCRIMSHAW 1944a) (s. a. Abb. 65). Der Durchmesser einer reifen Eizelle beträgt 0,4 mm (THIBAULT & SCHULTZ 1978). Laut WOURMS et al. (1988) sind die Eier winzig; sie wiegen nur 0,017 mg (Trockengewicht), das Trockengewicht des neugeborenen Zwergkärpflings beträgt dagegen 0,67 mg (s. a. Kap. 6.3)! Die Oozyten sind von einem einschichtigen Epithel umgeben, d. h., sie liegen in einem Follikel. Das im Follikel heranwachsende Ei ist von einer sehr dünnen Hülle (etwa 2 μm),

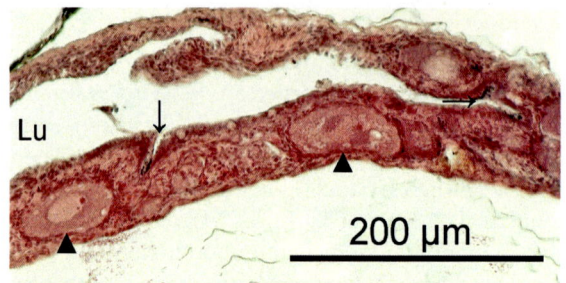

Abb. 25: Im Ovar sind in den Dellen Spermien (dunkle Spermienköpfe) zu sehen (dünne Pfeile), die Oozyten (dicke Pfeile) sowie die Ovarhöhle (Lu). Foto: HARTMUT GREVEN.

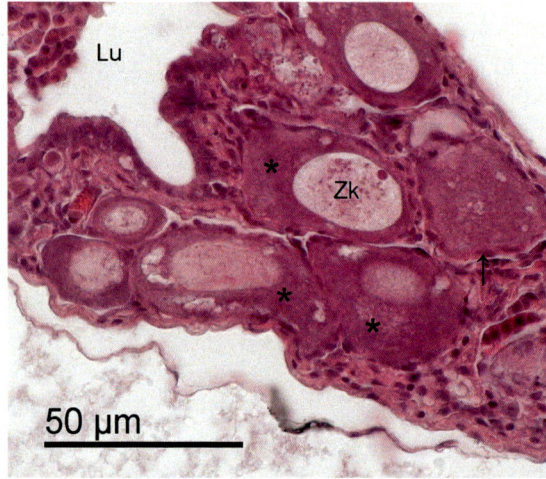

Abb. 26: Oozyten an der Ovarwand. Sternchen = Oozyten, Zk Zellkern, Lu Lumen der Ovarhöhle, Pfeil = Follikelepithel. Foto: HARTMUT GREVEN.

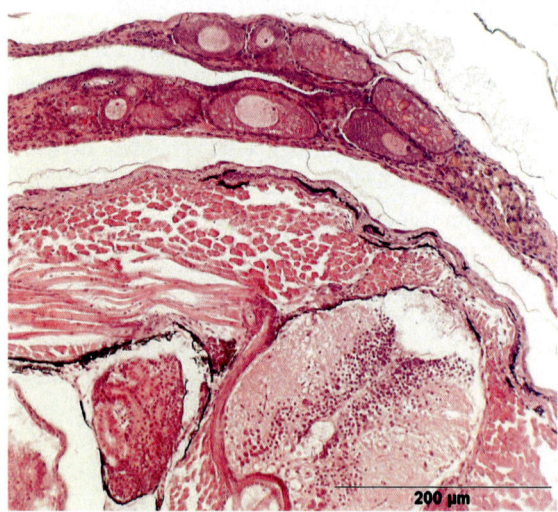

Abb. 27: Im oberen Teil des Ovars sind einige Oogonienstadien zu sehen. Die kleinen dunklen Punkte am und im Epithel sind Spermien, dahinter liegt ein Embryo im Follikel. Foto: HARTMUT GREVEN.

Morphologie

der Zona radiata oder Zona pellucida, umgeben (RIEHL & GREVEN 1993, RIEHL 1995). Im Vergleich zu eierlegenden Fischarten ist die Eihülle der viviparen Arten deutlicher dünner, was mit dem Gasaustausch zwischen embryonalem und mütterlichem Gewebe zusammenhängt (GREVEN 1995). Die dünne Eihülle verändert sich nach der Befruchtung; sie verliert ihre Radiärkanäle (GRAVEMEIER & GREVEN 2006). Die geringe Dicke der Eihülle, die bei anderen Arten der Lebendgebärenden Zahnkarpfen noch dünner sein kann (vgl. RIEHL & GREVEN 1993), erleichtert den Gasaustausch

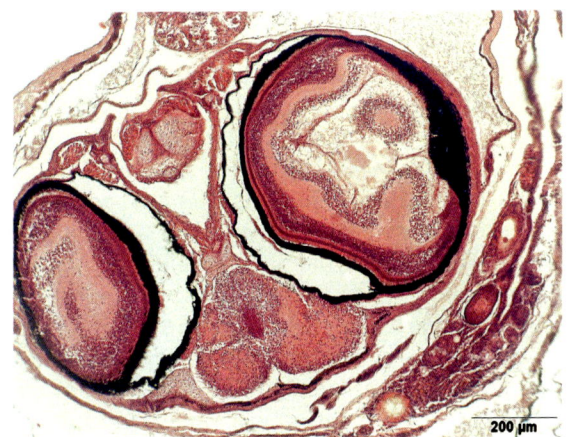

Abb. 28: Ein Embryo. Man erkennt die beiden Augen sowie in der Mitte zwischen den Augen einen Anschnitt des Gehirns. Rechts liegt das Ovarepithel und im Bindegewebe befinden sich Oozyten. Foto: HARTMUT GREVEN.

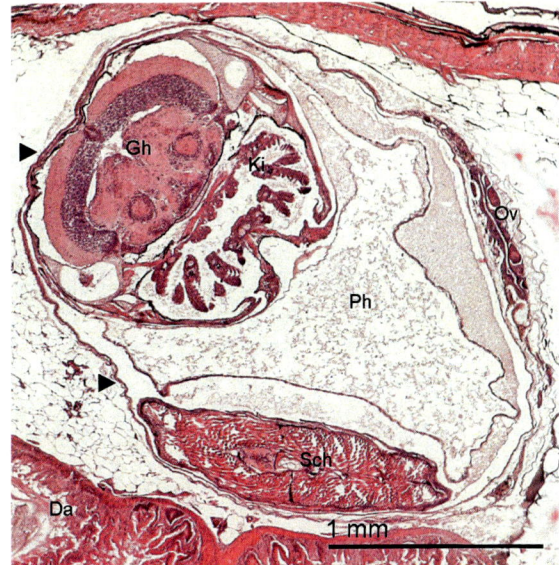

Abb. 29: Ein Embryo im Follikel. Da Darm; Gh Gehirn; Ki Kiemen; Ov Bereich des Ovars mit Oozyten, Ph Pericardialhöhle; Sch Schwanz; schwarze Pfeile = Follikelepithel und Ovarwand (extrem dünn). Foto: HARMUT GREVEN.

zwischen Embryo und mütterlichem Gewebe (GREVEN 2005). Parallel zur Entwicklung der befruchteten Oozyten entwickeln sich aus den Oogonien neue Eizellen (URIBE ARANZÁBAL et al. 2010).

Die reifen Eizellen werden bei allen Poeciliinae im Follikel durch das eindringende Spermium befruchtet. Dazu müssen die Spermien das Epithel der Ovarhöhle, das Bindegewebe zwischen Epithel und Follikel, das Follikelepithel und schließlich die Eihülle durchdringen.

Im Ovar werden die während der Begattung und Besamung transferierten Spermien gespeichert, und noch acht Monate nach der Besamung können dort offenbar befruchtungsfähige Spermien gefunden werden (TURNER 1947, THIBAULT & SCHULTZ 1978, WOURMS 1981). Einige befinden sich in Einsenkungen, sogenannten Dellen, des Ovarepithels unmittelbar über den Follikeln (SCRIMSHAW 1944b). Bereits PHILIPPI (1908, zitiert nach GREVEN 1995) hatte beschrieben, dass sich über jedem Follikel mit einer reifen Eizelle eine kleine Delle im Ovarepithel befindet, die zahlreiche Spermien speichert. In dieser Region »lösen« sich das Ovarepithel und die Wand des Follikels auf und das Spermium gelangt zur Eizelle. Im Follikel erfolgt durch die Verschmelzung der Eizelle mit dem Spermium die Befruchtung und die befruchtete Eizelle beginnt sich hier zu entwickeln; es kommt zu einer intrafollikulären Trächtigkeit. Während der weiteren Trächtigkeit ist eine Zunahme der Durchblutung des Bindegewebes der Ovarwand festzustellen, und dies ist ein Hinweis auf einen zunehmenden Stoffwechsel und Gasaustausch zwischen Mutter und Embryo.

Unmittelbar unter dem Epithel des Herzbeutels, der sich während der Entwicklung bis über den Kopf ausbreitet, liegen zahlreiche Kapillaren. Dieser Bereich stellt den größten Teil der embryonalen Oberfläche dar (SCRIMSHAW 1944b, POLLUX et al. 2009, GREVEN 2011). Vor allem die Oberfläche des Embryos ist mit Epidermiszellen bedeckt, die kleine, fingerförmige Zellfortsätze (Mikrovilli) aufweisen. Sie sind ein Hinweis für einen regen Stoffaustausch zwischen der Mutter und dem Nachwuchs. Größere Moleküle, die über das Follikelepithel in die Follikelhöhle gelangt sind oder vom Follikelepithel selbst synthetisiert worden sind, werden vom Embryo über diese Zellen per Endozytose aufgenommen. Diese enge räumliche Nachbarschaft von Follikelepithel und Oberfläche des Embryos wird auch als follikuläre Plazenta bezeichnet (WOURMS et al. 1988, GREVEN 2011). Die zuvor im Vergleich zum Trockengewicht der Eizelle erwähnte enorme Trockengewichtszunahme der Neugeborenen ist auf die Effektivität dieser Plazenta, d. h. auf einen massiven Transfer von Nährstoffen zum Embryo, zurückzuführen.

Auch REZNICK & POLLUX (2014) schrieben hier klar von einer Plazenta und brachen damit mit TURNERS Konservatismus, der noch von einer »follikulären Pseudoplazenta« ausgegangen war (TURNER 1940); da einer allgemeinen Definition folgend Plazentas »eine Verflechtung von mütterlichem und embryonalem Gewebe sind«, »das darauf spezialisiert ist Nährstoffe von der Mutter zum Embryo zu transportieren, und den Stoffwechsel des Embryos aufrecht zu erhalten« (REZNICK & POLLUX 2014).

3.3.2 Männliche Fortpflanzungsorgane und Spermien

In den Hoden adulter Männchen werden die Spermiozeugmen gebildet. ZANDER (1961) verglich die Spermiozeugmen (Samenpakete) und Spermatozoen verschiedener Arten der Lebendgebärenden Zahnkarpfen miteinander. Die sehr kleinen Spermiozeugmen von *Heterandria formosa* haben ungefähr die Gestalt eines Rotationsellipsoides, während sie z. B. bei den Xiphophorini eher eine kugel- bis schwach eiförmige Gestalt haben. Im Größenvergleich haben *Heterandria* die kleinsten Spermiozeugmen, während bei *Poecilia reticulata* die größten festgestellt wurden. ZANDER vermutete, dass durch die unterschiedlichen Größen bedingt auch eine unterschiedliche Anzahl von Spermatozoen enthalten sei. Bei einer künstlichen Entnahme von Spermiozeugmen erzielte ZANDER (1961) bei *Heterandria formosa* mit 20 den geringsten Maximalwert, während Entnahmen bei *Xiphophorus helleri* 3 000, bei *Limia melanogaster* 2 000 und bei *Poecilia reticulata* 350 Spermiozeugmen erbrachten.

SCHRADER et al. (2012) fanden bei Untersuchungen an 15 Freilandpopulationen Unterschiede in der Individuenzahl bzw. die Populationsdichte sowie Differenzen bei der Größe des Hodengewebes; sie konnten allerdings keinen signifikanten Nachweis über einen Zusammenhang zwischen der Populationsdichte als Umweltfaktor (intrasexuelle Konkurrenz der Männchen, Anzahl potenzieller Geschlechtspartnerinnen) einerseits und der Hodengröße andererseits vor dem Hintergrund der Spermienkonkurrenz erbringen. In jedem Fall ist SCHRADER et al. (2012) zufolge die Hodengröße variabel. Zwischen den Populationen stellten die Autoren ebenfalls unterschiedliche Durchschnittswerte fest. So betrug das durchschnittliche Hodengewicht der Männchen aus Dickens Hole 0,095 mg, während das der Männchen aus Newport Spring einen Wert von 0,208 mg erbrachte. Die Werte der Männchen aus den anderen 13 Populationen lagen jeweils dazwischen. Die Autoren stellten fest, dass die Hoden umso größer waren, je größer das Körpervolumen des jeweiligen Männchens war.

3.3.3 Hermaphroditismus

Heterandria formosa war laut RIEHL (1980b) die erste und einzige bekannte Fischart mit gelegentlich auftretendem Hermaphroditismus, bei der Spermatozoen und reife Eizellen simultan in den Gonaden nachgewiesen wurden. Der Autor untersuchte die Ovarien von mehr als 100 jungfräulichen Weibchen licht- und elektronenmikroskopisch. Dabei fand er zwei hermaphroditische Exemplare. Die Gonaden dieser Tiere wiesen äußerlich keine Unterschiede zu normalen Weibchen auf. RIEHL stellte weibliche und männliche Teile fest, wobei die weiblichen sehr dominant waren. Die Oozyten der hermaphroditischen Gonaden waren im Stadium der Vitellogenese (Eidotterbildung). Die Eizellen waren umhüllt von einer dünnen Zona radiata. Die Köpfe der komplett entwickelten Spermatozoen waren hufeisenförmig ausgerichtet. Oozyten und Spermatozoen lagen direkt aneinander.

RIEHL (1991) beschrieb die »Umwandlung« eines Weibchens zu einem phänotypischen Männchen. Auch in diesem Fall bestand die Gonade aus Hoden- und Ovargewebe. SCHARTL et al. (2011) wiesen darauf hin, dass in ihrer beinahe 20-jährigen Haltung dieser Art noch kein solches Tier aufgetreten sei. Auch ich habe Derartiges noch nie beobachten können.

Eine auf die Einleitung von Pflanzenmethylester (PME) zurückzuführende »Vermännlichung« weiblicher *Gambusia holbrooki*, *Heterandria formosa* und *Poecilia latipinna* beschrieben BORTONE & DAVIS (1994) und BORTONE & CODY (1999) (Zusammenfassung in ORLANDO et al. 2005). Alle im Fenholloway River und im Elevenmile Creek (beide Gewässer in Florida) gefangenen Weibchen der drei Arten wiesen eine einem Gonopodium ähnliche Afterflosse auf und zeigten zudem männliches Balz- und Paarungsverhalten gegenüber anderen Weibchen.

3.3.4 Das Genom

Eine Forschergruppe aus den Niederlanden (Universitäten Wageningen, Leiden und Amsterdam) sowie aus Tallahassee (Florida State University) hat sich lange Zeit mit der Frage nach der Entwicklung des Lebendgebärens, insbesondere der Entwicklung der Plazenta beschäftigt. Im Rahmen der Beschäftigung mit der Plazenta sequenzierten sie die DNA von *Heterandria formosa* vollständig. Von verwandten Arten wie *Poecilia formosa*, *Poecilia reticulata* und *Xiphophorus maculatus* ist das Genom bereits entschlüsselt und so wurden Vergleiche angestellt; schließlich handelt es sich bei *Heterandria formosa* um eine Art mit matrotropher Viviparie und einem Matrotrophie-

Index von 35, die drei Vergleichsarten weisen jedoch eine lecitrotroph-vivipare Fortpflanzungsweise auf. Mit der Entschlüsselung des Genoms von *Heterandria formosa* ist somit erstmalig eine Art der Lebendgebärenden Zahnkarpfen mit Plazenta diesbezüglich erforscht worden. Die Vergleiche der Gensequenzen mit den verwandten Arten wurden angestellt, um die adaptive Evolution hin zu einer hoch komplexen Plazenta nachzuweisen. Die Autoren fanden mithilfe vergleichender evolutionärer Analysen 17 Gene, die ausschließlich in *Heterandria formosa* positiv selektiert wurden, sowie fünf Genduplikationen exklusiv zu *H. formosa*. Die Ergebnisse lassen die Schlussfolgerung zu, dass ein erheblicher Teil der positiv ausgewählten Gene eine Funktion hat, die gut mit den morphologischen Veränderungen korreliert, die die Plazenta der Zwergkärpflingsweiben bilden, verglichen mit dem Gewebe der Poeciliiden ohne Plazenta. Demzufolge gehen die Autoren davon aus, dass die natürliche Selektion, die auf die Gene wirkt, die an diesen Funktionen beteiligt sind, eine Schlüsselrolle in der Evolution der Plazenta von *Heterandria formosa* spielt (KRUISTUM et al. 2019).

4 Verbreitung und Ökologie

> »Ich hielt mich so lange auf dem Weg der Natur,
> bis sie mir den Weg zum Glück zeigte.
> Es hat sich erwiesen, dass er ein und derselbe war«
>
> JEAN-JACQUES ROUSSEAU

Der Zwergkärpfling ist in den südöstlichen Staaten der USA eine sehr weit verbreitete Art. Der in Florida lebende Biologe und Experte für Lebendgebärende Zahnkarpfen, JAAP-JAN DE GREEF, bezeichnete *Heterandria formosa* als eine »sehr verbreitete« Art in seinem Bundesstaat; gleiches treffe auch auf die Bundesstaaten Georgia, South Carolina und Alabama zu (brief. Mitteilung). Nach meiner Reise im Oktober 2011 durch den Süden Floridas kann ich das zumindest für diesen Teil des natürlichen Verbreitungsgebietes voll und ganz bestätigen, wenngleich die Zwergkärpflinge doch eher bevorzugt in kleineren, vegetationsstarken, verkrauteten und strömungsarmen Gewässern zu finden sind. In den größeren Fließgewässern halten sie sich dagegen eher am ufernahen Rand, im flachen Wasser zwischen dichter Vegetation auf bzw. in tieferen Gewässerbereichen gerne unter den auf der Wasseroberfläche liegenden Blättern diverser Wasserpflanzen. Die Vegetation hat für die Zwergkärpflinge eine immense Bedeutung als Versteckmöglichkeiten; SCHRADER et al. (2011) erwähnten in diesem Zusammenhang die Bedeutung von *Myriophyllum laxum* in stehenden Gewässern oder der exotischen *Hydrilla verticillata* in Fließgewässern. Auch TROUTMAN et al. (2007) hoben die Bedeutung der eingeführten Pflanze hervor. Im Vergleich zu anderen Wasserpflanzen, wie der autochthonen *Sagittaria lancifolia* und der allochthonen *Eichhornia crassipes*, fanden sie im Bereich der *Hydrilla* die größte Diversität an Fischen.

Als weit verbreitete und kleinste Fischart Nordamerikas ist die Rolle des Zwergkärpflings in seinem natürlichen Verbreitungsgebiet recht eindeutig: Die Art wird von vielen größeren Tierarten verfolgt und gefressen, sie steht in der Nahrungskette relativ weit unten. Eine weitere wichtige ökologische Funktion dürfte darin zu sehen sein, dass diese Art als Fressfeind zu diversen kleinen Wasserinsekten und sonstigem Kleingetier auftritt.

Trotz der weiten Verbreitung in den südöstlichen USA scheinen nur wenige Menschen diese Art zu kennen. Verallgemeinernd werden dort kleine Fische als »minnows« bezeichnet (SANDER 1973). Im Gespräch mit Anglern an den Ufern verschiedener Gewässer zeigte sich, dass sie zwar allesamt den ebenfalls weit verbreiteten, um nicht zu sagen omnipräsenten Östlichen Moskitofisch, *Gambusia holbrooki*, kannten, doch den Zwergkärpfling kannte lediglich einer von ungefähr zehn befragten Anglern. Auch das Zeigen eines Fotos erbrachte erstaunlicherweise kein Ergebnis. Der Besuch eines Zoogeschäftes in Miami führte ebenfalls zu keinem Erfolg; lediglich tropische Fischarten fanden sich in den Aquarien wieder, aber keine der heimischen Arten. Selbst in dem Naturführer »The Nature of Florida« (KAVANAGH 2010) sind unter den Lebendgebärenden lediglich Gambusen und der Breitflossenkärpfling abgebildet und beschrieben, der Zwergkärpfling fehlt unerklärlicherweise völlig.

Im angloamerikanischen Sprachraum werden die Zwergkärpflinge »least killifish«, seltener auch »dwarf livebearer«, genannt. Dieser erste, vielleicht etwas abwertend zu interpretierende Populärname, wird diesen faszinierenden Fischen schlechterdings nicht gerecht. Wer sich mit ihnen im Aquarium beschäftigt, oder wer, wie ich, das große Glück hatte, sie in ihrem natürlichen Verbreitungsgebiet beobachten zu dürfen, der weiß, dass diese Art und ihre Biologie überaus spannend sind.

4.1 Natürliche Verbreitung

Das natürliche Verbreitungsgebiet erstreckt sich über die südöstlichen Staaten der USA (s. a. Abb. 4), wobei die meisten Vorkommen nach den Angaben in der Literatur wohl in Florida zu suchen sind. Dort finden sich auch größere Sumpfgebiete, wie etwa die bekannten Everglades, in denen die Zwergkärpflinge in größeren Populationen vorkommen. Nach MARTIN (1980) erstreckt sich das Verbreitungsgebiet vom unteren Cape-Fear-Einzugsgebiet im südöstlichen North Carolina bis hin zum unteren Einzugsgebiet des Mississippi. Die von MARTIN genannte nördliche Ausbreitung wird nicht von allen Autoren anerkannt, laut MENHINICK (1991) und PAGE & BURR (1991) ist *Heterandria formosa* in North Carolina ausgesetzt worden (s. a. Kap. 4.1.3) und hat sich dort etabliert. Das am stärksten besiedelte Gebiet ist die Halbinsel Florida. Außerhalb Floridas liegen die meisten Vorkommen in Küstennähe (s. a. Abb. 30). Hier bewohnen die Zwergkärpflinge dicht bewachsene Süßgewässer, aber auch im Brackwasser (< 20 ppt Salinität) sind sie zuweilen zu finden (MARTIN 1980). Auch BAGLEY et al. (2013) bestätigen das Vorkommen im Brackwasser und die Autoren

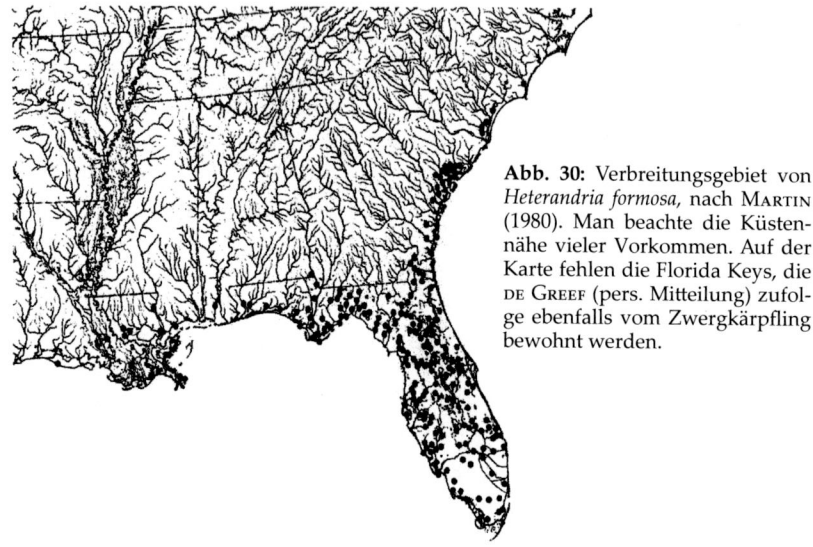

Abb. 30: Verbreitungsgebiet von *Heterandria formosa*, nach MARTIN (1980). Man beachte die Küstennähe vieler Vorkommen. Auf der Karte fehlen die Florida Keys, die DE GREEF (pers. Mitteilung) zufolge ebenfalls vom Zwergkärpfling bewohnt werden.

stellen zudem dar, dass *Heterandria formosa* dem »klassischen pleistozänen Expansionskontraktionsmodell« entspricht, was die Besiedlung von Lebensräumen betrifft.

ROGNER (1990) fand Zwergkärpflinge in etwa 30 verschiedenen Gewässern rund um die Everglades. Dort habe ich im Rahmen meiner Studienreise 2011 ebenfalls verschiedene Biotope der Zwergkärpflinge näher untersucht (s. a. Abb. 36–44 und Tabelle 4). BAUMEISTER (1997) berichtete aus den Florida Springs vom Vorkommen der Zwergkärpflinge »in Massen«, die dort »eine Regulierung der allgegenwärtigen Moskitos« übernähmen. Ergänzend zu der Arbeit von MARTIN (1980) sollen hier auch die Darstellungen CHANEYS & BECHLERS (2006) wiedergegeben werden, die das natürliche Verbreitungsgebiet vom Sabine River, Orange County, Texas, bis zum Cape Fear River in North Carolina (s. a. Kap. 4.1.3) skizzieren. Die Autoren wiesen *Heterandria formosa* zudem erstmalig 161 km im Inland nach.

Grundsätzlich ist festzuhalten, dass die Art in Bächen und Gräben, Tümpeln, Teichen, Weihern und Sümpfen vorkommt, an den Rändern größerer Fließgewässer (z.B. Tamiami Canal) ist sie ebenfalls zu finden, allerdings in eher geringerer Individuendichte (eig. Beobachtung). Sie bevorzugt eindeutig Gewässer mit geringer oder fehlender Strömung und dichter Vegetation, offene Gewässer werden eher gemieden und die dichte Vegetation in den Uferbereichen ermöglicht es den Zwergkärpflingen »sich vor den Nachstellungen größerer Fische zu verbergen« (RIEHL 1984). CHANEY & BECHLER (2006) betonten ebenfalls die Präferenz für untiefe Gewässer.

Tab. 4: Die wichtigsten Charakteristika und Parameter verschiedener Zwergkärpfling-Biotope in den Everglades, ermittelt im Rahmen einer Studienreise von MICHAEL & JOSHUA KEMPKES, 2011. KL = Körperlänge, TL = Totallänge.

Name des Biotops	Geografische Lage	Datum & Ortszeit	Luft-temp.	Wasser-temp.	pH-Wert	Gesamt-härte	Phänotypen	Gruppen-struktur	Beschreibung des Gewässers	Nahrungs-quellen	Syntope Arten	Fressfeinde
Weiher im Miccosukee Indian Reservat	1 Meile nördlich der Interstate 75, östlich der Straße 833	25.10.11 12:15 h	28,5 °C über dem Boden	27,5 °C in 5 cm Tiefe (jeweils unterhalb der Wasseroberfläche)	7,1	< 50°	Sehr kräftige Färbung beider Geschlechter, markante, erstaunlich regelmäßige Kontrastierung, rote Färbung der Dorsalis; bei den ♀♀ auch der Analis. ♀♀ 18–22 mm KL; ♂♂ kaum kleiner. Ernährungszustand aller Tiere sehr gut.	Keine Neonatalen zu finden. Im flachen Uferbereich leben zwischen der Vegetation versteckt einige Subadulti, die allerdings min. vier Wochen alt sind. Geschlechterverhältnis 1:5	Stark verkrautetes, zugewuchertes Gewässer. Grundfläche ca. 100 m². Uferzone flach, weiter mittig bis rund 60 cm tief. Schlammiger Boden, glasklares Wasser.	Überwiegend Aufwuchs, Mückenlarven	Gambusia holbrooki. Auf einen Zwergkärpfling kommen ca. 20 Gambusen. Beide Arten bilden gemeinsam große Schwärme. Alligatoren	Grüner Reiher (Butorides virescens), Schmuckreiher (Egretta thula), Silberreiher (Ardea alba).
Teich im Big Cypress Seminola Indian Reservat	10 Meilen nördlich der Interstate 75, direkt an der Straße 833	25.10.11 14:00 h	30,5 °C über dem Boden	28,5 °C in 5 cm Tiefe	8,5	< 50°	Sehr intensiv gefärbte Tiere, ♂♂ & ♀♀ rot gefärbte Dorsalis, ♀♀ zudem rote Analis. ♀♀ durchschnittlich 20 mm KL; ♂♂ wenige mm kleiner.	Keine Neonatalen zu finden. Im flachen Uferbereich leben zwischen der Vegetation versteckt einige Subadulti, die allerdings min. vier Wochen alt sind. Geschlechterverhältnis 1:4	Stark verkrauteter flacher Teich. Grundfläche ca. 20 m². Schlammiger Boden, glasklares Wasser.	Aufwuchs, Mückenlarven	Gambusia holbrooki, Poecilia latipinna (mit 20–30 mm sehr kleinbleibend)	Gelbrandkäfer. Reiher nicht beobachtet, allerdings an den benachbarten, vergleichbaren Teichen. Sehr wahrscheinlich jagen sie hier.

Name des Biotops	Geografische Lage	Datum & Ortszeit	Lufttemp.	Wassertemp.	pH-Wert	Gesamthärte	Phänotypen	Gruppenstruktur	Beschreibung des Gewässers	Nahrungsquellen	Syntope Arten	Fressfeinde
Seitenarm des Taylor Creek	Unmittelbar an der südlichen Stadtgrenze von Okeechobee	26.10.11 15:15 h	33,3 °C über dem Boden	27,2 °C in 5 cm Tiefe	8,5	<50°	Tiere beider Geschlechter glänzen golden, leicht oliv-metallisch. Roter Fleck in Dorsalis nur schwach ausgeprägt. ♂♂ 20mm und etwas kräftiger als die ♀♀ gefärbt (kontrastierend).	Die Tiere halten sich überwiegend unter den Blättern der Wasserhyazinthe und der Seerosen auf. Jungfische bilden an der Spundwand gemeinsam mit juvenilen Gambusen. Schwärme Geschlechterverhältnis 1:4	Fließgewässer (ca. 0,5 m/s.). Gräser, Wasserhyazinthe, Seerosen, Pistien. Kleine Motorboote sorgen für Wellen. Kein flaches Ufer, sondern gewellte Spundwand aus Metall. Tiefes Wasser, leicht bräunlich, aber klar.	Aufwuchs, anderes Futter nicht zu erkennen. Vermutlich juvenile Gambusen, Mückenlarven	*Gambusia holbrooki* im freien Wasser schwimmend, Garnelen, Wasserläufer	Libellenlarven, Wasserskorpione, Reiher können an dem befestigten Ufer nicht jagen.
Nördlicher Rand des Shark Valley Slough	Südlich des Highway 41, Rand der Everglades	27.10.11 11:40 h	32,8 °C über dem Boden	28,6 °C in 5 cm Tiefe	8,6	-	Feine Kontrastierung, nicht sonderlich intensiv gefärbt. ♀♀ zwischen 22-26 mm KL.	Keine hohe Individuendichte, vereinzelte Subadulti und Adulti zwischen Gräsern und unter den Blättern diverser Wasserpflanzen.	Stark verkrautetes Wasser mit Gräsern, sehr schlammig, kein ganz klares Wasser.	Aufwuchs, Mückenlarven, kleinere Wasserkäfer (potenzielle Nahrung für adulte ♀♀).	*G. holbrooki*, *P. latipinna*, Sonnenbarsche, Garnelen, Libellen, Wasserskorpione, Wasserspinnen	div. Reiher, Sonnenbarsche, Wasserskorpione
Tamiami Canal, südliches Ufer	Nördlich am Highway 41, Höhe Shark Valley Tram	27.10.11 14:15 h	25,7 °C über dem Boden	26,8 °C in 5 cm Tiefe	-	-	Sehr hell, kaum erkennbare Kontrastierung ♀♀ graziler Habitus, 20 mm KL.	Nur vereinzelt Zwergkärpflinge zu finden.	Etwa 15 m breites Fließgewässer mit steinigem Ufer und wenig Vegetation. Das Ufer fällt steil ab, am Ufer finden sich kleine abgetrennte Bereiche.	Aufwuchs, andere Nahrungsquelle nicht nachweisbar.	*G. holbrooki*, Sonnenbarsche	div. Reiher, Sonnenbarsche, wahrscheinlich viele andere größere Fischarten

Verbreitung und Ökologie

Fundort	Lage	Datum/Zeit	Lufttemp.	Wassertemp.	pH	Leitf.	Beschreibung	Gewässer	Nahrung	Begleitfauna	Prädatoren
Kleiner Weiher östlich von Naples	Östlich von Naples Seitenstraße der Interstate 75	29.10.11 11:15 h	29,3 °C über dem Boden	27,7 °C in 5 cm Tiefe	7,3	<50	Kräftige Kontrastfärbung und rote Färbung der Dorsalis in beiden Geschlechtern. ♀♀: 20–22 mm KL; ♂♂: 15–16 mm KL.	Beide Geschlechter ungefähr in ausgeglichenem Verhältnis; auch Jungfische im Alter weniger Tage (1–2 Wochen alt) im Uferbereich zu finden.	Stark verkrauteter Weiher, der über unterirdische Rohre mit anderen Weihern verbunden ist. Grundfläche ca. 15 qm. Wasser leicht bräunlich, aber klar, Bodengrund schlammig.	Aufwuchs, Mückenlarven	*G. holbrooki*, aber *Heterandria formosa* ist offenbar die dominierende Art	Libellenlarven als Fressfeinde ausgemacht
Kleiner Weiher bei Port Charlotte	Östlich von Port Charlotte, 1 Mile nordwestlich der Ausfahrt 167 der Interstate 75	29.10.11 14:10 h	25,7 °C 1,5 m über der Wasseroberfläche	26,3 °C in 5 cm Tiefe	8,2	<50	Wenig intensiv gefärbte Zwergkärpflinge, keine Rotfärbung der Dorsalis und der Analis. ♀♀: 20–22 mm TL. Zierlicher Habitus, aber gut ernährte Tiere.	Nur Weibchen gefangen. Geschlechterverhältnis unbekannt.	Abwassergraben unweit des Highway, kaum Wasserströmung erkennbar, schlammiger Boden, 3 m breites Flussbett	Aufwuchs	*G. holbrooki* ist dominierende Fischart, juvenile Sonnenbarsche, kleine Wasserkäfer	Sonnenbarsche
Teich nahe Parrish, am Rande von Gamble Plantation State Historic Site	Südlich der Straße 64 zwischen Parrish und Duette, ungefähr 2 Meilen östlich von Parrish	29.10.11 17:30 h	23,8 °C über dem Boden	27,0 °C in 5 cm Tiefe	8,2	38	Wenig intensive Färbung, eher grünlich, Kontrastfärbung sehr filigran, keine Rotfärbung der Dorsalis. ♀♀: 21–26 mm TL; ♂♂: 15–16 mm TL.	Geschlechterverhältnis 1:12, Subadulti in Ufernähe, fast keine Juvenilen gefunden.	Teich mit einer Fläche von ca. 250 qm, Ufer mit dichter Vegetation.	Aufwuchs, Mückenlarven	*G. holbrooki* ist im Uferbereich die dominierende Fischart, *P. latipinna* mehrere Sonnenbarsche	Sonnenbarsche, Reiher, mehrere Alligatoren

Name des Biotops	Geografische Lage	Datum & Ortszeit	Lufttemp.	Wassertemp.	pH-Wert	Gesamthärte	Phänotypen	Gruppenstruktur	Beschreibung des Gewässers	Nahrungsquellen	Syntope Arten	Fressfeinde
Gamble Creek	Südlich der Straße 64 zwischen Parrish und Duette, ungefähr 2 Meilen östlich von Parrish	29.10.11 18:05 h	24,1 °C über dem Boden	24,3 °C in 5 cm Tiefe	7,5	-	Wenig intensive Färbung, eher grünlich, keine Kontrastfärbung sehr filigran, keine Rotfärbung der Dorsalis ♀♀: 21–26 mm TL; ♂♂: 15–16 mm TL.	Geschlechterverhältnis 1:1, fast keine Juvenilen gefunden.	3-4 m breiter Bach mit einer Fließgeschwindigkeit von 0,3 m pro Sekunde. Bei Überflutung reicht das Wasser bis zum Teich. Abstand rund 200 Meter. Verkrautete Ufer.	Aufwuchs, Mückenlarven	*G. holbrooki* ist im Uferbereich die dominierende Fischart	Reiher

Dass der Aufenthalt zwischen den dichten Pflanzenpolstern nicht nur ein wirksamer Schutz vor den Nachstellungen größere Raubfische ist, musste ROGNER (1990) erfahren, dem es trotz zahlreicher Fangversuche in etwa 30 verschiedenen Gewässern rund um die Everglades nicht gelang, auch nur ein ausgewachsenes Exemplar zu keschern. Nach eigenen Erfahrungen lassen sich die Zwergkärpflinge allerdings recht problemlos am Rande der unterschiedlichsten Gewässer fangen, auch dann, wenn eine dichte Vegetation vielen Tieren auf der Flucht als Versteckmöglichkeit dient.

4.1.1 Lebensbedingungen in den unterschiedlichen Habitaten

Bei den »zarten« Zwergkärpflingen handelt es sich um Fische, die eine große ökologische Plastizität erkennen lassen. Diese bezieht sich sowohl auf das Leben in unterschiedlichen Lebensräumen als auch auf ein breites Nahrungsspektrum sowie auf eine schnelle Anpassungsfähigkeit, bspw. auf sich verändernde Populationsdichten. Das Leben in Gewässern mit unterschiedlichen Parametern verdeutlicht, dass es sich um eine euryöke Art handelt. HARTIG-BEECKEN (1984) konnte Zwergkärpflinge sowohl in Gewässern mit weichem und saurem Wasser (4 °GH, pH 6), als auch in hartem und alkalischem Wasser (über 28 °GH, pH 8) nachweisen. Nach Aussage des Autors scheinen die Wasserwerte keinerlei Einfluss auf das Wohlbefinden der Fische zu haben. Ich habe Zwergkärpflinge ebenfalls in Gewässern mit teilweise recht unterschiedlichen Parametern nachgewiesen (s. a. Tabelle 4), was ich als Bestätigung der Ansicht des zuvor genannten Autors werte. DE GREEF (pers. Mitteilung) fand *Heterandria formosa* auch im Brackwasser der Keys; mir ist dagegen der Nachweis auf den Keys nicht gelungen, lediglich *Gambusia holbrooki*, den Moskitofisch, konnte ich im brackigen Wasser auf den vor dem südlichen Zipfel Floridas gelegenen Inseln nachweisen. Weitere Autoren berichteten ebenfalls vom Vorkommen des Zwergkärpflings in den Süß- und Brackwassern Floridas (MARTIN 1980) bzw. Georgias (CHANEY & BECHLER 2006).

DIETRICH (1993) dokumentierte an einem Apriltag in einem Biotop in Kissimmee, südlich von Orlando gelegen, morgens um 8 Uhr die wichtigsten Parameter; die Wassertemperatur betrug bereits 23 °C (pH 7,4, 5 °GH, 5 °KH). LUNDKVIST (2010) maß in Sweet Bay Pond (Everglades) folgende Parameter: Wassertemperatur 23 °C, 7 °GH, pH 8,2. Und in Shark Valley (ca. 50 km westlich von Miami) dokumentierte er folgende Parameter: Wassertemperatur 24 °C, 12 °GH, pH 8,5. Weitaus interessanter als die Parameter bezüglich der Härte und des Säuregehaltes des Wasser sind meines Erachtens die Temperaturen in den natürlichen Verbreitungsgebieten, vor allem vor dem Hintergrund einer saisonal erfolgenden Fortpflanzung, auf die ich etwas weiter unten noch näher eingehen werde.

Aus dem Freiland erwähnte SACHS (1972) für Juli recht hohe Temperaturen, in der Mittagszeit bei »praller Sonne« betrug die Wassertemperatur an der Oberfläche 32 °C, in 10 cm Wassertiefe 31 °C und in 20 cm immerhin noch 30 °C. HARTIG-BEECKEN (1984) berichtete von Wassertemperaturen von 33 °C an der Oberfläche und in etwa 50 cm Tiefe unter der Pflanzendecke von immerhin noch 24 °C, ebenfalls zur Mittagszeit gemessen. Ich verweise an dieser Stelle auf meine eigenen Messungen (s. a. Tabelle 4). In diesem Zusammenhang ist es meines Erachtens durchaus interessant, kurz auf die Empfehlungen verschiedener Autoren zu den Haltungstemperaturen im Aquarium hinzuweisen (s. a. Kapitel 7.2.1), ohne diese Problematik an dieser Stelle vertiefend ausführen zu wollen. In jedem Fall lässt sich festhalten, dass die Zwergkärpflinge in ihrem natürlichen Verbreitungsgebiet mit recht hohen Wassertemperaturen sehr gut zurechtkommen und dabei einen ausgesprochen vitalen Eindruck erwecken. Beachtenswert ist die Arbeit von FORSTER-BLOUIN (1989), aus der hervorgeht, dass die Zwergkärpflinge in den Quellgewässern und anderen kleineren Fließgewässern Temperaturen zwischen 18 und 27 °C ausgesetzt sind, während in den Sümpfen, Teichen und anderen mehr oder weniger stehenden Gewässern die Temperaturspanne zwischen 7 und 39 °C (!) betragen kann.

Die Klimadiagramme für Miami und Orlando lassen erkennen, dass es in der Zeit zwischen April und Juli am längsten hell ist, die durchschnittlich höchsten Temperaturen werden dagegen in den Monaten Juli und August erreicht. Somit fällt die Zeit des reproduktiven Höhepunktes in die hellsten Monate, während die größte Populationsdichte in den wärmsten Monaten erreicht wird. Die Regenzeit erstreckt sich von Juni bis September, sodass es während der Hauptzeit der Fortpflanzung nicht nur am hellsten und fast am wärmsten ist, sondern dass in dieser Zeit die Gewässer auch das meiste Wasser führen und am nährstoffreichsten sind.

COLSON (1969) beschrieb die Bedeutung der Tageslänge für die Fortpflanzung von *Heterandria formosa*. Bei gleichbleibenden Temperaturen von 21 °C beobachtete er die Aufnahme der Reproduktion im Frühling und schloss daraus, dass die Tageslänge weitaus wichtiger ist als die Wassertemperatur. Dies ist ein bedeutender Unterschied zu anderen Poeciliinen, bspw. den Guppys, für die BOWDEN (1970) vorwiegend die Bedeutung der Wassertemperatur für die Fortpflanzung nachwies (MEFFE & SNELSON 1989). Auch aus eigenen Beobachtungen im Aquarium über viele Jahre an verschiedenen Zwergkärpflingsstämmen kann ich die Bedeutung der Tageslänge für die Wiederaufnahme der reproduktiven Tätigkeiten als überaus wichtig bestätigen (s. a. Kap. 6.3.2, 6.3.3), während die Wassertemperatur nach meinen Erkenntnissen keinerlei Bedeutung hat. Die saisonale Fortpflanzung erfolgt mit zunehmender Tageslänge, was sicherlich aufgrund des damit zunehmenden Algenwachstums und des sich vermehrenden Aufwuchses als Nahrungsgrundlage für die neonatalen und juvenilen Zwergkärpflinge notwendig ist.

Während der saisonalen Reproduktion von März bis Oktober haben die Zwergkärpflinge eine Fortpflanzungsperiode mit zwei bis vier Generationen (Leips 1997, Baer et al. 2000). Laut Leips et al. (2000) findet sich die höchste Individuendichte in den Gewässern von Mai bis August. Eine derartig dichte Generationenfolge, wie Leips (1997) und Baer et al. (2000) sie schildern, setzt ein schnelles Erreichen der Geschlechtsreife voraus. Insbesondere die Tatsache, dass einerseits die Fortpflanzung nur saisonal erfolgt, also über insgesamt rund sieben, maximal acht Monate, und andererseits bis zu vier Generationen innerhalb dieses doch recht kurzen Zeitraumes reproduziert werden, kann nur dadurch erklärt werden, dass die heranwachsenden Zwergkärpflinge recht schnell die Geschlechtsreife erreichen und sich dann ihrerseits vermehren. Die Weibchen werden bereits im Alter von fünf Wochen geschlechtsreif, die Männchen benötigen ein bis zwei Wochen länger (Leips 1997). Sicherlich tragen auch die während des Frühlings und des Sommers recht hohen Wassertemperaturen zu dieser schnellen Generationenfolge bei, denn nach eigenen Beobachtungen in der Aquarienhaltung werden die Weibchen bei durchschnittlich 26,5 °C wesentlich schneller trächtig – und werfen schließlich die ersten Jungfische – als ihre Artgenossinnen, die bei nur durchschnittlich 22,0 °C gehalten werden (s. a. Kap. 6.4). Die im Oktober sinkenden Temperaturen bewirken offenbar die Reproduktionspause bis zum nächsten Frühjahr, wenngleich die Männchen auch im kühlen Winter weiterhin die Weibchen umwerben und diese zu begatten versuchen (pers. Mitteilung Forcier). Über den Winter hinweg speichern die Weibchen die Spermien (Baer et al. 2000). Die saisonalen Schwankungen bei der Fortpflanzung bestätigte auch de Greef (pers. Mitteilung), der den Höhepunkt der Fortpflanzungssaison im Mai und Juni beschrieb; in dieser Jahreszeit fallen die meisten Niederschläge und damit einhergehend steigen die Wasserpegel. Zudem nehmen die Tageslänge und die Wassertemperaturen zu. Während meines Aufenthaltes in den Everglades Ende Oktober 2011 habe ich keine neonatalen Zwergkärpflinge nachweisen können (Kempkes 2012); die Tageslänge betrug knapp 11,5 Stunden (Sonnenaufgang gegen 7:20 Uhr, Sonnenuntergang 18:45 Uhr Ortszeit) und in manchen Biotopen ließen sich noch Wassertemperaturen von über 28,5 °C nachweisen (s. a. Tabelle 4). Auch innerhalb Floridas bestehen große Unterschiede bezüglich der durchschnittlichen Temperaturen und Tageslängen. Insgesamt betrachtet, ist der Süden (Florida

Keys, Miami) wärmer und sonniger als der Norden (Jacksonville). In den übrigen Verbreitungsgebieten außerhalb Floridas liegen die durchschnittlichen Temperaturen und Tageslängen auch unterhalb der Werte des sonnigen, subtropischen Südens Floridas. TRAVIS et al. (1987) fanden Anfang November im Freiland so gut wie keine trächtigen Weibchen! THIBAULT & SCHULTZ (1978) bezeichneten die Zeit zwischen März und Juni als die Hauptfortpflanzungszeit der Poeciliiden (Poeciliinen, Anm. d. Verf.) in der Natur. Im Winter kommt es in Florida, laut DE GREEF, manchmal auch zu Nachtfrösten, wobei dann tagsüber die Temperaturen wieder schnell ansteigen. Im Januar 2014 überzog eine arktische Kältewelle die gesamte Ostküste der USA und so gab es in Florida selbst tagsüber Frost. Im Frühjahr regnet es DE GREEF zufolge wenig und die Wasserstände vieler Gewässer sind sehr niedrig. In dieser Zeit sind überall hochträchtige Weibchen zu beobachten. Sobald es dann im Mai und Juni zu den Niederschlägen kommt, sind laut DE GREEF in den Gewässern zahlreiche juvenile Zwergkärpflinge zu beobachten. Ich konnte Ende Oktober nur vereinzelt Juvenile (keine Neonatalen!) an den flachen Ufern der Gewässer finden, was die obigen Ausführungen von LEIPS, DE GREEF, TRAVIS et al. (1987) sowie THIBAULT & SCHULTZ (1987) bestätigt. Allerdings haben meine »Wildstämme« aus Florida und South Carolina in den Monaten November und Dezember noch vereinzelt Nachwuchs in den Aquarien (Durchschnittstemperatur 22,5 °C) bekommen. Interessanterweise lässt sich die saisonale Fortpflanzung auch im Aquarium feststellen (auch bei domestizierten Stämmen!), denn ab Oktober nimmt die Anzahl der Würfe deutlich ab, im November und Dezember werden nur noch vereinzelt Jungfische abgesetzt und im Januar und Februar erfolgen so gut wie gar keine Würfe bzw. Einzelgeburten. Erst im März lassen sich wieder Nachkommen feststellen (eig. Beobachtungen). Tatsächlich liegt der reproduktive Höhepunkt – im Aquarium ebenso wie im Freiland – in den frühen Sommermonaten. Der reproduktive Höhepunkt liegt auch dann in den frühen Sommermonaten, wenn im Aquarium ganzjährig konstante Bedingungen (ohne Schwankungen bei den Temperaturen oder der täglichen Beleuchtungsdauer) gegeben sind, allerdings werden sie durch eine sich verändernde, d. h. im Frühling zunehmende Beleuchtungsdauer und -intensität verstärkt. Mit der Zunahme der Tageslänge und der Beleuchtungsintensität lässt sich auch eine Zunahme der reproduktiven Tätigkeiten erkennen; mit der Abnahme der Tageslänge und einer geringeren Beleuchtungsintensität geht das Gegenteil einher. Dies wird recht deutlich, wenn man sich die Tageslängen in Florida betrachtet. Den niedrigsten Wert hat der Dezember mit ca. 10,5 Stunden Helligkeit zwischen Sonnenauf- und -untergang. Auch im Januar ist die Tageslänge mit Zeiten zwischen gut 10,5 und fast 11 Stunden noch recht kurz. Im Laufe des Frühjahrs nimmt die Tageslänge zu. Im Juni erreicht sie mit gut 13,5 Stunden ihren Höhepunkt. Danach verkürzt sich wieder die Zeit zwischen dem Sonnenaufgang und dem Sonnenuntergang. MEFFE & SNELSON (1989) beschrieben generell die Bedeutung der Tageslänge und ihren Einfluss auf die Fortpflanzung Lebendgebärender Zahnkarpfen und bestätigen damit die Ergebnisse aus dem Freiland und meine Beobachtungen in meinem Fischhaus mit den mitteleuropäischen Extremen (Winter, Sommer).

RUETZ et al. (2005) beschäftigten sich näher mit dem Einfluss sich verändernder Wasserstände in den Everglades auf die Populationen von *Heterandria formosa* und anderen syntop lebenden Arten. Nach einer Trockenperiode waren die Populationsdichten von *Lucania goodei*, *Fundulus chrysotus* und dem Zwergkärpfling am niedrigsten und erholten sich nur langsam, während *Jordanella floridae* weniger Probleme mit temporären Trockenheiten hatten und *Gambusia holbrooki* sich am schnellsten nach den Einbrüchen während der Trockenperioden erholten. Im Gegensatz zu den teils dramatischen Bestandseinbrüchen bei *Heterandria formosa* während des Trockenfalles des Gewässers stellten sie allerdings auch fest, dass die Zwergkärpflinge geringere Probleme – auch im Vergleich zu anderen Arten – mit abnehmenden Wasserständen hatten. Die Autoren hoben grundsätzlich die Bedeutung des Regens für die Wasserstände in den Everglades deutlich hervor; ca. 85 % der jährlichen Niederschlagsmenge fällt in der Regenzeit zwischen Mai und Oktober, wobei allerdings die Menge und die Intensität der Niederschläge jährlich variiert (LOFTUS & KUSHLAN 1987; zitiert nach RUETZ et al. 2005).

Zu den bedeutendsten submersen Pflanzen in Florida und anderen Teilen des natürlichen Verbreitungsgebietes von *Heterandria formosa* gehören das Tausendblatt (*Myriophyllum aquaticum*), das ebenso ein Neophyt ist wie auch die Grundnessel (*Hydrilla verticillata*), die sehr invasiv und aggressiv ist, und deshalb mit dem Herbizid »Fluridon« bekämpft wird. Auch die mittlerweile ebenfalls in fast allen tropischen und subtropischen Gebieten der Erde vorkommende Wasserhyazinthe (*Eichhornia crassipes*) ist in Florida in vielen Gewässern anzutreffen. Zwischen den ins Wasser ragenden Wurzeln und unter den Blättern halten sich vor allem junge Zwergkärpflinge gerne auf (eig. Beobachtungen). Zudem werden die Everglades von Binsengewächsen (Familie Juncaceae) geprägt, zwischen deren Halmen sich die Zwergkärpflinge ebenfalls schutzsuchend aufhalten. Natürlicherweise kommen in den Everglades und in weiteren Gebieten Floridas und des übrigen Verbreitungsgebietes u. a. Pflanzenarten aus folgenden Gattungen vor: *Azolla*, *Bacopa*, *Certophyllum*, *Echinodorus*, *Fontinalis*, *Hydrocotyle*, *Limnobium*, *Ludwigia*, *Mayaca*, *Micranthemum*, *Najas*, *Proserpinaca*, *Riccia*,

Sagittaria, Saururus, Utricularia, Vallisneria (NUNZIATA & SKIDMORE 2009). Viele dieser Wasserpflanzen haben in den verschiedenen Bereichen, vor allem in der mittleren Wasserschicht sowie unmittelbar unterhalb der Wasseroberfläche, eine wichtige Bedeutung als Versteck- und Rückzugsmöglichkeit für die Zwergkärpflinge. Während die Gambusen sich vor allem im freien Wasser aufhalten, haben die Zwergkärpflinge eine zurückgezogenere, versteckte Lebensweise (eig. Beobachtungen).

4.1.2 Geografische Variationen bzw. Lokalformen

Entsprechend dem doch recht großen Verbreitungsgebiet sind auch beim Zwergkärpfling geografische Variationen bezüglich eines unterschiedlichen Phänotyps (eig. Beobachtungen), verschiedener Populationsdichten (u. a. SCHRADER et al. 2011), divergierender Temperaturtoleranzen (FORSTER-BLOUIN 1989), voneinander abweichender Reproduktionsmechanismen (Balzintensität und -häufigkeit, Körpervolumina der Neonatalen) (SCHRADER et al. 2011) sowie unterschiedlich verlaufender Ontogenesen festzustellen (LEIPS et al. 2000). Die im vorherigen Unterkapitel dargestellten Unterschiede zwischen den verschiedenen Lebensräumen verdeutlichen einerseits die enorme ökologische Plastizität dieser Art, andererseits führen sie zur Entwicklung und Festigung verschiedener Phänotypen (TRAVIS et al. 1999). Die Autoren fanden u. a. heraus, dass die phänotypischen Kovarianzen bezüglich der Wärme- bzw. Temperaturtoleranz und der Life History zwischen verschiedenen Populationen divergieren. Diese Unterschiede ermöglichen eine bessere Anpassung, die sich u. a. in den Geburtsintervallen, der Anzahl und den Körpervolumina der Nachkommen, den Wachstumsgeschwindigkeiten und den Körpervolumina der Adulti äußern kann.

Die augenfälligsten Unterschiede zwischen geografischen Variationen bzw. Lokalformen sind dabei anhand divergierender Phänotypen auszumachen. Die Tatsache, dass ich in den verschiedenen Biotopen recht einheitliche, sich von anderen Populationen allerdings deutlich unterscheidende Phänotypen beobachten konnte, ist sehr interessant, denn dann, wenn es zu starken Niederschlägen kommt, sind auch bis dato isolierte Gewässer mit anderen Gewässern verbunden, und dadurch wird der Austausch genetischen Materials ermöglicht. DE GREEF (pers. Mitteilung) berichtete davon, dass nach Starkregen auch Gras- und Weideflächen überflutet werden, und in diesen temporären Rinnsalen bewegen sich Zwergkärpflinge und andere kleinere Fischarten (z. B. Gambusen) von einem Gewässer zum nächsten. Das könnte auch eine Erklärung dafür sein, dass sich Zwergkärpflinge in den Entwässerungsgräben entlang der Highways oder auch in Gewässern inmitten von Wohnsiedlungen finden lassen. Es sei am Rande erwähnt, dass ich Gambusen sogar in einem Wohngebiet in von LKW-Reifen gebildeten Pfützen finden konnte! Andere Ursachen für die Verbreitung der kleinen Fische könnten Wirbelstürme oder Wasservögel sein, die Wasserpflanzen mit Fischen transportieren. Auch durch künstliche Drainagesysteme ist eine Verbreitung denkbar.

Dass sich dennoch Lokalpopulationen gebildet haben bzw. recht konstant bestehen, die sich phänotypisch voneinander abgrenzen und offenbar recht homogen und stabil sind, kann trotz der durch die alljährlichen Überschwemmungen aufgehobenen Isolationen möglicherweise dadurch erklärt werden, dass es immer wieder zu Trockenheiten kommt und dabei die Bestände (in kleineren Gewässern) drastisch reduziert werden, die sich ohne Migration wieder erneuern müssen (RUETZ et al. 2005). Nur wenige überlebende Individuen tragen zum Fortbestand der Population bei, die sich nur langsam vom Bestandseinbruch erholt. Dabei kommt es auch zu vielen Verwandtschaftspaarungen, sodass der Inzuchtgrad in derartigen Populationen recht hoch ist (ALA-HONKOLA et al. 2009). Die Autoren gehen davon aus, dass die Inzuchtpaarungen die Fitness und die Überlebensfähigkeit der Nachkommen beeinträchtigen. Vor allem die Männchen haben aus dreierlei Gründen einen eingeschränkten Reproduktionserfolg. Zum einen haben sie aufgrund des vergleichsweise langsameren Wachstums eine geringere Chance, die Geschlechtsreife zu erreichen. Zum anderen tragen die geringeren Fortpflanzungsaktivitäten dieser Männchen zu einem niedrigen Reproduktionserfolg bei. Und schließlich ist ihr vergleichsweise geringeres Körpervolumen in Konkurrenz zu anderen Männchen ein deutlicher Nachteil, da die Weibchen eine Vorliebe für größere Männchen haben (ASBURY & BASOLO 2002).

Eine weitere mögliche Erklärung für die recht stabilen geografischen Lokalformen könnte in der von POLLUX et al. (2009) beschriebenen physiologischen Inkompatibilität einiger Stämme untereinander zu finden sein; bei Kreuzungen verschiedener Stämme kam es auffällig oft zu Fehlgeburten. Möglicherweise besteht eine »genetische Barriere« zwischen einzelnen Populationen, die sich im Laufe der unterschiedlichen Evolution der Populationen entwickelt hat. In manchen Populationen hat die evolutionäre Entwicklung durch selektive Prozesse und Umweltfaktoren dazu geführt, dass wenige, aber dafür größere Jungfische geboren werden, in anderen Populationen werden dagegen vergleichsweise viele, dafür aber kleinere Nachkommen geworfen. Die physiologischen bzw. genetischen Inkompatibilitäten zwischen den divergierenden Populationen führen zu erhöhten Fehlgeburtenraten (s. a. weiter unten) (SCHRADER & TRAVIS 2008). Ein weiterer möglicher, ja wahrscheinlicher Grund für recht konstante Lokalformen könnte auch die von vielen Fischarten (u. a. *Gasterosteus aculeatus*) bekannte Präferenz für den Aufenthalt in Gegenwart verwandter Artgenossen (z. B. FROMMEN et al. 2013) sein. Die verwandten Individuen erkennen sich am Geruch. Im Experiment am Dreistachligen Stichling konnten die Autoren auch dann eine Vorliebe für die verwandten Artgenossen erkennen, wenn sich diese nicht zuvor bekannt waren. Ob dies bei *Heterandria formosa* auch so ist, kann nur vermutet werden.

In jedem Fall lässt sich Migration in Populationen erkennen. BAER (1998a) suggerierte für *Heterandria formosa* in Florida ein Gleichgewicht bezüglich der Migration und der Gendrift. In einer weiteren Arbeit stellte derselbe Autor (BAER 1998b) bei der Untersuchung der Populationen im St.-Johns-Einzugsgebiet keine grundsätzliche Isolation fest, allerdings wies er zwei Linien nach, in denen er doch signifikante Unterschiede finden konnte. BAER nutzte dazu vier Isoenzymsysteme in sechs Loci, um anhand dieser die Populationsstrukturen und »gene flow« (Genwanderungen, Genfluss) nachzuweisen.

BAER (1998a) stellte fest, dass es keine Beweise dafür gäbe, dass es auf der Halbinsel Florida mehr Migration bzw. Gendrift gebe als im Nordwesten des natürlichen Verbreitungsgebietes der Art. Populationen aus dem Nordosten weisen BAER (1998a) zufolge eine geringere genetische Diversität auf als die aus dem Süden oder Westen und zeigen auch über die Distanz keine Isolation. Der Autor gab drei wesentliche Gründe für die fortlaufende Migration der Zwergkärpflinge an. Zum einen reicht bereits ein einzelnes trächtiges Weibchen aus, um einen neuen Lebensraum zu besiedeln. Zum anderen bleiben reichlich – manchmal recht »kurzlebige« – Restgewässer (BAER 1998, MARTIN 1980). Allerdings können die Zwergkärpflinge deshalb auch lokal aussterben, was eben auf die Schwankungen der Wasserstände in den jeweiligen Habitaten zurückzuführen ist. Dennoch erobern sie dann schnell wieder diese Lebensräume zurück. Und schließlich finden sich keine Beweise für taxonomische Unterschiede (z. B. morphologische), so wie das bei anderen Fischarten (z. B. *Gambusia*) dieser Region zum Teil der Fall ist (MARTIN 1980, WOOTEN et al. 1988, BAER 1998a). Diese Beobachtungen sprechen für eine beständige Migration, einen fortlaufenden Genfluss, und gegen eine beginnende Speziation. BAER, der auch der Frage nach qualitativen Unterschieden zwischen der Populationsstruktur und der Migration zwischen Populationen, die auf der Halbinsel und auf dem Festland leben, nachging, bezeichnete die Migration als »river hopping« (BAER 1998a).

In seinen grundlegenden Arbeiten zum Genfluss bzw. Genaustausch zwischen Populationen (»gene flow«) und zur Biogeografie bei *Heterandria formosa* (BAER 1998a, b) sammelte BAER (1998a) an 34 verschiedenen Stellen

Tiere auf. Dabei wählte er auch Populationen aus South und North Carolina sowie Louisiana aus, sodass er damit sowohl die westlichen als auch die nördlichen Grenzen des vermutlichen Verbreitungsgebietes erreichte. Er unterschied dabei zwischen Tieren von der Halbinsel Florida und dem Festland. Grundsätzlich stellte er fest, dass in den nordöstlichen Populationen (South und North Carolina) die genetische Diversität signifikant geringer ist als in den südlichen und westlichen Populationen. Die Halbinsel-Populationen, also die aus Floridas »Fuß«, sind genetisch nicht signifikant unterschiedlicher als die Populationen aus dem nordwestlichen Teil des großen Untersuchungsgebietes. Zusammenfassend schloss BAER (1998a) aus seinen Untersuchungsergebnissen, dass es wohl keine nennenswerten bzw. länger zurückliegenden Isolationen von Populationen gibt, bis auf die Populationen des nördlichen St. Mary's River im Nordosten des Untersuchungsgebietes. Und es lässt sich ebenfalls eine Gruppe von Populationen aus Louisiana separieren, die interessanterweise näher mit den Populationen aus dem Süden Floridas als mit den Populationen aus dem Nordwesten des Untersuchungsgebietes verwandt sind. Bezüglich der Populationen aus dem St. Mary's River hielt er fest, dass deren evolutionäre Entwicklung in eine andere Richtung verlaufe als die der übrigen Populationen im gesamten Verbreitungsgebiet der Art. Die Tatsache, dass die nordöstlichen Populationen eine monophyletische Gruppe bilden, in Verbindung mit der deutlichen Trennung von allen Festland-Populationen, sprechen entweder für eine historische Barriere zwischen den Populationen im Nordosten und im Nordwesten oder eine relativ junge Besiedlung der Einzugsgebiete im Nordosten, wahrscheinlich über Quellpopulationen von der östlichen Halbinsel Florida. In jedem Fall spricht laut BAER (1998a) viel dafür, dass das nordöstliche Verbreitungsgebiet von *Heterandria formosa* erst recht spät durch die Art besiedelt wurde. Die genetische Diversität der nordöstlichen Populationen ist geringer; ein weiteres Argument, das die These stützt, denn jüngere Populationen haben eine geringere genetische Diversität als alteingesessene. Eine andere mögliche Erklärung für die geringe genetische Diversität und die Unterschiede zu den anderen Populationen ist BAER (1998a) zufolge die Möglichkeit, dass die Populationen kleiner sind. Grundsätzlich ist eine Ost-West-Trennung im Verbreitungsgebiet des Zwergkärpflings zu erkennen (BAER 1998a). Und schließlich postulierte der Autor das ursprüngliche Verbreitungsgebiet bzw. das Gebiet, in dem sich die Art aus Ahnformen entwickelte, weiter im Westen, sodass es eine Bewegung in Richtung Osten gegeben haben muss.

Ein wesentlicher Grund für die Entstehung und den Fortbestand von Lokalformen sind die Umweltbedingungen und die sich daraus ergebenden Anpassungen der Fische an diese. Das wird vor allem deutlich beim Vergleich zwischen Beständen aus unterschiedlichen Gewässertypen. So fanden LEIPS & TRAVIS (1999) heraus, dass die Populationen in Seen eine geringere Individuendichte aufweisen als in Fließgewässern; sie führten dies auf den höheren Räuberdruck, der von den zahlreicheren Fressfeinden der Zwergkärpflinge ausgeht, zurück. Zudem beobachteten sie eine negative Korrelation zwischen der Individuendichte einerseits und der Größe der adulten Weibchen andererseits in zwei der vier verglichenen Populationen. Der Grad der Superfötation (s. a. Kap. 6.3.2) und die Anzahl der Jungfische waren in der Population mit der höchsten Individuendichte am niedrigsten. In der Population mit der höchsten Individuendichte waren die Nachkommen um 45 % größer als in den anderen drei Populationen. Die Ergebnisse lassen einen hohen Konkurrenzdruck unter den Juvenilen erkennen (JOHNSON & BAGLEY 2011) und insgesamt eine höhere innerartliche Konkurrenz. SCHRADER et al. (2011) verglichen zwei Populationen aus Fließgewässern (Wacissa River, Wakulla Springs) mit zwei Populationen aus stehenden Gewässern (Moore Lake, Trout Pond). Neben Unterschieden in der Reproduktion (multiple Paarungen, Anzahl und Größe der Neonatalen) sowie in der Populationsdichte stellten sie auch Unterschiede in den Standardlängen der adulten Weibchen fest (s. Tabelle 5).

Tabelle 5: Durchschnittliche Standardlängen von adulten weiblichen *Heterandria formosa*, ermittelt in zwei Populationen aus Fließgewässern (Wacissa River, Wakulla Springs) und zwei Populationen aus stehenden Gewässern (Moore Lake, Trout Pond). Nach SCHRADER et al. (2011).

Jahr	Fließgewässer		stehende Gewässer	
	Wacissa River	Wakulla Springs	Moore Lake	Trout Pond
2007	17,3 mm (14,2–21,8 mm)	20,3 mm (17,1–23,6 mm)	18,6 mm (14,7–20,2 mm)	22,7 mm (18,3–27,4 mm)
2008	18,5 mm (15,6–22,3 mm)	20,2 mm (16,6–22,9 mm)	20,1 mm (16,8–25,7 mm)	-
2009	17,9 mm (16,1–20,3 mm)	19,7 mm (17,1–24,2 mm)	20,1 mm (17,0–25,5 mm)	21,3 mm (14,2–26,1 mm)

Insgesamt lässt sich demnach eine gewisse Tendenz dahingehend feststellen, dass die Weibchen aus den stehenden Gewässern etwas größer sind als ihre Artgenossinnen aus den Fließgewässern.

Die trächtigen Weibchen wurden auch auf die Anzahl der Embryonen in den zweiten bis fünften Bruten untersucht. Dabei fielen die Weibchen aus dem Wacissa River ob der geringen Anzahl an ungeborenen Nachkommen besonders auf; diese schwankt zwischen 5,3 (2007), 6,9 (2008) und 5,8 (2009).

Die Weibchen aus den Wakulla Springs waren deutlich fertiler: 12,6 (2007), 10,6 (2008) und 12,0 (2009). Im Vergleich dazu erwiesen sich jedoch die Weibchen aus den beiden stehenden Gewässern als weitaus fruchtbarer. Die Weibchen aus Moore Lake kamen auf folgende Werte: 13,0 (2007), 15,3 (2008) und 18,8 (2009). Die Weibchen aus dem Trout Pond erwiesen sich als noch fertiler mit 24,8 (2007) und 18,2 (2009). Auch anhand dieser Beispiele lassen sich die Populationen deutlich voneinander abgrenzen.

Die Anzahl der Individuen bzw. deren Dichte, die diese signifikanten Unterschiede zwischen diesen vier Populationen bewirken, sind offenbar die wichtigsten selektiven Kräfte, die diese Populationen und ihre Life History prägen (s. a. weiter unten).

Soucy & Travis (2003) wiesen bei der Untersuchung von sieben Populationen nach, dass sich Populationen mit unterschiedlicher Individuendichte genetisch voneinander unterscheiden ließen, und stellten zudem fest, dass die Heterozygotie innerhalb einer Population mit höherer Individuendichte zunahm (s. a. Kap. 6.1.1). Besonders der Vergleich zwischen den etwa 50 Kilometer auseinanderliegenden Biotopen Trout Pond und Wacissa River ist sehr interessant. Trout Pond ist ein kleiner, etwa 5 Hektar großer See, der im Apalachicola National Forest, Leon County, Florida, liegt. Der in diesem Buch mehrfach erwähnte Wacissa River ist ein aus Quellwasser gespeister Fluss, der in Jefferson County, Florida, zu finden ist. Ein Vergleich der Allozyme und der Mikrosatelliten lässt erkennen, dass zwischen beiden Populationen kaum bzw. gar kein Austausch genetischen Materials (»gene flow«) erfolgt (Schrader & Travis 2008). Der Zeitpunkt der geografischen Trennung bzw. der Entstehung des Trout Pond und des Wacissa River ist den Autoren nicht bekannt, allerdings sind die meisten Quellgewässer und Seen während des Pleistozäns entstanden (Brenner et al. 1990; Webb 1990; zitiert nach Schrader & Travis 2008). Auch Schrader et al. (2011) stellten während ihrer zehnjährigen Untersuchungen an vier verschiedenen Populationen Unterschiede bezüglich der Populationsdichten einerseits und des Grades multipler Vaterschaften anderseits fest, wobei beides in einem Zusammenhang steht. In den Populationen aus dem Wacissa River und den Wakulla Springs war die Individuendichte deutlich höher als bei den Populationen aus dem Moore Lake und dem Trout Pond. In Wakulla Springs (33,4 Adulti auf 0,5 qm) betrug die Individuendichte der Adulti rund das Neunfache dessen, was die Autoren im Moore Lake (3,6 Adulti auf 0,5 qm) feststellten, zwischen Wacissa River (39,5 Adulti auf 0,5 qm) und Trout Pond (5,5 Adulti auf 0,5 qm) lag immerhin ein Unterschied von ungefähr dem Siebenfachen.

Zwischen vielen *Heterandria*-Populationen schwankt die Individuendichte teils erheblich. Travis & Leips (1999) zufolge weisen viele Populationen

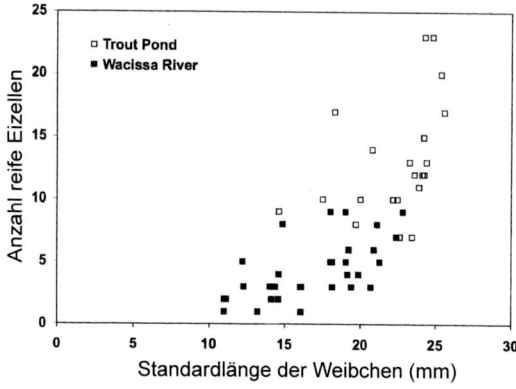

Abb. 31: Relation zwischen der Anzahl reifer Eizellen und der Standardlänge (mm) der Weibchen in der Population aus dem Trout Pond (offene Quadrate) und dem Wacissa River (geschlossene Quadrate); nach SCHRADER (2009).

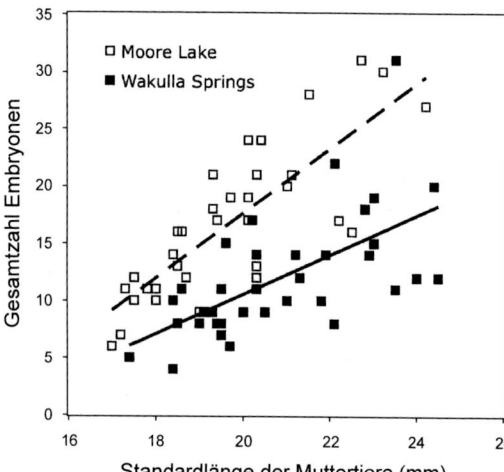

Abb. 32: Relation zwischen der Größe der Muttertiere (Standardlänge in mm) und der Gesamtzahl der Embryonen aus den Populationen Moore Lake (offene Quadrate) und Wakulla Springs (geschlossene Quadrate); nach SCHRADER (2009).

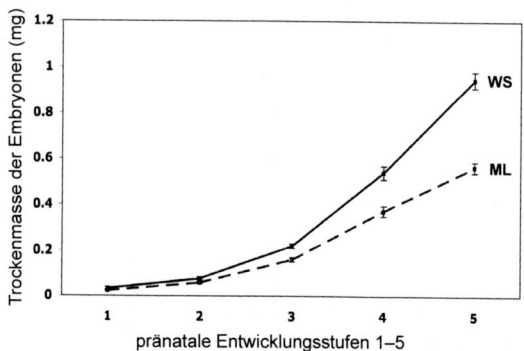

Abb. 33: Durchschnittliche Trockenmasse in Milligramm der Embryos aus den Populationen Moore Lake (ML) und Wakulla Springs (WS); nach SCHRADER (2009).

Verbreitung und Ökologie

Abb. 34: Relation zwischen der Größe der Muttertiere (Standardlänge) und ihrer Fruchtbarkeit (Anzahl der Embryonen) in Moore Lake (offene Quadrate) und Wakulla Springs (geschlossene Quadrate). Die Abbildungen 30–33 verdeutlichen den Einfluss der unterschiedlichen Populationsdichten auf die Fortpflanzung der Zwergkärpflinge in stehenden und fließenden Gewässern; nach SCHRADER (2009).

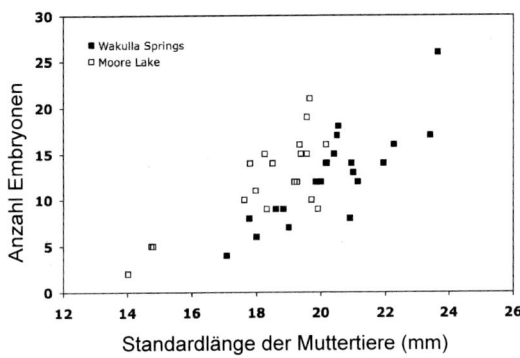

Abb. 35: Die durchschnittliche Populationsdichte adulter Zwergkärpflinge in 0,5 qm. Die Werte wurden an den verschiedenen Populationen in zehn aufeinanderfolgenden Jahren ermittelt. Aus den Ergebnissen lassen sich auch die Unterschiede in der durchschnittlichen Populationsdichte zwischen stehenden und fließenden Gewässern erkennen. Nach SCHRADER et al. (2011).

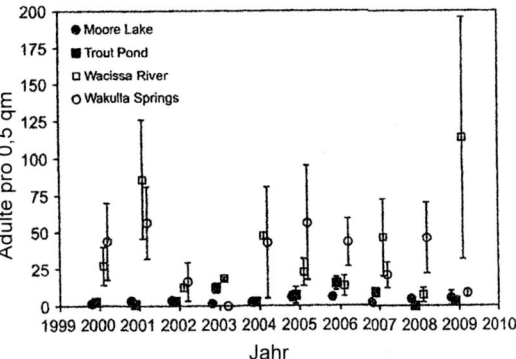

dieser Art eine hohe Individuendichte auf. Laut LEIPS et al. (2000) gibt es gravierende Differenzen zwischen einzelnen Populationen, die sich bis zum siebenfachen Wert unterschieden. Die Autoren sehen darin eine gute Möglichkeit, genetische Unterschiede zwischen Populationen bezüglich der Life History zu erforschen. Anhand der Population aus dem Trout Pond beschrieben sie, dass sie dort Allele fanden, die viele, aber dafür kleinere Nachkommen bewirken. Auch SCHRADER et al. (2011) zufolge hat die Individuendichte gut erkennbare Auswirkungen auf die reproduktive Tätigkeit; in den Populationen mit einer hohen Individuendichte ist die Anzahl multipler Paarungen höher als in den Populationen mit geringerer Individuendichte, was auch eine größere genetische Diversität innerhalb der Populationen mit hoher Individuendichte zur Folge hat. Zudem produzieren die Weibchen aus den stehenden Gewässern große Bruten mit recht kleinen Jungfischen, während die Weibchen aus den Fließgewässern kleinere Bruten mit größeren Jungfischen produzieren (LEIPS & TRAVIS 1999; SCHRADER & TRAVIS 2005, 2009; SCHRADER et al. 2011). Diese Ergebnisse verdeutlichen, welchen selektiven Einfluss die Populationsdichte auf die

Reproduktion hat. Eine höhere Individuendichte bedeutet mehr Konkurrenz, und so ist es nur sinnvoll, dass wenige, dafür aber größere Jungfische geboren werden; die größeren Jungfische sind fitter und durchsetzungsfähiger und haben einen besseren Start in ihr Leben, da sie eine geringere Mortalität aufweisen (s. a. Kap. 6.4). Das erhöht die Chance auf Weitergabe der elterlichen bzw. mütterlichen Gene. In Populationen mit geringerer Individuendichte können die Weibchen ihre Partner besser wählen (female choice) als in Populationen mit einer hohen Dichte, in denen die Männchen weniger balzen und mehr versuchen, die Weibchen durch Spontankopulationen (sneak copulation) zu begatten und zu besamen; das lässt sich anhand der multiplen Vaterschaften unter den Nachkommen ableiten.

Es lassen sich also nicht nur Unterschiede zwischen Populationen bezüglich der Größe der Nachkommen erkennen, was zu physiologischen Unverträglichkeiten und einer daraus resultierenden erhöhten Anzahl an Fehlgeburten führt, sondern auch Unterschiede zwischen Populationen bezüglich der Mehrfachpaarungen (s. a. Tabelle 10, S. 126). Das lässt deutlich darauf schließen, dass geografische Variationen bzw. »feste« Lokalformen bestehen. Allerdings zeigte BAER (1998a) anhand von Vergleichen von Allozymen auf, dass in Nordflorida keine lange zurückliegende Trennung der Populationen besteht.

Während meiner Florida-Reise 2011 bin ich auf verschiedene Lokalformen gestoßen, die ich vor allem anhand unterschiedlicher Färbungen voneinander abgrenzen konnte. Dabei habe ich festgestellt, dass die Zwergkärpflinge in den Biotopen am intensivsten gefärbt waren, in denen sie syntop mit *Gambusia holbrooki* in sehr großen Beständen vorkommen. In einem Teich am Rand von Gamble Plantation State Historic Site fand ich Tiere, die nur wenig Färbung aufwiesen; die dunkle Kontrastzeichnung wirkte sehr fein und die Tiere zeigten nur wenig Rot in den After- und Rückenflossen. Noch weniger dunkle Farbe zeigten die Zwergkärpflinge, die ich südlich der Stadtgrenze von Okeechobee fand; diese schillerten und glänzten golden und metallisch grün, allerdings wiesen sie nur ein wenig rote Färbung in der Rückenflosse auf (Abb. 36). Dagegen war die Färbung der Tiere, die ich in einem Weiher (Abb. 37) nahe der Straße nach Miccosukee, 1,6 km nördlich der Interstate 75, gefunden habe, von überaus dunkler Kontrastzeichnung und einer intensiven Rotfärbung in der Dorsalis geprägt. Es waren die am intensivsten gefärbten Zwergkärpflinge aller neun Fundorte (Abb. 38) und hier war die Bestandsdichte am höchsten, obwohl es sich um ein fast stehendes Gewässer handelte. Gemeinsam mit den Gambusen bildeten sie in Anwesenheit von Grünreihern große, temporäre Schwärme. Weitere phänotypische Unterschiede, auch bezüglich der Körperlängen, lassen sich der Tabelle 4 entnehmen.

Abb. 36: Weibchen aus dem Seitenarm des Taylor Creek, einem Fluss südlich der Stadtgrenze von Okeechobee. Man beachte die grüngolden glänzende Färbung des Weibchens sowie dessen geringe Kontrastierung. Foto: MICHAEL KEMPKES.

Abb. 37: Weiher nahe der Straße nach Miccosukee, 1,6 km nördlich der Interstate 75. Hier fand ich während meiner Reise im Oktober 2011 die ersten Zwergkärpflinge, die allesamt sehr intensiv gefärbt waren (s. a. Abb. 39). Foto: MICHAEL KEMPKES.

Trotz aller Unterschiede bezüglich des Phänotyps lässt sich verallgemeinern, dass der Habitus der Zwergkärpflinge im Süden Floridas und auch in anderen Regionen des natürlichen Verbreitungsgebietes (z. B. im Nordwesten Floridas oder im Süden South Carolinas, eig. Beobachtungen) signifikant zierlicher und graziler ist als der jener Exemplare aus den bei uns teilweise seit Jahrzehnten gehaltenen und mittlerweile sicherlich weitgehend domestizierten Stämme. Diese Größenunterschiede fallen naturgemäß bei adulten Weibchen besonders auf. Während in den Aquarienstämmen Weibchen mit Körpergrößen jenseits von 40 mm auftreten (s. a. Kap. 3.1), erreichten viele der von mir in Südflorida gefangenen Tiere lediglich Körperlängen zwischen 20 und 26 mm. Doch trotz dieses eher kleinen Habitus wirkten nahezu alle Weibchen gut genährt und wiesen größtenteils kräftige Bäuche auf. Deshalb schließe ich eine mangelhafte Nahrungs-

Abb. 38: Zwergkärpflinge aus dem Weiher nahe der Straße nach Miccosukee, 1,6 km nördlich der Interstate 75. Man beachte die intensive Kontrastzeichnung und die roten Dorsalis. Foto: MICHAEL KEMPKES.

Abb. 39: Teich im Big Cypress Seminola Indian Reservation. Hier fand ich neben Zwergkärpflingen auch *Gambusia holbrooki* und *Poecilia latipinna*. Es handelt sich um Biotop 2 in der Tab. 4. Foto: MICHAEL KEMPKES.

grundlage als Ursache für die vergleichsweise geringen Körperlängen aus. Ich führe die in den Aquarienpopulationen erreichten Körpermaße eher auf die erfolgten Domestikationsprozesse zurück (s. a. Kap. 7.1).

Welche natürlichen Faktoren Einfluss auf das Geschlechterverhältnis innerhalb einer Population nehmen, ist auch nach der Auswertung meiner Biotopdaten nicht genau erkennbar. Dazu wäre auch ein längerer Beobachtungszeitraum vonnöten gewesen, der sich über Jahre erstrecken müsste. Es lässt sich lediglich festhalten, dass es sehr unterschiedliche Gruppenkonstellationen gibt, wobei ich im Süden Floridas – also grob betrachtet in und um die Everglades herum – fast ausschließlich Gruppen fand, in denen die Weibchen signifikant häufiger vorkamen. Lediglich im Gamble Creek fand ich ein ungefähr ausgeglichenes Geschlechterverhältnis, während im benachbarten Teich am Rand von Gamble Plantation State Historic

Site auf ein Männchen gezählte zwölf Weibchen kamen. Das sind sicherlich Momentaufnahmen und bei einer Befischung holt man auch mit großen Netzen und mehrmaligen Fangzügen immer nur einen Teil der Population aus dem Wasser. Nichtsdestotrotz skizzieren auch die Ergebnisse aus anderen von mir untersuchten Gewässern einen Weibchenüberhang (s. a. Tabelle 4). DE GREEF (pers. Mitteilung) berichtete hingegen von den südöstlich von Tallahassee gelegenen Wacissa Springs, in denen er fast nur Männchen beobachtete. Die dort syntop lebenden Arten (*Gambusia holbrooki*, *Poecilia latipinna*, *Elassoma okefenokee*, Sonnenbarsche *Lepomis* sp., Killifische *Fundulus* sp.) lassen nicht den Grund für das außergewöhnliche Geschlechterverhältnis erkennen. Einige der Tiere aus der Population der Wacissa Springs habe ich von DE GREEF erhalten und pflege sie seit nunmehr zwei Jahren in einem Aquarium. Unter diesen veränderten Haltungsbedingungen lässt sich der von DE GREEF im Freiland beobachtete Männchenüberhang nicht so gravierend beobachten, setzt sich allerdings dennoch fort. Daraus lässt sich möglicherweise ableiten, dass das Geschlechterverhältnis innerhalb der Populationen wohl eher nicht genetisch fixiert ist, sondern vielmehr selektive Ursachen im Freiland ein ungleiches Verhältnis zwischen adulten Männchen und Weibchen bewirken. Dafür spricht auch die Tatsache, dass unter den Gegebenheiten im Freiland die Weibchen besser überleben (s. a. Kap. 6.4). Das ist sicherlich eine Erklärung für den Weibchenüberhang in den meisten Populationen. Auch von anderen Poeciliinae-Arten ist dies beschrieben worden, beispielsweise von *Poecilia reticulata* aus Trinidad. Dort fanden PETTERSON et al. (2004) in den Asphaltsümpfen um Pitch Lake unter den juvenilen Guppys ein weitgehend ausgeglichenes Geschlechterverhältnis, unter den Adulti überwogen schließlich eindeutig die Weibchen.

Sicherlich sind ergänzende Untersuchungen zu unterschiedlichen Jahreszeiten vonnöten, um weitere Erkenntnisse zum Geschlechterverhältnis und allgemein zu den Gruppenstrukturen zu erlangen.

Zwischen einzelnen Populationen lassen sich auch unmittelbare Anpassungen an den Druck, der von Fressfeinden auf den Bestand ausgeübt wird, erkennen. So konnte ich in Biotop 1 (Tab. 4) immer wieder das Bilden größerer artübergreifender Schwärme (gemeinsam mit *Gambusia holbrooki*) ausmachen, während in anderen Biotopen eher lockere Gruppenstrukturen feststellbar waren. In Biotop 1 ließen sich fortwährende Nachstellungen durch piscivore Vögel wie kleinere Reiher beobachten (Abb. 45). Die in manchen Lebensräumen zu beobachtende überwiegend versteckte Lebensweise der Zwergkärpflinge ist ebenfalls als ein Anti-Räuber-Verhalten zu bewerten. Somit lässt sich festhalten, dass es auch Unterschiede bezüglich des Anti-Räuber-Verhaltens zwischen Populationen gibt, und diese sich auch auf die Gruppenstrukturen auswirken.

Anhand von Aquarienbeobachtungen ließen sich auch Unterschiede im Balzverhalten verschiedener Populationen feststellen, die noch nicht lange unter Aquarienbedingungen gelebt haben, sodass noch von keinen Domestikationstendenzen auszugehen ist. Für die ethologischen Vergleiche habe ich folgende Populationen im Aquarium näher beobachtet: Stadtrand Naples (Westflorida), Kollektor KEMPKES (2011); Quelle des Wacissa River, 32 km östlich von Tallahassee (Florida), Kollektor DE GREEF; und Stono River Drainage bei Charleston County (South Carolina; GPS 32.920655,-80.23471), Kollektor DE GREEF.

Ohne die zahlreichen Beobachtungen statistisch quantifizieren zu können, ergab sich dennoch anhand vieler Einzelbeobachtungen der Eindruck, dass die Männchen aus der Stono River Drainage insgesamt am intensivsten balzen. Die Männchen aus den beiden anderen Populationen sind dagegen eher damit beschäftigt, ihre Reviere zu behaupten und sich gegenseitig zu verjagen. Die Haltungsbedingungen sind für alle drei Populationen identisch, allerdings ist die Population aus der Stono River Drainage die individuenstärkste, und damit ist die intrasexuelle Konkurrenz unter den Männchen größer. Diese Beobachtungen verdeutlichen zum einen, dass es zwischen Populationen auch ethologische Unterschiede gibt, und zum anderen, dass sich die Fische recht schnell an die veränderten Lebensbedingungen anpassen können.

Zusammenfassend lässt sich festhalten, dass es stabile Populationen gibt, die sich anhand des Phänotyps, der Ontogenese und Fortpflanzung oder auch der Kältetoleranz (BAER & TRAVIS 2000) unterscheiden. Dennoch lässt sich keine völlige Isolation benachbarter Populationen erkennen; es kommt zu einem mehr oder minder regelmäßigen Genaustausch durch Migration. Zwischen Populationen, deren Lebensräume weiter entfernt voneinander liegen bzw. die unter sehr verschiedenen selektierenden Umweltbedingungen leben, lassen sich größere Unterschiede feststellen, die sogar soweit führen, dass es bei Paarungen unter Laborbedingungen vermehrt zu Fehlgeburten kommt.

4.1.3 *Heterandria formosa* als Neozoon

Der Zwergkärpfling hat – im Gegensatz zu Gambusen (*G. affinis* und *G. holbrooki*) oder Guppys (*P. reticulata*) – keine größere Bedeutung zur Bekämpfung von Moskitos erlangt. Lediglich in den USA scheint er als Vertilger von Mückenlarven eine gewisse Bekanntheit zu haben, aber im Vergleich zu den anderen Poeciliinae-Arten hat er nie diese Bedeutung erfahren. Während diese Lebendgebärenden Zahnkarpfen deshalb in beinahe allen subtropischen und tropischen Regionen der Erde dank anthropogener Einflüsse vorkommen, sind von *Heterandria formosa* nach meinen Recherchen lediglich zwei Vorkommen außerhalb ihres natürlichen Verbreitungsgebietes bekannt. SEAL (1910) setzte in New Jersey Zwergkärpflinge aus. Etwa 145 km von Cape May entfernt nahm er die Ansiedlung der dort allochthonen Tiere vor; nach eigenen Angaben zur Kontrolle der Moskitos. MENHINICK (1991) und PAGE & BURR (1991) berichteten vom Vorkommen des Zwergkärpflings in North Carolina an zwei Fundorten: Cape Fear und Northeast Cape Fear Drainages nahe Wilmington. Weshalb sie dort vorkommen, ist den Autoren zufolge unbekannt. GENTZSCH (2018) beschrieb, dass es »es auch gezielte Verschleppungen durch den Menschen gegeben hat zur Moskitobekämpfung«, ohne jedoch Regionen zu benennen. Aufgrund der Abhängigkeit von bestimmten Wassertemperaturen kann die Besiedlung neuer Lebensräume durch anthropogene Einflüsse nur in subtropischen Regionen erfolgt sein. Ein Vorkommen außerhalb der USA ist meinen Nachforschungen zufolge nirgendwo dokumentiert.

4.2 Natürliche Selektion durch konkurrierende Arten, Fressfeinde und intraspezifische Konkurrenz sowie Auswirkungen auf die Life History der Zwergkärpflinge

Verschiedene Umwelteinflüsse wirken auf das Leben der Zwergkärpflinge ein. Eine so kleine Art hat naturgemäß viele Fressfeinde. Aber nicht nur die zahlreichen Arten, die den Zwergkärpflingen unter und über Wasser nachstellen, treiben die natürliche Selektion in den verschiedenen Populationen der Art voran, sondern auch die um Nahrungsressourcen und Lebensraum konkurrierenden Arten im selben Lebensraum. Und selbst zwischen den Zwergkärpflingen lässt sich teils eine beachtliche Konkurrenz erkennen, denn die Artgenossen konkurrieren ebenfalls um Lebensraum und Nahrung (s. a. Kap. 4.3), aber auch um Geschlechtspartner. Die natürliche Selektion hat Einfluss auf die prä- und postnatale Entwicklung junger Zwergkärpflinge, auf die Geburtsgröße und das -gewicht, auf das Erreichen der Geschlechtsreife, die Fortpflanzung und die Lebenserwartung.

4.2.1 Sympatrisches und syntopes Vorkommen mit anderen Arten

Bei den Untersuchungen der Everglades stellten RUETZ et al. (2005) fest, dass die häufigsten Arten *Heterandria formosa*, *Gambusia holbrooki*, *Lucania*

Abb. 40: In dem kleinen Fluss, einem Seitenarm des Taylor Creek, südlich der Stadtgrenze von Okeechobee, fand ich neben *Heterandria formosa* (s. a. Abb. 36) auch *Gambusia holbrooki* und *Poecilia latipinna* (subadult) sowie die Garnelen-Art *Palemonetes paludosus* (s. a. Abb. 44). Foto Michael Kempkes.

Abb. 41: In den sumpfigen Everglades finden sich in den Beständen an Gräsern und Seerosen die bevorzugten Lebensräume der Zwergkärpflinge, da sie sich zwischen der Vegetation verstecken können und die Männchen an den Stängeln ihre Reviere bilden. Foto: Michael Kempkes.

goodei, Jordanella floridae und *Fundulus chrysotus* sind. Diese kleineren Fischarten sind die dominierenden Arten in den Everglades. Die Everglades sind allerdings nur ein Teil des recht großen natürlichen Verbreitungsgebietes des Zwergkärpflings, doch ist allein dieses Gebiet von einer großen Biodiversität geprägt, sodass es nicht möglich ist, im Rahmen dieses Buches eine vollständige Auflistung aller sympatrisch bzw. syntop vorkommenden Spezies darzustellen. Ich möchte mich folgend auf die wesentlichen Arten beschränken, deren Vorkommen teilweise auch offensichtliche Auswirkungen auf die Populationen der Zwergkärpflinge haben.

Verschiedene Autoren berichteten vom syntopen Vorkommen der Zwergkärpflinge mit anderen Arten der Lebendgebärenden Zahnkarpfen (s. a. Abb. 40). So beschrieb HARTIG-BEECKEN (1984), dass die Zwergkärpflinge in Gewässern mit hartem, alkalischem Wasser überwiegend in der Gesellschaft von Arten aus den Gattungen *Gambusia* und *Poecilia* leben, ohne allerdings die Arten näher zu benennen (es ist von *G. holbrooki* und *P. latipinna* auszugehen). In Gewässern mit weichem, saurem Wasser fand er *Heterandria formosa* dagegen zusammen mit dem Schwarz- bzw. Zwergsonnenbarsch (*Elassoma evergladei*), dem Diamantbarsch (*Enneacanthus gloriosus*) und den Killifischen (*Fundulus notti dispar* sowie *Leptolucania ommata*). DIETRICH (1993) berichtete vom gemeinsamen Vorkommen von *H. formosa* mit *Gambusia holbrooki* im Channel 15 nahe Delray Beach. Bei dem Gewässer handelt es sich um einen ca. 20 m breiten Kanal mit steinigem Grund, dessen Vegetation überwiegend aus Muschelblumen, Hornfarn sowie Wasserlinsen besteht. Der Autor stellte für beide Poeciliinen-Arten Sonnenbarsche und diverse Wasserwanzen (u. a. Stabwanzen der Gattung *Ranatra*) als Fressfeinde fest. Derselbe Autor fing beide Poeciliinen-Art auch ca. 80 km westlich von Miami im Tamiami Canal, parallel zum Highway 41. Dort habe ich im Oktober 2011 ebenfalls *Heterandria formosa* nachgewiesen. In Kissimmee, südlich von Orlando, fing DIETRICH ebenfalls beide Arten, und auch *Poecilia latipinna* konnte er in dem mit Wassernabel (*Hydrocotyle vulgaris*) verkrauteten Kanal antreffen.

Auch DE JONG (1994) und LUNDKVIST (2010) berichteten vom gemeinsamen Vorkommen des Zwergkärpflings in den Everglades mit drei anderen Arten der Lebendgebärenden Zahnkarpfen (*Gambusia holbrooki, Gambusia rhizophorae, Poecilia latipinna*) und verschiedenen Vertretern der Eierlegenden Zahnkarpfen während ihrer Sammelreisen in den Jahren 1990 und 1993. Im in den Sümpfen gelegenen Sweet Bay Pond, ein künstlich angelegter Teich, fand LUNDKVIST *H. formosa* zusammen mit *Gambusia holbrooki, Fundulus chrysotus* und *Lucania goodei*. In Shark Valley, rund 50 km westlich von Miami fand er Zwergkärpflinge in einem kleinen Kanal mit dichter Vegetation und stehendem Wasser. Entlang des Kanalufers kamen sie gemeinsam mit

Abb. 42: Unter den dichten *Eichhornia*-Blättern halten sich die adulten Zwergkärpflinge auf, während die Gambusen überwiegend im freien Wasser schwimmen. Foto: MICHAEL KEMPKES.

Breitflossenkärpflingen (*Poecilia latipinna*) und *G. holbrooki* vor. LUNDKVIST stellte heraus, dass die Männchen dieser Population einen intensiven roten Fleck in der Rückenflosse aufwiesen.

SACHS (1972) berichtete vom gemeinsamen Vorkommen der Zwergkärpflinge aus verschiedenen Lebensräumen mit Gambusen (ohne Artnennung, vermutlich *G. holbrooki*), *Fundulus chrysotus*, *Chriopeops goodei* und Sonnenbarschen. Besonders erwähnenswert ist der Hinweis des Autors darauf, dass von einem »unberührten Dschungelbach« (vermutlich der Myakka-River) durch die Errichtung eines Campingplatzes und einer Brücke nur noch ein »kahler Badeteich« übrig blieb. Auf die Gefährdung der Art gehe ich in Kapitel 4.4 näher ein.

Im Myakka-River, der hier beispielhaft Erwähnung finden soll, kommen die Zwergkärpflinge zwischen dichter Vegetation vor, die sich zusammensetzt aus *Eichhornia* sp. (Wasserhyazinthe), *Elodea* sp., *Anacharis* sp., *Ceratophyllum* sp. *Utricularia* sp., *Sagittaria* sp., *Cambomba* sp., *Brasenia* sp. sowie *Pistia* sp. (SACHS 1972). Dies verdeutlicht, dass in vielen Gewässern des natürlichen Verbreitungsgebietes von *Heterandria formosa* auch zahlreiche Neophyten zu finden sind.

SCHAEFER et al. (1994) berichteten vom syntopen Vorkommen des Zwergkärpflings mit *Gambusia holbrooki, Poecilia latipinna, Jordanella floridae, Fundulus chrysotus, Fundulus seminolis, Lucania goodei* und *Lepomis* spp. in den Sümpfen Floridas. Einer der Schwerpunkte ihrer Arbeit am Rande des Woodruff Sumpfes lag allerdings darin, das ökologische Verhältnis zwischen dem Östlichen Moskitofisch (*G. holbrooki*) und dem Zwergkärpfling näher zu untersuchen; nach Aussagen der Autoren war dies bis dato unbekannt. Zum gegenseitigen Einfluss dieser beiden sehr häufig vorkommenden Arten wird auf den folgenden Seiten noch viel zu lesen sein. Die Probebefischungen am 24. Mai 1991 und am 21. Januar 1992 erbrachten erstaunliche Ergebnisse. Entgegen meiner Annahmen, dass *Gambusia holbrooki* in den Süßgewässern Floridas die häufigste Fischart ist, wiesen SCHAEFER et al. für den Woodruff Sumpf nach, dass dort *Heterandria formosa* die zahlenmäßig häufigste Fischart ist. Und selbst *Poecilia latipinna* wurde während der Probebefischungen häufiger nachgewiesen als die Gambusen. Im Mai 1991 konnte die durchschnittliche Dichte folgender Fischarten ermittelt werden (in Individuen/m^3; Standardabweichungen in Klammern): Zwergkärpfling 92,5 (38,9), Breiflossenkärpfling 62,7 (32,7) und Moskitofisch »nur« 48,6 (70,5); im Januar 1992 wurden folgende Werte ermittelt: Zwergkärpfling 248,7 (87,3), Breitflossenkärpfling 70,6 (34,9) und Moskitofisch 70,6 (38,6). Die Werte für *Heterandria formosa* im Winter sind sehr beachtenswert, lassen sich aber insoweit erklären, als im Mai die Reproduktion erst seit wenigen Wochen wieder aufgenommen wurde, während im Januar die Bestände aus dem Vorjahr gefangen wurden. Zudem müssen Schwankungen zwischen den Jahren postuliert werden. Hier wären Langzeitstudien sehr interessant! Die übrigen Arten liegen mit ihren Werten deutlich hinter den drei Poeciliinen, bis auf den Wert von *Lucania goodei* im Januar 1992 mit 85,7 (52,1). In Versuchen zu den Einflüssen der Arten untereinander, die in Freilandaquarien durchgeführt wurden, ergaben sich ebenfalls interessante Ergebnisse. Ein direkter Vergleich zwischen den Gambusen und den Zwergkärpflingen bezüglich der Biomasse lässt die Dominanz der Gambusen erkennen. Das durchschnittliche Gewicht der Gambusen aus den Aquarien, in denen sie gemeinsam mit den Zwergkärpflingen vorkamen, war 33 % höher als in den Aquarien ohne *H. formosa*, dennoch hatte die Präsenz der Zwergkärpflinge keine signifikanten statistischen Auswirkungen auf die Dichte, die Biomasse oder die durchschnittliche Körperlänge der Gambusen. Die An- bzw. Abwesenheit der Gambusen hatte allerdings sehr wohl signifikanten Einfluss auf die Zwergkärpflinge. In den Aquarien ohne *G. holbrooki* war das durchschnittliche Körpergewicht der Zwergkärpflinge deutlich niedriger als in den Aquarien mit Gambusen. Dagegen war die Individuendichte der Zwergkärpflinge in den Aquarien ohne Gambusen deutlich höher als in den Vergleichsbecken ohne Gambusen. In den Zwergkärpflingspopulationen, die in der Gegenwart der Gambusen lebten, wurden weniger kleine Individuen festgestellt. Die Autoren vermuteten als Ursache dafür die interspezifische Konkurrenz um Nahrung, obschon insgesamt kein Rückgang der Biomasse der Zwergkärpflinge zu beobachten war. Die Autoren bewerteten das Fressen kleinerer Zwergkärpflinge als die wichtigste Interaktion zwischen den beiden Arten. Das erklärt den Einfluss der Gambusen auf die Körpergröße und die Gruppenstruktur der Zwergkärpflinge. Zusammenfassend bewerteten SCHAEFER et al. (1994) die Interaktionen zwischen den beiden Arten eher als ein Räuber-Beute-Verhältnis (Gambusen fressen Zwergkärpflinge) denn als Konkurrenten (s. a. Kap. 4.3). Aus Aquarienbeobachtungen (z. B. POESER 2010) ist allerdings auch bekannt, dass Zwergkärpflinge (adulte Weibchen) durchaus Jungfische anderer Arten (auch Poeciliinen) jagen und fressen (s. a. Kap. 5.2.2). Daher muss das ökologische Verhältnis zwischen den Zwergkärpflingen und den Moskitofischen durchaus auch um diese Erkenntnis erweitert werden. Ich postuliere, dass auch im Freiland adulte Zwergkärpflingsweibchen durchaus den neonatalen, möglicherweise auch einige Tagen alten juvenilen Gambusen erfolgreich nachstellen.

Aus der in Kapitel 4.1 abgebildeten Tabelle 4 lässt sich erkennen, dass *Gambusia holbrooki* in den von mir untersuchten Gewässern Südfloridas die dominante, um nicht zu sagen omnipräsente Art ist. Das steht im Gegensatz zu den Ergebnissen von SCHAEFER et al. (1994), die sich allerdings bei ihren Untersuchungen auf den Woodruff Sumpf beschränkten, während ich Südflorida von der Ostküste bis zur Westküste bereist habe und dabei insgesamt neun Lebensräume der Zwergkärpflinge näher erforschen konnte. Daher gehe ich nach meiner Reise durch Südflorida davon aus, dass in den meisten Biotopen *Gambusia holbrooki* dominanter ist als *Heterandria formosa*.

In den zahlreichen Lebensräumen, in denen *G. holbrooki* und *H. formosa* syntop vorkommen, haben sie sich auf die jeweiligen Bedingungen eingestellt. In den meisten Biotopen halten sich die Gambusen vor allem im »freien« Schwimmraum auf, während die Zwergkärpflinge überwiegend zwischen der dichten Vegetation in den seichten Uferbereichen leben (eig. Beobachtungen). Die Zwergkärpflinge leben weitaus zurückgezogener und versteckter als die Gambusen – und das erstaunlicherweise trotz der offensichtlich besseren Tarnung (Cox et al. 2009). Nach eigenen Beobachtungen im Freiland kann ich festhalten, dass die Gambusen von oben betrachtet mit ihrer silbrig-grauen Färbung mehr auffallen als die grau-bräunlichen Zwergkärpflinge vor dem schlammigen Gewässergrund. Darüber hinaus fallen die Gambusen auch durch ihr weitaus lebhafteres Schwimmverhalten auf, während die Zwergkärpflinge viel ruhiger und unauffälliger sind.

Unter massiver Bejagung, so wie in Biotop 1 (Tabelle 4), bilden Gambusen und Zwergkärpflinge große Schwärme (eig. Beobachtungen), die es den von oben jagenden Reihern sicherlich deutlich erschweren, sich auf ein Beutetier in der Masse zu konzentrieren. Diese Schwarmkonstellation umfasste geschätzt mehrere Tausend Individuen beider Arten, wobei auch hier die Gambusen die unzweifelhaft dominante Art darstellten. Doch trotz dieser recht deutlichen Dominanz der Moskitofische wissen sich die Zwergkärpflinge offensichtlich recht gut zu behaupten. Es ist festzustellen, dass sich beide Arten gegenseitig in ihrer Entwicklung selektiv beeinflussen, wobei der Einfluss von *G. holbrooki* auf *H. formosa* offenbar größer ist als umgekehrt (BELK & LYDEARD 1994). Sie treten als direkte Nahrungskonkurrenten auf, die sowohl um Aufwuchs als auch um Wasserkrebschen, Wasserinsekten und Mückenlarven konkurrieren. Darüber hinaus stellen beide Arten auch den Jungfischen anderer Arten nach, sodass besonders in der schützenden Vegetation die adulten Zwergkärpflinge unter den neonatalen Gambusen reichlich Beute machen dürften. Hier liegt der Vorteil auch aus einem anderen Grund bei den Zwergkärpflingen, denn die Jungfische dieser Art verhalten sich viel ruhiger und unauffälliger zwischen den Pflanzen.

In einem experimentellen Vergleich zwischen den beiden Arten stellten MUKHERJEE et al. (2014) interessanterweise fest, dass die Anwesenheit von Fressfeinden deutlich mehr Einfluss auf die Fortpflanzung der Gambusen nimmt und fast keine negativen Auswirkungen auf die Zwergkärpflinge hat. Während *G. holbrooki* durch den Sichtkontakt zum Forellenbarsch (*Micropterus salmoides*) rund 14 % Totgeburten hatten, stellten die Autoren bei *H. formosa* lediglich 2 % Totgeburten fest. Die Zwergkärpflinge sind offensichtlich stressresistenter als die Gambusen. Die Autoren schlossen unter anderem aus ihren Ergebnissen, dass bei matrotroph viviparen Arten die Empfindlichkeit auf Schwankungen in ihrer Umwelt, in diesem Fall Stress durch Prädatoren, geringer ist als bei lecitotrophen Arten.

TREXLER et al. (2011) verglichen das jeweilige Nahrungsspektrum dreier natürlicherweise in Florida vorkommenden Poeciliinen (*G. holbrooki, H. formosa* und *P. latipinna*) miteinander und kamen zu dem Ergebnis, dass jede Art einer etwas anderen Ernährungsweise nachgeht, doch dass es auch durchaus einige Überschneidungen gibt. Die beiden erstgenannten Arten konkurrieren um Amphipoden und andere kleine Invertebraten, während die Zwergkärpflinge und die Breitflossenkärpflinge um Algen und Aufwuchs konkurrieren, wobei letztgenannte Spezies offenbar weniger selektiv frisst als *Heterandria formosa*.

Die bereits erwähnte Arbeit von BELK & LYDAERD (1994) verdeutlicht unter experimentellen, allerdings naturähnlichen Bedingungen den Ein-

Abb. 43: Zwischen dem Gras bilden die adulten Zwergkärpflingsmännchen kleine Reviere, die sie aber bei Gefahr – auch durch beobachtende Menschen! – schnell verlassen, um in tieferes Wasser zu schwimmen und temporäre Schwärme mit den Weibchen und den omnipräsenten Gambusen zu bilden. Foto: MICHAEL KEMPKES.

Abb. 44: Fang aus dem Fluss, der auch mit kleineren Motorbooten und Yachten befahren wird. Man beachte den kräftigen Habitus der Weibchen und die rot gefärbte Dorsalis des Männchens. Foto: MICHAEL KEMPKES.

fluss von *Gambusia holbrooki* auf den Zwergkärpfling, wobei die Autoren der Frage nachgingen, ob die Gambusen eher Konkurrenten oder Fressfeinde der Zwergkärpflinge sind. Dazu haben sie Populationen von *Heterandria formosa* unter verschiedenen Bedingungen in ihrer Entwicklung (Geschlechterverhältnis, Wachstum, Populationsentwicklung) verglichen; einige Populationen lebten ohne, die anderen mit Gambusen. Die Autoren stellten fest, dass in den Populationen mit Gambusen die Anzahl der Männchen sowie der Subadulti (Adulti) deutlich geringer war als in den Vergleichspopulationen ohne Gambusen. Zudem beobachteten sie eine

Selektion hin zu größeren Weibchen. In den Populationen ohne Gambusen wurde ein ausgeglichenes Geschlechterverhältnis, kleinere Weibchen und eine insgesamt bessere Populationsentwicklung (mehr Individuen) festgestellt. BELK & LYDAERD (1994) schlossen daraus ebenfalls, dass *G. holbrooki* wohl eher als Fressfeind denn als Konkurrent von *H. formosa* betrachtet werden müsse (s. a. Kap. 4.2.2) und dass die Populationsentwicklung der Zwergkärpflinge durch die Gegenwart der Gambusen eingeschränkt wird. Zudem verdeutlichten LYDEARD & BELK (1993), dass unter experimentellen Bedingungen die allochthonen *Gambusia affinis* vor allem selektiven Einfluss auf die Zwergkärpflinge haben, der sich negativ auf die Körpervolumina auswirkt. BELK & LYDEARD (1994) erwähnten allerdings auch, dass in natürlichen Populationen der Räuberdruck auf die Gambusen (in diesem Fall *G. holbrooki*) dazu führt, dass diese wiederum weniger Druck auf die Population der Zwergkärpflinge ausüben können. Die experimentell gewonnenen Erkenntnisse der beiden Autoren geben eine gute Erklärung für die von mir beobachteten Geschlechterverhältnisse in einzelnen Biotopen Südfloridas (s. a. Tabelle 4), zumal unter Aquarienbedingungen zwar auch ein leichter Weibchenüberhang (s. a. Kap. 6.3.4) zu beobachten ist. Allerdings lassen sich bei Weitem nicht so gravierende Werte feststellen wie beispielsweise in den Biotopen Weiher im Miccosukee Indian Reservat mit einem Geschlechterverhältnis von 1 : 5, Teich im Big Cypress Seminola Indian Reservation und Seitenarm des Taylor Creek mit jeweils 1 : 4 oder gar dem Teich nahe Parrish, am Rande von Gamble Plantation State Historic Site, mit einem Geschlechterverhältnis von 1 : 12. Bezüglich des von den Gambusen auf die Zwergkärpflinge ausgeübten Räuberdrucks sei auch erwähnt, dass die Gambusen – und hier sind vor allem die adulten Weibchen zu nennen – ebenfalls unter einem erheblichen Räuberdruck stehen. BRITTON & MOSER (1982) beschrieben die Präferenz der den Fischen nachstellenden Reiher als wichtige Fressfeinde für Gambusenweibchen, in der Untersuchung der nah verwandten und ebenfalls in den südlichen USA verbreiteten Art *G. affinis*. Die Vorliebe der piscivoren Vögel für die Weibchen erklären die Autoren mit deren größerem Energiegehalt, ich vermute allerdings auch, dass die Weibchen besser zu fokussieren und damit zu erbeuten sind. Da besonders die adulten Weibchen von *G. holbrooki* die juvenilen bzw. kleineren Zwergkärpflinge jagen, können die Reiher wiederum für ein Gleichgewicht zwischen den beiden konkurrierenden und überwiegend einseitigen Räuberdruck (Gambusen auf Zwergkärpflinge) ausübenden Fischarten herstellen. Dies wird deutlich, wenn man sich das Geschlechterverhältnis in manchen Gambusenpopulationen bewusst macht, das die Autoren mit 38 : 1 angeben. Nur durch das Zuwandern von Weibchen aus Gebieten, in denen die Reiher weniger aktiv sind, wird das lokale Verschwinden der Gambusen verhindert.

Wie bereits erwähnt, halten sich die Gambusen eher im freien Wasser auf, während die Zwergkärpflinge eher zwischen bzw. am Rand der Vegetation zu finden sind. Sehr wahrscheinlich entziehen sich damit die Zwergkärpflinge auch dem Räuberdruck durch die Gambusen. Letztere, die nach landläufiger Meinung sehr »robust« sind, erwiesen sich nach dem gemeinsamen Fang mit Zwergkärpflingen in meiner Fotoküvette als weitaus stressempfindlicher; nach wenigen Minuten klemmten sie die Flossen oder versuchten sich durch Herausspringen der temporären Gefangenschaft zu entziehen. Die Zwergkärpflinge verhielten sich dagegen ruhig und zeigten keinerlei äußerlich erkennbare Stresssymptome.

4.2.2 Natürliche Selektion durch Fressfeinde

Zahlreiche Fressfeinde stellen den Zwergkärpflingen nach; die wichtigsten Arten habe ich in der Tabelle 6 aufgelistet. Darüber hinaus stellen auch junge, amphibisch lebende Reptilien oder Krebse und Garnelen den Zwergkärpflingen nach. Vor allem piscivore Arten aus der Gattung *Macrobrachium* sind hier zu nennen, von denen einige in Florida eingeführt wurden. Die Krebstiere dürften allerdings eher Gelegenheitsräuber sein, so wie es bspw. vom Blauen Florida-Krebs (*Procambarus alleni*) bekannt ist, der zuweilen Kleinfische erbeutet, ansonsten jedoch eher Fischaas und pflanzliche Nahrung frisst.

Die Zwergkärpflinge reagieren ihrerseits auf die Nachstellungen durch die zahlreichen Fressfeinde. So stellten Cox et al. (2009) in ihrer Arbeit die besonders gute Tarnfärbung der Zwergkärpflinge in ihrer natürlichen Umgebung dar, die den Fressfeinden das Entdecken ihrer Beute erschwert. Zudem fallen die Zwergkärpflinge durch die ruhige Schwimmweise kaum auf. Im Folgenden wird auf die Beziehung zu einigen Prädatoren näher eingegangen.

Das syntope Vorkommen der Zwergkärpflinge mit *Gambusia holbrooki* ist bereits mehrfach erwähnt worden. In zwei Arbeiten (BELK & LYDAERD 1994; SCHAEFFER et al. 1994) werden die Auswirkungen der Anwesenheit der Moskitofische auf die Zwergkärpflinge im Besonderen beschrieben. In den Habitaten der natürlichen Verbreitungsgebiete ernähren sich die Zwergkärpflinge überwiegend von Zooplankton; diese Nahrungsquelle wird auch von juvenilen *G. holbrooki* genutzt. Damit kommt es um diese Ressource zu einer direkten Konkurrenz zwischen beiden Arten. Darüber hinaus konkurrieren aber auch die adulten Exemplare beider Arten um Beutetiere wie kleinere Wasserkrebse und -insekten, z. B. Mückenlarven. Dass auch die jungen Zwergkärpflinge von den Gambusen gefressen werden, erscheint selbstverständlich. Darüber hinaus zählten die Autoren aber auch die adulten Zwergkärpflingsmännchen zum Beutespektrum der Moskitofische. Dass adulte Zwergkärpflinge – sicherlich nur die größeren Weibchen – auch eine Gefahr für die neonatalen Gambusen darstellen könnten, wurde nicht erwähnt. Dies halte ich allerdings für gut möglich, denn bspw. POESERS (2010) Aquarienbeobachtungen verdeutlichen, dass Zwergkärpflinge auch vor neonatalen Guppys (*Poecilia reticulata*) keineswegs Halt machen; juvenile Guppys und Gambusen sind ungefähr gleich groß.

Tab. 6: Wichtige Fressfeinde der Zwergkärpflinge nach verschiedenen Literaturquellen (u. a. RICHARDSON et al. 2006, NUNZIATA & SKIDMORE 2009, KAVANAGH 2010, SPRINGER 2010). KEMPKES orig.

Wissenschaftlicher Artname	Populärname angloamerikanisch, deutsch	Präferierte Beute	Größe (Länge)	Besonderheiten
Aphredoderus sayanus	Pirate perch, Piratenbarsch	Wasserinsekten, Krebstiere, kleine Fische überwiegend juvenile Zwergkärpflinge, kaum Weibchen, keine Männchen!	♀ ca. 13 cm, ♂ etwas kleiner	überwiegend nachtaktiv
Lepomis gulosus	Warmouth, kein deutscher Populärname (gehört zu den Sonnenbarschen)	Wasserinsekten, Mollusken, Krebstiere, kleine Fische, überwiegend Zwergkärpflingsweibchen und Juvenile	Zwischen 10 und 20 cm, manche erreichen 30 cm	sehr anpassungsfähig, lauern Beute zwischen der Vegetation auf, bedeutender Fressfeind der Zwergkärpflinge
Lepomis punctatus	Spotted sunfish, Sonnenbarsch	Mückenlarven und andere Wasserinsekten, überwiegend juvenile und adulte Zwergkärpflingsmännchen, keine Weibchen	ca. 10 cm	anpassungsfähig, kommt auch im seichten Wasser vor
Esox americanus americanus & *Esox americanus vermiculatus*	Redfin Pickerel, Amerikanischer Rotflossenhecht; Grass pickerel, Amerikanischer Hecht	dürfte vor allem als Jungfisch den Zwergkärpflingen nachstellen	bis ca. 40 cm	lauert in hechttypischer Manier auf seine Beute

Wissenschaftlicher Artname	Populärname angloamerikanisch, deutsch	Präferierte Beute	Größe (Länge)	Besonderheiten
Esox niger	Chain Pickerel, Kettenhecht	dürfte vor allem als Jungfisch den Zwergkärpflingen nachstellen	bis ca. 100 cm	lauert in hechttypischer Manier auf seine Beute
Lepisosteus sp.	Knochenhecht	dürfte vor allem als Jungfisch den Zwergkärpflingen nachstellen	bis zu 120 cm	
Anguilla rostrata	American eel, Amerikanischer Aal	kleine Fische, Würmer, Garnelen	bis zu 150 cm, ♀ rund 30 cm kleiner	jagt vor allem nachts
Amia calva	Bowfish, Kahlhecht, Schlammfisch	größere Krebstiere und Wasserinsekten, kleinere Fische, Amphibien	ca. 70 cm, manchmal auch länger	effektiver Räuber
Micropterus sp.	Suwanee bass, Shoal bass, Spotted bass, Florida bass, Largemouth bass, diverse Arten aus dieser Gattung (Forellenbarsche)	alles, was sie bewältigen können	Meist zwischen 40 und 60 cm, manche auch bis 100 cm	Forellenbarsche sind effektive Räuber
Ambloplites ariommus	Shadow bass, kein deutscher Populärname (gehört zu den Steinbarschen/ Sonnenbarschen)	kleinere Fische	bis zu 30 cm	
Pomoxis nigromaculatus	Black crappie, kein deutscher Populärname (gehört im weiteren Sinn zu den Sonnenbarschen)	Krebstiere, kleinere Fische	bis zu 20 cm	jagt überwiegend nachts
Centrarchus macropterus	Flier, kein deutscher Populärname	diverse Wirbellose, kleinere Fische	ca. 15 cm	
Erimyzon sp.	Creek chubsucker, Sharpfin chubsucker, Lake chubsucker,	diverse Wirbellose, kleinere Fische	ca. 25 cm	

Verbreitung und Ökologie

Wissenschaftlicher Artname	Populärname angloamerikanisch, deutsch	Präferierte Beute	Größe (Länge)	Besonderheiten
Ameiurus sp.	White catfish, Spotted bullhead, Snail bullhead, Brown bullhead, Weißer Katzenwels, div. Katzenwelse	diverse Wirbellose, Fische	bis zu 40 cm	euryöke Art, überwiegend nachtaktiv
Nerodia sp.	Schwimmnattern, mehrere Arten	junge Schlangen fressen überwiegend Fische, adulte überwiegend Amphibien	bis zu 120 cm	
Anax junius (als Larve)	Common Green Darner oder Green Darner, Amerikanische Königslibelle	Kaulquappen, Krebstiere, Mückenlarven, Libellenlarven, kleine Fische, Zwergkärpflinge jeden Alters	ca. 55 mm	bevorzugt ruhige Gewässer
Coryphaeschna ingens (als Larve)	Regal Darner, kein deutscher Populärname	Insektenlarven, Zwergkärpflinge: hauptsächlich Männchen, auch Weibchen und eher weniger Juvenile	ca. 50 mm	bevorzugt ruhige Gewässer
Megaceryle alcyon	Belted kingfisher, Eisvogel	kleine Fische	ca. 35 cm	bevorzugt klares Wasser
Anhinga anhinga	Anhinga, Schlangenhalsvogel	Fische, allenfalls adulte Zwergkärpflingsweibchen dürften als Beute in Frage kommen	ca. 90 cm Spannweite	jagt seine Beute unter Wasser tauchend
Butorides virescens	Green heron, Grünreiher	größere Krebstiere und Wasserinsekten, kleine Fische, Amphibien	ca. 45 cm Höhe	lauert im Wasser oder am Ufer auf seine Beute
Ardea alba	Great Egret, Silberreiher	größere Krebstiere und Wasserinsekten, Fische, Amphibien und kleinere Nagetiere	knapp 100 cm Höhe	lauert im Wasser oder am Ufer seiner Beute auf

Das Verfolgen juveniler und subadulter Zwergkärpflinge beiderlei Geschlechts sowie auch der adulten Männchen hat natürlich auch Auswirkungen auf die Populationen und – gut erkennbar – auf den Phänotyp. Die Populationen, deren Individuen durch *Gambusia holbrooki* stärker verfolgt werden, weisen weniger kleine Exemplare auf und vor allem haben die adulten Weibchen einen größeren, kräftigeren Habitus. Insgesamt sind die Zwergkärpfling-Populationen bei starker Präsenz der räuberischen Moskitofische kleiner. Zudem halten sich die Zwergkärpflinge in Gegenwart dieser Prädatoren deutlich mehr zwischen dichter Vegetation auf.

Die Tatsache, dass auch adulte Zwergkärpflingsmännchen zum Beutespektrum der Gambusen gehören, könnte eine Erklärung für das ungleiche Geschlechterverhältnis sein, bei dem die Weibchen – zumindest in den von mir untersuchten Biotopen – deutlich überwiegen.

RICHARDSON et al. (2006) haben die Auswirkungen verschiedener Fressfeinde im Freiland und unter experimentellen Bedingungen auf zwei unterschiedliche Populationen von *Heterandria formosa* beschrieben. Die beiden ausgewählten Populationen unterschieden sich vor allem bezüglich der Individuendichte. Es handelte sich dabei um die bereits erwähnten Populationen aus dem Trout Pond (geringe Individuendichte) und aus dem Wacissa River (hohe Individuendichte). Im Experiment konnten die Autoren aufzeigen, dass der Fressfeinddruck von *Lepomis gulosus* höher ist als der zweier anderer Fischarten (*Lepomis punctatus* und *Aphredoderus sayanus*) und zweier Libellenlarven (*Anax junius* und *Coryphaeschna ingens*). Allerdings war die Effizienz der Nachstellungen nach Zwergkärpflingen bei *L. gulosus* und *L. punctatus* ähnlich, sobald die Vegetation recht dicht war. Bei einer weniger dichten Schwimmpflanzendecke mit *Myriophyllum* oder *Hydrilla* war die Sterblichkeit der Zwergkärpflinge bei Nachstellungen durch *L. gulosus* höher als bei Verfolgungen durch *L. punctatus*. Dabei stellten RICHARDSON et al. zudem fest, dass Schwankungen in der Individuendichte der Population aus dem Trout Pond positiv korreliert waren mit Veränderungen der Schwimmpflanzendecke, die Population aus dem Wacissa River reagierte darauf nicht bzw. passte sich nicht an. Zusammenfassend hielten die Autoren fest, dass die Populationsstärke und ihre weitere Entwicklung durch verschiedene Einflüsse des Habitats (Vegetation) und der Fressfeinde maßgeblich tangiert werden.

SCHRADER & TRAVIS (2012) beschrieben den Einfluss der Populationsdichte und der damit einhergehenden intraspezifischen Konkurrenz auf die Größe der Nachkommen (s. a. Kap. 4.2.3 und 6.3.3). Neben der innerartlichen Konkurrenz beschäftigten sie sich zudem mit dem Einfluss der Fressfeinde auf die Zwergkärpflinge und ihre Life Histories. Als wichtige Prädatoren werden *Lepomis punctatus, L. gulosus* und *Aphredoderous sayanus*

Tab. 7: Vereinfachte Wiedergabe von Daten aus der Feldforschung bezüglich der durchschnittlichen Populationsdichte (per m^2) von *Heterandria formosa* und einigen seiner wichtigsten Fressfeinde im Trout Pond (Leon County, Florida), einem stehenden Gewässer. Nach RICHARDSON et al. 2006, verändert.

Jahreszeit	Heterandria formosa	Larven der Edellibellen	Aphredoderus sayanus	Lepomis gulosus	Lepomis punctatus
Winter: September–März	2,9	0,75	0	0,80	0
Sommer: April–September	8,3	0,40	0	0,21	0

Tab. 8: Vereinfachte Wiedergabe von Daten aus der Feldforschung bezüglich der durchschnittlichen Populationsdichte (per m^2) von *Heterandria formosa* und einigen seiner wichtigsten Fressfeinde im Wacissa River (Jefferson County, Florida), einem Fließgewässer. Nach RICHARDSON et al. 2006, verändert.

Jahreszeit	Heterandria formosa	Larven der Edellibellen	Aphredoderus sayanus	Lepomis gulosus	Lepomis punctatus
Winter: September–März	102	0,16	0,52	0,02	0,12
Sommer: April–September	106	0,16	0,96	0,01	0,08

sowie Libellenlarven (Aeshnidae und andere Libellen) genannt. In ihren Freilandstudien beobachteten sie einen signifikant höheren Räuberdruck in stehenden Gewässern als in Fließgewässern. In den Quellgewässern und Bächen sind die neonatalen Zwergkärpflinge deutlich größer als in den Teichen und Seen. Dies hat Auswirkungen auf die Life History, was besonders bei den adulten Weibchen deutlich wird. Denn diese erreichen unter dem vergleichsweise stärkeren Räuberdruck jünger die Geschlechtsreife, pflanzen sich dementsprechend früher fort und gebären mehr, dafür aber kleinere Jungfische als ihre Artgenossinnen aus den Fließgewässern. Die durchschnittliche Fruchtbarkeit der Weibchen aus den Biotopen mit hohem Räuberdruck war deutlich größer als die ihrer Artgenossinnen aus Lebensräumen mit geringem Druck durch Prädatoren. SCHRADER & TRAVIS stellten zusammenfassend fest, dass sowohl der Räuberdruck als auch die Populationsdichte die Evolution der Life-History-Merkmale massiv beeinflussen. Allerdings fanden die Autoren in ihrer Studie keine signifikante Korrelation zwischen dem Räuberdruck einerseits und der Populationsdichte der Zwergkärpflinge andererseits. Sie postulierten, dass auch andere Faktoren als der Räuberdruck die Individuendichte in einigen Populationen beeinflussen, und dass diese verschiedenen Umweltfaktoren die Größe der Nachkommen beeinflussen können, unabhängig von anderen Faktoren.

Neben den erwähnten Libellenlarven stellen auch weitere Wasserinsekten wie etwa der Gelbrandkäfer den Zwergkärpflingen nach. Auch Stabwanzen (*Ranatra* sp.) jagen nach kleineren Fischen, sodass *Heterandria formosa* in vielen Biotopen sicherlich zu den bedeutendsten Beutearten zählt. Stabwanzen überwältigen ihre Beute blitzschnell, stechen zu und saugen sie dann aus.

VAN DER JEUGHT (2006) zählt in den Everglades auch die Killifische, ohne einzelne Arten zu benennen, zu den Fressfeinden der Zwergkärpflinge. Ausgehend von den bekannten Killifischarten aus dem Südosten der USA sind sicherlich einige davon als Prädatoren zu bezeichnen. Auch amphibisch lebende Reptilien stellen den Zwergkärpflingen und anderen Lebendgebärenden Zahnkarpfen nach. MUSHINSKY & HEBRARD (1977) sowie KOFRON (1978) beschrieben, dass diverse Arten von Schwimmnattern aus der Gattung *Nerodia* den Gambusen, den Zwergkärpflingen und den Breitflossenkärpflingen in erheblichem Maße nachstellen, und die beiden erstgenannten Autoren stellten fest, dass diese Poeciliinae-Arten 66 % des Beutespektrums dieser Schlangen ausmachen.

Abb. 45: Die vergleichsweise kleinen Grünreiher stellen den kleinen Fischarten wie Zwergkärpflingen und Gambusen vor allem in den kleineren, stehenden Gewässern nach, wie hier im Weiher nahe der Straße nach Miccosukee. Foto: MICHAEL KEMPKES.

In einer an Gewässern reichen Region wie Florida und in den angrenzenden Bundesstaaten kommen naturgemäß zahlreiche piscivore Vogelarten vor. Verschiedene Reiher (Familie Ardeidae) habe ich selbst bei der Jagd nach Zwergkärpflingen und anderen, etwa gleich großen Fischarten beobachten können. Auch Eisvögel (Familie Alcedinidae) konnte ich bei der Jagd beobachten. Während die Reiher eher im Gewässer oder am Ufer stehend ruhig abwartend auf die Beute anstehen, stürzen sich die Eisvögel kopfüber ins Wasser. Schlangenhalsvögel (Familie Anhingidae) jagen tauchend nach Fischen, wobei sie vermutlich eher adulte Zwergkärpflingsweibchen bevorzugen, da die Männchen wohl zu klein sind. Bezüglich der Reiher lässt sich ebenfalls vermuten, dass diese vor allem den größeren Weibchen nachstellen, so wie das BRITTON & MOSER (1982) auch für Gambusen beschrieben haben. Möglicherweise hätten die Weibchen im Freiland das Potenzial, größer zu werden, so wie sie es im wohlgeschützten Aquarium tun, aber die Natur selektiert durch die ihnen nachstellenden Reiher eher auf kleinere, schwerer zu erbeutende Weibchen.

Abschließend sei auch das Vorkommen verschiedener fremdländischer Fischarten erwähnt, u. a. das des lebendgebärenden Hechtkärpflings (*Belonesox belizanus*), bei dem es sich um eine recht große, piscivore Art handelt (adulte Weibchen bis zu 20 cm; DE JONG 1997, KEMPKES & SCHÄFER 1998), deren Vorkommen in Südflorida bereits von BELSHE (1961) und später von COURTENAY & MEFFE (1989) und DE JONG (1994) beschrieben wurde. MILEY (1978) beobachtete im Freiland, dass dieser Raubfisch zu 99 % Fische frisst, und MEFFE (pers. Beobachtungen in MEFFE & SNELSON 1989) stellte unter Laborbedingungen fest, dass zum Beutespektrum des Hechtkärpflings auch die drei Poeciliinen *Heterandria formosa*, *Gambusia holbrooki* und *Poecilia latipinna* gehören. Daher muss davon ausgegangen werden, dass der Hechtkärpfling selektiven Einfluss auf die Populationen der Zwergkärpflinge nimmt. MILEY (1978) beschrieb allerdings aus dem Freiland eine Vorliebe der Hechtkärpflinge für die ebenfalls eingeführten *Gambusia affinis*, eine sehr nah verwandte Art von *G. holbrooki*. Weitere allochthone Fischarten sind beispielsweise *Cichlasoma bimaculatum*, *Clarias batrachus*, *Hoplosternum littorale*, die in vielen Gewässern Floridas auftretenden *Pterygoplichthys* sp. (eig. Beobachtungen), *Misgurnus fossilis* und Tilapien aus den Gattungen *Oroechromis* und *Tilapia* (NUNZIATA & SKIDMORE 2009) sowie *Cyprinus carpio* (SPRINGER 2010) und *Poecilia reticulata* (Information des Everglades National Park Information Center). Über deren möglichen Einfluss auf die Populationen von *Heterandria formosa* bzw. deren Entwicklungen ist gegenwärtig nichts bekannt. Lediglich von den Tilapien sowie den Katzenwelsen und den Karpfen ist bekannt, dass diese gefräßigen Allesfresser auch kleinere Fische nicht verschmähen. Ob diese Neozoen eine tatsächliche Bedrohung für die autochthone Fischfauna darstellen, ist umstritten.

4.2.3 Innerartliche Konkurrenz

Eine natürliche Selektion erfolgt nicht nur durch konkurrierende Arten bzw. durch Fressfeinde, auch die innerartliche Konkurrenz ist diesbezüglich näher zu betrachten. Es geht dabei um die begrenzten Ressourcen wie Nahrung (s. a. Kap. 4.3), Lebensraum und Geschlechtspartner. Den Einfluss der Individuendichte haben verschiedene Autoren untersucht (s. a.

Kap. 4.1.2). In Langzeitstudien im Freiland wiesen sie u. a. nach, dass *Heterandria formosa* in einigen Populationen relativ konstant niedrige Individuendichten aufweisen, während in anderen Populationen mehr variable und teils deutlich höhere Individuendichten beobachtet wurden. SCHRADER et al. (2012) beschrieben die Ergebnisse ihrer Untersuchungen an insgesamt 15 Populationen im Freiland. Sie untersuchten u. a. die Individuendichte in einem abgegrenzten Bereich von 0,5 qm. In den meisten Gewässern gelang es ihnen nicht, aus der dort lebenden Population 20 Männchen zu fangen, was sie mit der niedrigen Individuendichte begründeten. Die Autoren gaben die Ergebnisse aus einer Probebefischung im Mai 2012 ebenso wieder wie auch die Resultate aus einer teilweise bis zu zehnjährigen Beobachtung einzelner Populationen. Nach Abzug infertiler Männchen blieben unter dem Strich zwischen sieben und 18 Männchen pro Population. Anhand der Werte lässt sich eine teilweise recht niedrige Individuendichte erkennen.

Die Individuendichte einer Population hat darüber hinaus auch Einfluss auf die Nachkommenschaft. In der Population mit der höchsten Individuendichte im Wacissa River im nördlichen Florida sind die Jungfische durchschnittlich 45 % länger als in allen anderen untersuchten Populationen mit einer geringeren Individuendichte (LEIPS & TRAVIS 1999). In einer anderen Arbeit haben LEIPS et al. (2009) zwei Populationen ebenfalls bezüglich der adaptiven, mütterlichen Anpassung der Größe der Nachkommen als Reaktion auf die Individuendichte und der damit einhergehenden intraspezifischen Konkurrenz verglichen. Dabei fanden sie u. a. heraus, dass die durchschnittliche Trockenmasse des Nachwuchses der Weibchen aus einer Population mit hoher Individuendichte 26 % größer war als die der Weibchen aus der Vergleichspopulation mit geringerer Individuendichte. Die Nachkommen der Weibchen aus der erstgenannten Population wogen mit durchschnittlich 0,98 mg (± 0,04 mg) deutlich mehr als die Jungen aus der zweitgenannten Population mit durchschnittlich 0,73 mg (± 0,08 mg). Die Würfe der Weibchen aus der Population mit einer hohen Individuendichte waren dagegen um 38 % kleiner als die ihrer Artgenossinnen aus der Population mit einer geringeren Individuendichte. Die Unterschiede lassen sich recht gut dadurch erklären, dass die Weibchen bei einer höheren innerartlichen Konkurrenz ihren Nachkommen durch ein höheres Geburtsgewicht bessere Startbedingungen geben und dafür insgesamt weniger Jungfische gebären. HENRICH (1988) und HENRICH & TRAVIS (1988) stellten in früheren Studien an *Heterandria formosa* deutlich dar, dass kleinerer Nachwuchs häufig eine höhere Mortalität bedeutet (s. a. Kap. 6.4). Dies könnte möglicherweise eine Erklärung für die relative Konstanz in der Individuendichte in bevölkerungsschwächeren Populationen sein.

Tab. 9: Vergleichende Darstellung verschiedener Umweltfaktoren und ihrer stark vereinfachten Auswirkungen auf die Zwergkärpflinge als Übersichtstabelle nach verschiedenen Literaturquellen (u. a. SOUCY & SCHRADER 2003; SCHRADER et al. 2011). KEMPKES orig.

Lebensraum	Räuberdruck	Populationsdichte	Größe der Nachkommen	Wurfgröße	Mortalität der Jungfische	multiple Vaterschaften
Fließgewässer	niedrig	hoch	groß	klein	gering	hoch
Teich/Weiher/See	hoch	niedrig	klein	groß	hoch	gering

In einer umfassenden Studie, in deren Rahmen über zehn Jahre die Entwicklung von neun Populationen im Freiland beobachtet und dokumentiert wurde, beschäftigten sich SCHRADER & TRAVIS (2012) ebenfalls mit der Bedeutung der Populationsdichte und dem Fressfeind-Risiko auf die Evolution der Nachkommengröße bei *Heterandria formosa*. Die Balance zwischen Kosten und Nutzen des Produzierens großer, kräftiger Nachkommen ist immer variabel durch die unterschiedlichen Umweltbedingungen. Die Autoren bewerteten ihre Untersuchungsergebnisse dahingehend, dass sie davon ausgehen, dass die natürliche Selektion durch die Populationsdichte bedeutender ist als genetische Unterschiede in den Populationen. Die Geburtsgewichte in Populationen mit hoher Individuendichte lagen signifikant höher als in Populationen mit geringer Individuendichte und demzufolge geringerer intraspezifischer Konkurrenz (s. a. Kap. 6.3.2). Im Wacissa River und in den Wakulla Springs war die Individuendichte durchschnittlich um das Achtfache höher und die Nachkommen der Adulti waren durchschnittlich um 40 % größer als in den sieben anderen untersuchten Populationen. Zusammenfassend hielten SCHRADER & TRAVIS (2012) fest, dass sie deutliche Hinweise auf eine große Plastizität bezüglich der Fruchtbarkeit und der Nachkommengröße innerhalb von Populationen gefunden haben, die abhängig ist von der jeweiligen Individuendichte (s. a. Kap. 4.1.2). Die Populationsdichte hat u. a. auch Auswirkungen auf die Ontogenese (s. a. Kap. 6.4), das Geschlechterverhältnis und die Mortalität. Da die Weibchen – zumindest im Freiland – eine geringere Mortalität aufweisen, ist in vielen untersuchten Freilandpopulationen ein Weibchenüberhang ermittelt worden. LEIPS et al. (2000) stellten allerdings in diesem Zusammenhang fest, dass die Männchen weniger auf die Individuendichte innerhalb ihrer Population reagieren als die Weibchen. Weshalb weniger Männchen in den Gruppen sind, vor allem bei einer hohen Individuendichte, ist noch nicht vollständig bekannt, aber auch LEIPS & TRAVIS (1999) stellten eine höhere Fluktuation unter den Männchen in natürlichen Populationen fest. LEIPS et al. (2000) schlossen daraus, dass die Männchenanzahl innerhalb einer Population von der Dichte nicht beeinflusst wird, während die Anzahl der Weibchen durch die Gesamtanzahl der Individuen einer Population sehr wohl reguliert wird. Sie führten dies darauf zurück, dass die Weibchen stärker auf die Nahrungsressourcen angewiesen sind als ihre männlichen Artgenossen. Dieses Argument ist sehr plausibel, denn nicht nur der größere Körper verlangt nach mehr Energie, sondern auch das Produzieren der Oozyten sowie die Versorgung der heranwachsenden Embryonen durch Nahrungstransfer von der Mutter zu den Nachkommen (Matrotrophie, s. a. Kapitel 6) erfordert ein ausreichendes Nahrungsangebot. Dieses Argument erfährt weiteren Vorschub durch die Tatsache, dass die Weibchen in größeren Populationen kleiner sind als ihre Artgenossinnen in vergleichsweise kleineren Populationen. Die Dichte beeinflusst somit sowohl die Körpervolumina der Weibchen und damit auch sekundär deren Fertilität. Zudem beeinflusst die Populationsdichte die Größe der Nachkommen, unabhängig von der Größe der Weibchen (Leips et al. 2000). Diese Auswirkungen der Individuendichte und damit der intraspezifischen Konkurrenz treten allerdings verzögert ein. Die Autoren wiesen aber auch darauf hin, dass diese destabilisierenden Effekte durch die Plastizität der Weibchen bezüglich des Erreichens der Geschlechtsreife, der matrotrophen Fortpflanzung einschließlich der Superfötation, in Bezug zur Individuendichte gemildert werden.

Eigene Aquarienbeobachtungen verdeutlichen, dass die Dichte dann keinen bzw. einen nicht oder kaum erkennbaren Einfluss auf die Entwicklung der Population und vor allem der Life History der Weibchen hat (Ontogenese, Fortpflanzung, Fertilität), wenn die Nahrungsressourcen ausreichend bzw. üppig sind. Die gute Ernährungslage in der Aquarienhaltung führt trotz eines zumeist dichten Besatzes über Generationen zu einem zunehmenden Körpervolumen und einer gesteigerten Fertilität, trotz der innerartlichen Konkurrenz. Dies hat auch maßgeblich die Domestikation des Zwergkärpflings beeinflusst.

Inwiefern eine gravierende Veränderung der Haltungsbedingungen, insbesondere der Nahrungsressourcen, eine maßgeblich Rolle spielt, verdeutlichen Travis et al. (2011), die nach dem Fangen einiger Weibchen und den ersten beiden Würfen bzw. Bruten unter Laborbedingungen feststellen konnten, dass die durchschnittliche Nachwuchsgröße um 30 % zwischen dem ersten und dem zweiten Wurf zunahm. Allerdings kann es auch wieder zu Abnahmen kommen; so stellten dieselben Autoren später eine Abnahme der Biomasse (Gewicht) von 38 % zwischen der zweiten und der sechsten Brut fest. Ähnliches berichteten auch Schrader et al. (2011) über die durchschnittlichen Biomassen der Nachkommen. Beim Nachwuchs der Weibchen aus den Wakulla Springs nahm vom ersten bis zum siebten Wurf das durchschnittliche Gewicht der Jungen um rund 19 % gegenüber dem

Wert des ersten Wurfes ab. Bei den Tieren aus dem Moore Lake war eine Abnahme vom ersten bis zum siebten Wurf um immerhin 12 % zu verzeichnen. Das Gewicht der Nachkommen als Trockenmasse variiert also zwischen den Populationen und den Würfen (SCHRADER et al. 2011). Zudem bewerteten die Autoren ihre Ergebnisse dahingehend, dass zwischen den Populationen unterschiedliche Level bezüglich der Matrotrophie und Superfötation bestehen, die ebenfalls als eine Anpassung an die jeweiligen Umweltbedingungen zu verstehen sind.

BAER et al. (2000) beschrieben, dass eine Selektion durch die Gruppe nur dann erfolgt, wenn die Populationen sehr klein sind und/oder die Einwanderung recht niedrig war.

4.3 Nahrungsressourcen

DEWAYNE REIMER (1970) legte eine umfassende Studie zum Nahrungserwerb und zur Zusammensetzung der Nahrung im natürlichen Verbreitungsgebiet von *Heterandria formosa* vor. Der Autor beschrieb den Zwergkärpfling als eine omnivore Art, die tagsüber dem Nahrungserwerb nachgeht und die Zooplankton präferiert, allerdings auch tierische Kost gegenüber pflanzlicher Nahrung bevorzugt, und Letztere schlechterdings nur bei Nahrungsmangel aufnimmt. Des Weiteren schilderte er die selektive Fressweise und die Bevorzugung der Nahrungsaufnahme an der Wasseroberfläche, sofern das bevorzugte Futter sich dort befindet. DEWAYNE REIMER zitierte zwei frühere Arbeiten, deren Aussagen bezüglich des natürlichen Nahrungsspektrums des Zwergkärpflings interessanterweise sehr konträr zueinander stehen. MELLEN (1927) beschrieb eine eindeutige Präferenz für Nahrung tierischen Ursprungs, während HUNT (1953) Algen und pflanzlichen Detritus als Nahrung ausmachte. GIBB et al. (2008) stellten *Heterandria formosa* im Vergleich zu anderen Arten der Cyprinodontiformes als omnivore Art dar, während *Gambusia* als benthisch und mikrocarnivor kategorisiert wird. DEWAYNE REIMERS Ergebnisse lassen jedoch keine Zweifel offen, dass tatsächlich eine eindeutige Präferenz für Zooplankton und andere tierische Nahrung besteht; gleiches bestätigen auch die Freilanduntersuchungen von SCHAEFER et al. (1994) und meine eigenen Aquarienbeobachtungen (s. a. Kap. 5.2.2 und 7.2.3). Aus den Tabellen der Arbeit DEWAYNE REIMERS lässt sich eine eindeutige Präferenz für Wasserflöhe (*Alona* und andere Cladocera) sowie für Ruderfußkrebse (Copepoden) erkennen. Insekten und Schnecken sind bezüglich ihres Anteils an der Nahrung der Zwergkärpflinge dagegen zu vernachlässigen.

MEFFE (pers. Beobachtung in MEFFE & SNELSON 1989) beschrieb, dass er unter Laborbedingungen beobachtet habe, dass die Zwergkärpflinge ihren eigenen Nachkommen nachstellen. Es ist also davon auszugehen, dass die neonatalen bzw. die juvenilen Zwergkärpflinge durchaus zum natürlichen Nahrungsspektrum gehören, was ja durch Aquarienbeobachtungen teilweise bestätigt wird (s. a. Kapitel 5.2.2).

CHEONG et al. (1984) gingen davon aus, dass bei einem knappen Nahrungsangebot die größeren Weibchen erfolgreicher um die Ressourcen konkurrieren und dadurch ihre Embryonen besser ernähren.

Die bereits in Kapitel 4.2.1 näher besprochenen Ergebnisse der Arbeit von SCHAEFER et al. (1994), die das ökologische Verhältnis zwischen *Gambusia holbrooki* und *Heterandria formosa* näher dargestellt haben, verdeutlichten zudem, dass die Östlichen Moskitofische nicht nur gegenüber kleineren (jüngeren) Zwergkärpflingen als Fressfeinde auftreten, sondern dass beide Arten auch um dieselben Nahrungsressourcen konkurrieren. Bezüglich der gemeinsamen Präferenz für Flohkrebse (Amphipoden) stellten die Autoren fest, dass die Gambusen diese insgesamt effektiver verfolgen und mehr von ihnen aufnehmen als die um diese Nahrung konkurrierenden Zwergkärpflinge. Zum einen können die größeren Gambusen die Beute besser bewältigen. Zum anderen können sie auch mit ihrem Maul größere Beute besser greifen und festhalten als die Zwergkärpflinge mit ihren langen spatelförmigen Zähnen, die nach Einschätzung der Autoren besser für das Abweiden von Detritus und Algen geeignet sind. Abschließend bewerteten SCHAEFER et al. die Konkurrenz um dieselben Nahrungsressourcen zwischen den beiden sympatrischen Arten als eher »partielles Überlappen«.

Nach meinen Beobachtungen in den Everglades weiden die Jungfische überwiegend an den Algenrasen, am Aufwuchs, und nehmen dabei zahlreiches Zooplankton auf. Kleinste Wasserinsekten und Krebse wecken ebenfalls das Interesse der jungen Zwergkärpflinge und werden gefressen, sofern sich die Beute überwältigen lässt.

4.4 Gefährdungssituation im Freiland

Aufgrund des recht großen natürlichen Verbreitungsgebietes (s. a. Kap. 4.1) kann man gegenwärtig nicht davon ausgehen, dass die Art als gefährdet einzustufen ist, zumal sie ja in zahllosen kleineren und größeren Gewässern beheimatet ist. Auch JOHNSON & HUBBS (1989) beschrieben *Heterandria formosa* als »abundant« in den küstennahen Gewässern der südöstlichen USA, und stufen sie damit als keineswegs gefährdet ein. Allerdings verdeutlichen die Eingriffe des Menschen in den Everglades im 20. Jahrhundert, dass es durch anthropogene Einflüsse zukünftig durchaus zu einer Gefährdung kommen könnte. Die Everglades gehören mit zu den bedeutendsten Verbreitungsgebieten der Zwergkärpflinge. Bei diesem Sumpfgebiet handelt es sich eigentlich um einen rund 80 km breiten Fluss, der mit einem unwesentlichen Gefälle vom Lake Okeechobee südwärts in die Florida Bay strömt. Um 1920 herum wurde der Lake Okeechobee eingedämmt und größere Areale durch Trockenlegung zu Farmland gemacht. Erst im Jahr 1947 wurde durch die damalige Regierung etwa ein Viertel der ursprünglichen Fläche des Feuchtgebietes als Nationalpark unter Schutz gestellt. Doch immer noch stellen verschiedene Faktoren, wie etwa der Wasserbedarf Miamis oder die Nitrate, Phosphate und Pestizide aus der Intensivlandwirtschaft, eine Gefahr für das sensible Ökosystem dar. Wie gefährlich die Einleitungen sind, ob gewollt oder durch Unfälle, zeigt das Beispiel des Fenholloway River in Florida, bei dem es in den späten 1980er-Jahren zu einer Kontamination mit Pflanzenmethylester (PME) kam und infolgedessen alle Weibchen »vermännlichten«, indem sie die Afterflossen verformten und männliches Fortpflanzungsverhalten gegenüber anderen Weibchen zeigten (ORLANDO et al. 2005). Eine weitere Gefahr geht von dem sehr gefährlichen Fracking aus, das auch in Florida betrieben wird. Darüber hinaus beeinflussen die Menschen durch moderne Techniken (Drainagen, Wasserstauungen etc.) weiterhin massiv die Wasserstände der Gewässer. VAN DER JEUGHT (2006) berichtete, dass vor allem im Winter viel Wasser in die Everglades gespült werde und dadurch die Fische viel schwieriger ihrem Nahrungserwerb nachgehen könnten. Im Sommer dagegen werde zu wenig Wasser in die Everglades gelassen, sodass die Wasserstände teilweise gefährlich niedrig seien. Auch das ist für viele Fische lebensbedrohlich. Der Autor führt die Abnahme der Biodiversität in den Everglades vor allem auf anthropogene Einflüsse zurück. Dazu zählt auch die Verbreitung gebietsfremder Tier- und Pflanzenarten, wobei vor allem die Neozoen eine große Gefahr für die autochthone Fauna darstellen können (s. a. Kap. 4.2.2). Stellvertretend für viele andere Arten sei hier der in dem Artikel von VAN DER JEUGHT (2006) erwähnte Cichlide *Cichlasoma urophthalmus* genannt, der mit einer Gesamtlänge von rund 25 cm sicherlich für viele kleiner bleibende Fischarten Konkurrent um Lebensraum sowie Nahrung und außerdem ein wichtiger Fressfeind zugleich ist. Niemand weiß, über welche Wege diese in Bezug auf Wassertemperaturen und Salinität sehr anpassungsfähige Art, die ursprünglich aus Mittelamerika stammt, in die empfindlichen Everglades gelangt ist. Laut LOFTUS (1987) ist sie seit mindestens 1983 im Everglades Nationalpark zu finden. BERGMANN & MOTTA (2004, 2005) berichteten über die weitere Ausbreitung im Süden Floridas. Der kräftige

Buntbarsch erobert dort von den Brackwassergebieten in Florida Bay bis in die Kanäle von Palm Beach County neue Lebensräume, und etabliert sich selbst in extremen Habitaten wie den Mangroven scheinbar recht erfolgreich (VAN DER JEUGHT 2006). Ein weiterer allochthoner Raubfisch ist der bereits in den vorherigen Kapiteln erwähnte Hechtkärpfling, *Belonesox belizanus*; dieser piscivore Lebendgebärende Zahnkarpfen kommt ursprünglich in Mittelamerika vor und wurde erstmalig Anfang der 1960er-Jahre aus Südflorida erwähnt (BELSHE 1961). Es ist davon auszugehen, dass er örtlich massiven selektiven Einfluss auf die Zwergkärpflingspopulationen nimmt. Auch Guppys (*Poecilia reticulata*) haben sich in den Everglades als Neozoen behauptet (Information des Infozentrums Everglades National Park). Über ihren Einfluss im Freiland auf die autochthonen Zwergkärpflinge lässt sich nur spekulieren, allerdings treten sie mit Sicherheit als euryöke Art, mit einer enormen ökologischen Plastizität, zumindest aber als massiver Konkurrent um Nahrungsressourcen und Lebensräume auf. Das ökologische Verhältnis zwischen Guppys und Zwergkärpflingen stufe ich ähnlich dem ein, was sich zwischen Gambusen und Zwergkärpflingen natürlicherweise entwickelt hat (s. a. Kap 4.2. und 4.2.2).

Seit dem Jahr 1976 besteht das Everglades and Dry Tortugas UNESCO-MAB Biosphere Reserve. Zwei Jahre später wurde der größte Teil des Nationalparks unter dem Namen Marjory Stoneman Douglas Wilderness zusätzlich als »Wilderness area« ausgewiesen, das ist die strengste Klasse von Naturschutzgebieten in den USA. Im Jahr 1979 wurden die Everglades von der UNESCO zum Weltnaturerbe ernannt. Das große Sumpfgebiet wurde jedoch 1993 wegen der zunehmenden Umweltverschmutzung durch Düngemittel und Quecksilber, den großflächigen Trockenlegungen sowie aufgrund der zerstörerischen Auswirkungen des Hurrikans »Andrew« als gefährdet eingestuft, und wird seitdem auf der Roten Liste der gefährdeten UNESCO-Welterben geführt. Andererseits besteht auch Hoffnung, denn 2008 wurden 750 Quadratkilometer einstiger Zuckerrohrplantagen renaturiert (TEUSCHL 2009).

Trotz einiger Erfolge im Naturschutz darf nicht vergessen werden, dass weitere Gefahren drohen. Die unfassbare Ölkatastrophe 2010 im Golf von Mexiko hatte auch Auswirkungen auf die angrenzenden Brack- und Süßgewässer, und sie hat jedem vor Augen geführt, dass dort, wo der Mensch tätig ist, die Natur mehr oder weniger gefährdet wird. Daher kann man sich bezüglich des dauerhaften Arterhalts nicht sicher sein, auch wenn es viele Arten gibt, die aufgrund ihres kleineren Verbreitungsgebietes und einer oft damit einhergehenden ökologischen Spezialisierung signifikant gefährdeter sind als die scheinbar doch recht anpassungsfähigen und vor allem weit verbreiteten Zwergkärpflinge. Gegenwärtig besteht nach meinem

Dafürhalten aufgrund des großen Verbreitungsgebietes sowie einer gut erkennbaren ökologischen Plastizität keine Gefährdung der Art in ihrem natürlichen Fortbestand. Allerdings weiß niemand, wie sich dauerhaft der Klimawandel mit all seinen heute abschätzbaren Folgen (Erwärmung der Gewässer, möglicherweise temporäres Austrocknen, Zunahme der Häufigkeit und Intensität der Wirbelstürme etc.) auf die Everglades und die benachbarten Regionen auswirken wird. Und auch die Tatsache, dass in Südflorida die Bevölkerung täglich um 800 Menschen zunimmt (VAN DER JEUGHT 2006), ist etwas, das jeden Naturfreund bezüglich der einzigartigen Everglades besorgt stimmen lässt.

5 Verhalten

»Das Erstaunen ist der Beginn der Naturwissenschaften.«

ARISTOTELES (384–322 v. Chr.)

Im Gegensatz zu vielen anderen Lebendgebärenden Zahnkarpfen zeichnen sich die überwiegend tagaktiven Zwergkärpflinge eher als ruhige, zumeist recht langsam schwimmende Fische aus. Ihr Schwimmverhalten wirkt fast gleitend. Dabei stellen sie sich zuweilen auch schräg hin. Mit ihren unabhängig voneinander beweglichen Augen beobachten sie ruhig und zugleich sehr aufmerksam ihre nähere Umgebung. Lediglich in Situationen wie etwa während der Jagd, auf der Flucht, während agonistischer Handlungen oder vor und während der Begattung lassen sie erkennen, dass sie durchaus zu schnellen Bewegungen fähig sind.

Viele ihrer Verhaltensweisen scheinen instinktiv geprägt zu sein. So lässt sich dies etwa bei den Kommentkämpfen und den agonistischen Handlungen zwischen konkurrierenden Männchen ebenso erkennen wie auch beim Fortpflanzungsverhalten. Sexuell isoliert aufgezogene Männchen verhalten sich beim erstmaligen Kontakt zu einem Weibchen genauso wie ihre Geschlechtsgenossen, die in einer alters- und geschlechtsheterogenen Gruppe aufgewachsen sind (eig. Beobachtung). Die isoliert aufgezogenen Männchen konnten sich die typischen Verhaltensweisen bei der Balz und der abschließenden Kopulation bzw. dem Kopulationsversuch nicht bei anderen Männchen abschauen und kopieren.

Auch sexuell isoliert aufgezogene Weibchen verhalten sich gegenüber den Männchen rezeptiv (eig. Beobachtung) und zeigen dabei immer die gleichen Verhaltensweisen. Diese instinktiven Verhaltensweisen lassen sich sowohl bei Zwergkärpflingen im Freiland als auch bei ihren domestizierten Artgenossen im Aquarium beobachten. Allerdings lassen sich auch ethologische Unterschiede erkennen. So ist das Fluchtverhalten bei Tieren in ihren natürlichen Biotopen ausgeprägter, während Zwergkärpflinge im Aquarium schnell auf die regelmäßigen Futtergaben konditioniert werden und ihr Balz- und Aggressionsverhalten deutlicher zeigen. Ob dies die Folge eines Domestikationsprozesses ist oder nur die Folge eines sicheren

Lebens im wohlbehüteten Aquarium, lässt sich schwer abschätzen. Ich tendiere eher zu Letzterem, denn auch die ersten Nachwuchsgenerationen verändern im Aquarium ihr Verhalten gegenüber dem eher scheuen, weniger auffallenden Betragen ihrer dem Freiland entnommenen Eltern. Zwergkärpflinge leben in ihren natürlichen Verbreitungsgebieten in größeren Gruppen zusammen, die zuweilen mehrere Hundert Individuen umfassen können. Dabei schwimmen sie häufig gemeinsam mit Gambusen (*Gambusia holbrooki*). Diese Gruppen können sogar einige Tausend Fische umfassen, was angesichts des immensen Feinddrucks durchaus sinnvoll ist, da der Fressfeind sich so kaum auf ein Tier konzentrieren kann. Ein Schwarmverhalten, auch artübergreifend, ist allerdings nur in offenen Gewässern und bei akuter Gefahr erkennbar (s. a. Kap. 4.2). Ausgehend von der Gruppengröße gehe ich nach eigenen Freilandbeobachtungen davon aus, dass sich die Gruppenmitglieder individuell kennen und dass diese Gruppen als sogenannte »Fission-Fusion-Organisation« bezeichnet werden können. Lediglich die Jungfische zeigen mehr oder weniger ein Schwarmverhalten, vor allem bei Bedrohungen durch Fressfeinde. Insgesamt betrachtet sind die Jungfische in den ersten Lebenstagen etwas dichter beieinander als ihre adulten Artgenossen. Eine gewisse Standorttreue ist auch bei den Adulti erkennbar; geschlechtsreife Männchen besetzen kleine Reviere und verteidigen diese vehement, aber es gibt auch vagabundierende Männchen. Die Weibchen zeigen sich dagegen vor allem in der Nähe einer Futterquelle eher temporär territorial.

5.1 Gruppenstrukturen und Sozialverhalten

Nach meinen Erfahrungen hat die Bestandsdichte einen signifikanten Einfluss auf das Aggressionsverhalten, auf die Territorialität sowie auf das Fortpflanzungsverhalten. Ich will dies anhand einer Aquarienbeobachtung näher verdeutlichen. Als ich einen neuen Stamm aufbauen wollte, setzte ich dazu zunächst jeweils zwei adulte Männchen und Weibchen in ein mäßig bepflanztes 200-l-Aquarium (100 × 40 × 50 cm). Dort konnte ich – im Gegensatz zu den Beobachtungen aus größeren Beständen in kleineren Aquarien – feststellen, dass weder die Männchen noch die Weibchen agonistische Handlungen erkennen ließen, und auch ein Territorialverhalten war nicht erkennbar. Zudem konnte ich beobachten, dass die Männchen viel intensiver und über einen längeren Zeitraum die Weibchen verfolgten, ohne dass es während der Verfolgungsphase in irgendeiner Weise zu Kopulationsversuchen gekommen wäre. Diese Beobachtungen mögen verdeutlichen, dass die Gruppenstruktur und die Bestandsdichte in Verbindung mit der Größe des Lebensraumes massiven Einfluss auf das Verhalten der Tiere haben können. In engeren Aquarien kommt es dagegen erwartungsgemäß eher zu Auseinandersetzungen (s. a. Kap. 5.3), wobei aber ab einer bestimmten Bestandsdichte die Territorialität weniger wird, wohl auch deshalb, weil weniger Platz vorhanden ist. Die Konfrontationen erfolgen entweder unter adulten Männchen, unter adulten Weibchen oder – eher seltener – zwischen einem Weibchen und einem Männchen, indem das nicht paarungsbereite Weibchen das aufdringliche Männchen verjagt. Die Männchen sind eher territorial. Beim Überschreiten der relativ »weichen« Reviergrenzen imponieren sich die Männchen gegenseitig, und zuweilen kommt es auch zu echten Kämpfen. Gleiches lässt sich auch bei subadulten und adulten Weibchen feststellen. Agonistische Handlungen unter Weibchen sind sehr oft in geschlechtshomogenen Gruppen zu beobachten, in denen die Tiere untereinander aggressiver und zudem weitaus schreckhafter sind als in einer geschlechtsheterogenen Gruppe. Dies führe ich darauf zurück, dass in dieser die Männchen sie durch Balz- und Kopulationsversuche beschäftigen. Allerdings sind adulte Weibchen auch in Gegenwart von Männchen zuweilen untereinander aggressiv (vor allem hochträchtige kurz vor dem nächsten Werfen), zudem sind sie im Vergleich zu den Männchen aufmerksamer und reagieren früher auf potenzielle Gefahren. Diese Beobachtungen konnte ich sowohl im Freiland (Everglades) als auch im Aquarium und Gartenteich machen.

Auf Bedrohungen durch Fressfeinde oder anderweitige Beunruhigungen reagieren die Zwergkärpflinge, indem sie den schnellsten Weg in die dichte Vegetation wählen. Sie fliehen vor dem Prädator nicht über eine längere Distanz, sondern versuchen so schnell als möglich zwischen den Wasserpflanzen zu verschwinden. Eine temporäre Schwarmbildung, so wie sie bei anderen Lebendgebärenden Zahnkarpfen in Gefährdungssituationen zu beobachten ist, lässt sich beim Zwergkärpfling sowohl im Freiland als auch im Aquarium feststellen. STALLKNECHT (1976b) beschrieb eine Schwarmbildung im Zusammenhang mit dem Umsetzen einer Gruppe von einem Aquarium in ein anderes, sodass die dadurch verunsicherten Tiere in der ungewohnten Umgebung den engeren Kontakt zu den ihnen bekannten Artgenossen suchten. Meist erfolgt eine temporäre Schwarmbildung nur in offenen Gewässern und endet in der sicheren Vegetation. In den natürlichen Verbreitungsgebieten lässt sich eine vorübergehende Schwarmbildung gemeinsam mit *Gambusia holbrooki* beobachten, sobald sich die Fische bspw. durch einen im Wasser watenden Reiher bedroht fühlen (s. a. Kap. 4.2.1). Eine Schwarmbildung nach einer Bedrohung konnte ich beobachten, als ich eine Gruppe, bestehend aus etwa 30 Adulti beiderlei Geschlechts mit einem deutlichen Weibchenüberhang sowie einigen Jungfischen, aus einem 45-l-Aquarium in ein ebenfalls dicht bepflanztes 120-l-Aquarium umsetzte. Vor allem die subadulten und adulten Weibchen erkundeten zunächst »im Schwarm« die unbekannten Gefilde. Nachdem sie mehr oder weniger in den meisten Bereichen des Aquariums war, lockerte sich die Gruppe zusehends auf und schließlich schwand nach wenigen Minuten das einheitliche Bild der allesamt in dieselbe Richtung schwimmenden Fische. STALLKNECHT (1993a) berichtete davon, dass er ein Aquarium mit Zwergkärpflingen leer gefischt und dabei einige Tiere übersehen hatte. Nachdem er dann das Aquarium mit rund 150 Längsbandziersalmlern (*Nannostomus beckfordi*) neu besetzt hatte, schlossen sich die verbliebenen Zwergkärpflinge den Schwarmfischen an und passten sich sogar farbig an, indem sie das Längsband stärker hervorhoben und die Querbänderung dagegen unterdrückten. Der Autor bewertete das Verhalten so, dass die Unsicherheit in Gefahrensituationen die Schwarmbildung »ganz besonders auslöst«. Auch WEBER (1960) schilderte die Anpassung der Zwergkärpflinge an die Färbung der *Nannostomus beckfordi*, die im selben Gesellschaftsaquarium schwammen, sodass »man auf den ersten Blick […] fast keinen Unterschied bemerkte«.

Im Freiland lässt sich beobachten, dass die Tiere einigermaßen standorttreu sind. Die Männchen besetzen, wie auch im Aquarium, kleine Territorien, die sie recht vehement gegen gleichgeschlechtliche Eindringlinge verteidigen. Die Weibchen halten sich häufig an ergiebigen Futterquellen auf. Allgemein betrachtet, ist der Zwergkärpfling ein eher an der Wasseroberfläche orientierter Fisch.

In vielen Populationen im Freiland lässt sich nach meinen Beobachtungen und ausführlichen Befischungen in verschiedenen Biotopen Südfloridas (s. a. Tab. 4) ein leichter bis teilweise sehr markanter Weibchenüberhang erkennen. In einem Teich nahe Parrish, am Rande von Gamble Plantation State Historic Site, kamen auf ein Männchen zwölf Weibchen. In dem Teich wimmelte es allerdings nur so von Alligatoren, sodass vermutlich deshalb kaum ein Reiher die Jagd auf die Zwergkärpflingsweibchen wagte. Ansonsten üben vor allem die überall syntop lebenden *Gambusia holbrooki* einen deutlich erkennbaren Einfluss auf die Gruppenstrukturen und die Geschlechterverhältnisse in den einzelnen Populationen von *Heterandria formosa* aus, die ja nicht nur Konkurrenten, sondern auch Fressfeinde der Zwergkärpflinge sind (s. a. Kap 4.2).

LEATHERBURY & TRAVIS (2019) untersuchten die sozialen Spannungen in Populationen, die bei höheren Individuendichten auftreten. Ihre Ergebnisse deuten darauf hin, dass es eine kompensatorische Reaktion der Fruchtbarkeit auf die Dichte gibt und dass die geringere Reproduktion bei einer hohen Individuendichte ähnliche Effekte hat wie die zur Verfügung stehende

Nahrung für jedes Individuum einer Population, die ja ebenfalls ein limitierender Faktor sein kann bzw. zumeist auch ist.

Die bereits erwähnte Territorialität ist eng mit dem Nahrungserwerb verbunden, wie ich folgend ausführen werde.

5.2 Nahrungserwerb

Die ruhigen, ja beinah gleitend wirkenden Bewegungen der Zwergkärpflinge lassen den Betrachter gut erkennen, wie sich die Tiere in ihrer Umgebung orientieren. Dabei achten sie nicht nur auf potenzielle Fressfeinde sowie innerartliche Konkurrenten, sondern auch auf mögliche Nahrungsquellen. Sobald sie Futter entdeckt haben, schwimmen sie es ruhig an und betrachten es zumeist aus einer leichten Schrägstellung. Beim Fressen selbst sind die Augen nach vorne, also auf die Nahrung, gerichtet.

Grundsätzlich sind Nahrungssuche und -aufnahme fast immer mit sexuellen Aktivitäten verbunden, da die Männchen mitunter die scheinbare Unaufmerksamkeit der Weibchen auszunutzen versuchen. Darüber hinaus lässt sich an größeren Nahrungsvorkommen auch vermehrt territoriales und aggressives Verhalten ausmachen, wobei die größeren Weibchen kleinere Artgenossen wegdrängen bzw. verjagen, aber auch die Männchen untereinander durchaus ein territoriales Verhalten zeigen. BISAZZA et al. (1996) beschrieben, dass einzelne Zwergkärpflingsmännchen teils über Stunden hinweg an mit Algen überwucherten Steinen blieben und gleichgeschlechtliche Artgenossen verjagten; Weibchen, die sich in ihr Revier begaben, wurden umworben bzw. begattet. Im Gegensatz zum eher territorialen Verhalten während des Nahrungserwerbs steht die Aussage von GIBB et al. (2008), dass *Heterandria formosa* bevorzugt in kleineren Gruppen frisst.

Abb. 46: Zwergkärpflinge orientieren sich während des Nahrungserwerbs visuell. Hier fixiert ein jüngeres Tier eine *Artemia*-Zyste. Foto: ELKE WEIAND.

Abb. 47: Ein Jungfisch nach einer üppigen Mahlzeit mit gut gefülltem Pseudogaster. Beachte auch die Färbung der Dorsalis. Foto: ELKE WEIAND.

Abb. 48: Bei diesem halbwüchsigen Weibchen lässt sich schön erkennen wie weit der Unterkiefer zur Nahrungsaufnahme nach vorne geschoben werden kann. Foto: CHIARA SCIARONE.

Nach meinen Aquarienbeobachtungen kann ich festhalten, dass die Zwergkärpflinge insbesondere während des Fressens recht territorial sind. Dies bestätigen auch BISAZZA et al. (1996).

Zwergkärpflinge verfolgen ins Wasser gefallene, schnell zu Boden sinkende Gegenstände. Sie reagieren recht schnell auf potenzielle Beutetiere und lassen dabei erkennen, dass sie effektive Jäger sind. An sich plötzlich ergebenden Futterquellen stellt sich recht schnell ein temporäres Territorialverhalten ein, bei dem naturgemäß die größten Weibchen auch die durchsetzungsstärksten Tiere sind. Dem Nahrungserwerb gehen die Zwergkärpflinge überwiegend am Tage nach, doch wenn während der Dämmerung bspw. Wasserflöhe ins Aquarium gegeben werden, so jagen die Zwergkärpflinge den Beutetieren auch im Zwielicht hinterher (eig. Beobachtungen).

Zwischen dem Nahrungserwerb in der Natur und dem besser zu beobachtenden Fressverhalten im Aquarium gibt es einige Unterschiede, weshalb ich diese beiden Fälle getrennt behandele.

Abb. 49: Ein Jungfisch weidet Aufwuchs ab. Dies ist insbesondere in den ersten Lebenstagen die wichtigste Nahrungsquelle. Die Jungfische nehmen dabei Zooplankton auf. Foto: Elke Weiand.

Abb. 50: Zur Nahrungsaufnahme schiebt dieses adulte Männchen Ober- und Unterkiefer nach vorne. Die Nahrung wird visuell fixiert. Foto: Chiara Sciarone.

5.2.1 Nahrungserwerb in der Natur

Die in Kapitel 4.3 näher dargestellten Nahrungsressourcen lassen eindeutige Rückschlüsse auf den Nahrungserwerb in der Natur zu. Damit lässt sich *Heterandria formosa* gewissermaßen als »Aufwuchsfresser« und vor allem als mikrocarnivorer »Raubfisch« bezeichnen.

Die Zwergkärpflinge gehen dem Nahrungserwerb keineswegs hektisch nach, vielmehr lassen sich bei ihnen zwei Strategien erkennen: Sie suchen ihnen bekannte Nahrungsquellen auf und fressen dort ruhig, oder sie stehen abwartend im Wasser und nutzen sich bietende Gelegenheiten. Anhand der Aquarienbeobachtungen würde ich ihren Nahrungserwerb als »selektives Jagdverhalten« beschreiben. Während des Fressens sind sie viel ruhiger als viele andere Fische, sie prüfen die Nahrung vor dem Aufnehmen und überfressen sich auch nicht, so wie man das beispielsweise bei Guppys beobachten kann. Im Freiland verbringen Zwergkärpflinge einen Großteil des Tages mit der Nahrungssuche und -aufnahme, wobei das Abweiden von Aufwuchs die zeitintensivste Form des Nahrungserwerbs ist. Während des Abweidens von Aufwuchs nähern sie sich der Nahrungsquelle von oben oder von der Seite und strecken dieser beide Kiefer entgegen (GIBB et al. 2008), dabei verändert sich auch die Position des Kopfes und vor allem die des Unterkiefers (eig. Beobachtung).

Die wichtige Frage, ob die eigenen Nachkommen zum natürlichen Beutespektrum gehören, kann ich nach eigenen Beobachtungen im Freiland nicht abschließend beantworten. Ich habe dieses Verhalten in der Natur nicht beobachten können, allerdings war ich im Herbst in Florida unterwegs und zu dieser Zeit waren keine neonatalen Zwergkärpflinge und nur wenige Juvenile zu beobachten. MEFFE (1989) hat im Labor beobachtet, dass die Jungfische von ihren adulten Artgenossen verfolgt und gefressen werden, so wie das bei vielen anderen Arten der Poeciliinae auch der Fall ist. Auch DE GREEF (pers. Mitteilung) geht davon aus, dass die juvenilen Zwergkärpflinge von älteren gefressen werden, wenngleich er dies in der Natur auch noch nicht beobachten konnte.

5.2.2 Nahrungserwerb im Aquarium

Im Gegensatz zum oft mühsamen Nahrungserwerb in der Natur, der sich zumeist mehr oder weniger über den gesamten Tag erstreckt, erfahren die Zwergkärpflinge im Aquarium zwei, drei Mal oder noch öfter am Tag durch die Fütterung eine üppige Nahrungszufuhr. Dieser ständige »Überfluss« an Nahrung hat ihr Fressverhalten verändert, indem sie sich den Lebensbedingungen angepasst haben. Es lässt sich beobachten, dass Zwergkärpflinge innerhalb weniger Tage auf die mehr oder weniger regelmäßig erfolgenden Futtergaben konditioniert sind und auch Wildfänge nach wenigen Tagen ihnen zunächst unbekanntes Futter fressen. Die ruhig schwimmenden Zwergkärpflinge beobachten sehr aufmerksam die Tätigkeiten des Züchters vor dem Aquarium und sobald sich die Hand der Wasseroberfläche nähert, schwimmen insbesondere die älteren Weibchen schräg nach oben in Erwartung einer baldigen Fütterung. In diesem Zusammenhang sei angemerkt, dass vor allem die Weibchen auf die Futtergaben durch den Pfleger konditioniert sind, während die Männchen darauf lauern, ein durch das Fressen abgelenktes Weibchen mit einem Kopulationsversuch von hinten und/oder unten zu überraschen (s. a. Kap.5.4).

Sobald kleinpartikuläres Futter wie etwa *Artemia*-Nauplien oder kleinere Wasserflöhe in größeren Mengen ins Aquarienwasser gegeben werden, versammeln sich die Zwergkärpflinge dort, wo sich auch die meisten Beutetiere befinden. Vor allem die Salinenkrebschen sammeln sich zunächst häufig über dem Bodengrund, sodass die Zwergkärpflinge sie dort ohne größere Anstrengungen aufnehmen können. Allerdings stehen nach meinen Beobachtungen zunächst die kräftigen adulten Weibchen direkt in den Futtertierschwärmen und die übrigen Gruppenmitglieder – etwa Subadulti oder adulte Männchen – halten sich von den fressenden Weibchen fern, die über den Futterwolken ihre Dominanz durch eine gleichmäßig bräunliche Färbung demonstrieren; das charakteristische Längsband verblasst während dieser Zeit (Beobachtung an Tieren domestizierter Stämme). Den nicht so dominanten Artgenossen, vor allem subadulten Weibchen und Männchen aller Altersklassen, reichen auch die vereinzelten Salinenkrebschen in der Peripherie. Die Jungfische sind zumeist nicht in unmittelbarer Nähe des Futterplatzes anzutreffen; sie lauern allerdings im Hintergrund und warten auf die Gelegenheit zum Fressen.

Abb. 51: Zwergkärpflinge beim Fressen von *Artemia*-Nauplien. Auch die adulten Weibchen fressen die Salinenkrebschen gerne. Trotz des reichen Nahrungsangebotes überfressen sich die Zwergkärpflinge aber nicht. Foto: ELKE WEIAND.

Auch im Aquarium verhalten sich Zwergkärpflinge während des Fressens recht ruhig, im Gegensatz bspw. zu den vergleichsweise hektischen Guppys oder Gambusen. Dieses ruhige Verhalten ermöglicht ihnen offenbar eine recht selektive Nahrungsaufnahme: Es werden überwiegend die *Artemia*-Nauplien selbst aufgenommen, während aus Versehen in das Aquarium gelangte Zystenschalen umgehend wieder ausgespuckt werden. Alle Beutetierchen werden, nachdem die Zwergkärpflinge sie mit ihren nun nach vorne gerichteten Augen ins Visier genommen haben (Abb. 52 oben links), gezielt angeschwommen und mit einer nach vorne gerichteten Bewegung des Unterkiefers ins Maul eingesogen (Abb. 52 oben rechts & unten links).

Im Gegensatz zu den Guppys kommt es bei den Zwergkärpflingen auch nicht zu einem Überfressen, selbst bei einem reichlichen Nahrungsangebot. Während die Guppys solange Salinenkrebschen fressen, bis keine mehr zu finden sind, stellen die Zwergkärpflinge irgendwann die Nahrungsaufnahme ein, selbst dann, wenn noch zahlreiche Futtertiere im Aquarium vorhanden sind.

Ein ähnlich temporäres Territorialverhalten wie beim Verfüttern der Salinenkrebschen beobachtete RIEHL (1984), nachdem er die Gehäuse kleinerer Wasserschnecken zerdrückt hatte, sodass das Schneckenfleisch zugänglich wurde und dann nach unten sank. Das größte und stärkste Weibchen begann zunächst, durch Rammstöße mit seinem Maul und durch schnelles Parallelschwimmen, später durch Wegbeißen der Nahrungskonkurrenten, seine Beute zu verteidigen. Dabei zeigte es für kurze Zeit ein territoriales Verhalten. Während dieser Phase veränderte das dominante Weibchen seine Färbung, indem das dunkle Längsband verblasste und die Färbung gleichmäßig dunkelbraun wurde. Die von RIEHL als »Dominanzfärbung« beschriebene Farbadaption änderte sich erst, nachdem die Beute gefressen war.

Beim Füttern der Zwergkärpflinge mit unterschiedlich großen schwarzen Mückenlarven (*Culex pipiens*) habe ich mehrfach beobachten können, dass vor allem die halbwüchsigen Weibchen sehr unterschiedlich auf die Beutetiere reagieren. Einige wenige Weibchen nähern sich zögerlich und greifen die Mückenlarve nach näherem Betrachten nicht an. Die meisten Weibchen reagieren aber anders. Sie nähern sich unter Anspannung aller Flossen langsam der Beute, wobei sie diese allzeit fest im Blick haben; beide Augen sind nach vorne auf das Beutetier gerichtet. Manchmal umkreisen die Weibchen die Mückenlarven mit einem leicht S-förmig gekrümmten Körper; die Anspannung ist dem Zwergkärpfling deutlich anzumerken. Bewegt sich die Larve nicht, so warten die Weibchen zumeist, bis sich diese wieder bewegt. Dann stoßen sie zu. Bei größeren Mückenlarven gelingt es selbst großen Zwergkärpflingsweibchen nicht, diese in einem Mal zu überwältigen. Sie müssen zumeist mehrfach zustoßen. Dabei gelingt es nicht immer, das Beutetier so zu packen, dass es danach verschlungen werden kann, zumal die größeren Mückenlarven sich winden und damit dem Fisch einige Mühe bereiten. Manchmal verlieren die Zwergkärpflinge auch das Interesse an der Mückenlarve, vor allem, wenn sich diese nicht mehr bewegt, und lassen dann davon ab. Während des Erbeutens der manchmal regungslos im Wasser verharrenden Mückenlarven kann der aufmerksame Beobachter vor dem Aquarium erkennen, dass nur das Zucken des Beutetieres den Jagdtrieb erneut auslöst. Besonders bei der Jagd auf Mückenlarven lässt sich wunderbar beobachten, dass die Zwergkärpflinge mit den Besonderheiten dieser zuweilen wehrhaften Beutetiere vertraut sein und das Erbeuten erst erlernen müssen. Dies lässt sich insbesondere bei vergleichenden Beobachtungen zwischen subadulten und adulten Weibchen feststellen. Interessanterweise erweisen sich auch manche adulten Männchen, trotz ihrer geringen Größe, als recht geschickte Mückenlarvenjäger, sofern die Beute eine entsprechende Größe hat. Nachdem die Zwergkärpflinge die zuweilen fast zu große Beute überwältigt haben, kann es manch-

Abb. 52: Durch die Bewegungen der Fliegen auf der Wasseroberfläche werden die allzeit aufmerksamen Zwergkärpflinge angelockt (oben links). Mit dem nach vorne gerichteten Blick nimmt dieses Weibchen die Fliege ins Visier und nähert sich ihr mit seinem Maul (oben rechts). Nun stülpt das Weibchen seine Kiefer nach vorne und saugt das Insekt ein (unten links). Auch die subadulten Zwergkärpflinge interessieren sich für Anflugnahrung. Dieses heranwachsende Tier ist allerdings mit dieser Fliege noch überfordert (unten rechts). Fotos: Ingo Botho Reize.

mal einige Minuten, selten gar Stunden dauern, bis die Mückenlarve ganz verschlungen ist. Gleiches gilt auch für größere Wasserflöhe. Solange die Beute noch nicht ganz verschluckt ist, versuchen die Zwergkärpflinge, sich untereinander den Wasserfloh oder die Mückenlarve abspenstig zu machen. Allerdings verfolgen sie die Artgenossen mit der Beute im Maul nicht sehr ausdauernd und wenden sich schnell anderer Beute zu.

Auch bei anderen potenziellen Beutetieren sind deren Bewegungen wichtig, damit bei den Zwergkärpflingen das Interesse daran geweckt wird. Das gilt für Wasserflöhe gleichermaßen wie auch für Salinenkrebse. Wie sehr die Zwergkärpflinge auf Bewegungen in ihrem unmittelbaren Umfeld achten, wird auch dann deutlich, wenn eine Posthornschnecke (*Planorbarius corneus*) durch das Ablassen von Luft nach unten sinkt. Unmittelbar stürzen sich ein oder mehrere Zwergkärpflinge auf das vermeintliche Beutetier. In einigen wenigen Fällen konnte ich beobachten, dass die Fische versuchten, das Weichtier aus seinem Gehäuse zu ziehen, was allerdings nie gelang.

REIZE (briefl. Mitteilung) ist es gelungen, adulte Weibchen auf das Verfüttern von Fruchtfliegen (*Drosophila melanogaster*) zu konditionieren. Dabei beobachtete er, dass erst eine größere Anzahl der Insekten ein ausreichender Stimulus ist, um den Jagdreiz zu wecken; vereinzelte Fliegen werden kaum beachtet.

Aus der Aquarienhaltung zahlreicher Arten der Lebendgebärenden Zahnkarpfen ist bekannt, dass sie unter diesen Lebensbedingungen zuweilen ihrem eigenen Nachwuchs nachstellen. Das ist allerdings von einigen Arten (u. a. *Poecilia reticulata*, DUSSAULT & KRAMER 1981; eig. Beobachtungen; *Gambusia holbrooki*, eig. Beobachtungen) auch aus dem Freiland dokumentiert, sodass dieses Verhalten keinen Verhaltensartefakt darstellt, sondern durchaus natürlichen Ursprungs ist. Nach meinen Beobachtungen und denen vieler anderer Autoren (z. B. SCHULTHEISS 1952, WACHSMUTH 1952, MOLCH 1961, KAHLE 1978, GÄRTNER 1981, RIEHL 1984, LISEK 1987, GUTJAHR 1999) ist das Fressen der eigenen Nachkommen bei *Heterandria formosa* eher selten bzw. gar nicht festzustellen. JACOBS (1969) dagegen bezeichnete Zwergkärpflinge als »arge Kannibalen, die ihre eigenen Jungen als Leckerbissen jeglicher anderen Nahrung vorziehen«. Auch RÖSSEL (1988) hielt das Entfernen der Jungen aus dem Aquarium für eine Voraussetzung zur erfolgreichen Vermehrung, da die Mütter »schon oft« vor den Augen des Autors die Jungfische »verspeist« hätten. Allerdings sei dazu angemerkt, dass diese Beobachtungen in dünn besiedelten Zuchtaquarien gemacht wurden. Nachdem RÖSSEL mehr Alttiere in den Aquarien hatte, kamen deutlich mehr Jungfische hoch. RÖSSELS Erfahrungen habe ich ebenfalls gemacht; eine höhere Individuendichte schützt interessanterweise die Jungfische vor den eventuellen Nachstellungen der Adulti. Diese Beobachtungen sind deshalb so interessant, weil bei anderen Poeciliinae-Arten die Überbevölkerung eines Aquariums offensichtlich zu einem verstärkten Jagen und Fressen des eigenen Nachwuchses beiträgt. Allerdings habe ich selbst bei der Haltung einzelner Zwergkärpflingspärchen in den meisten Fällen keine oder nur äußerst geringe Verluste unter den Nachkommen gehabt. Aus der langjährigen Beschäftigung mit Guppys weiß ich, dass es bezüglich des postnatalen Kannibalismus sowohl signifikante Unterschiede zwischen Populationen bzw. Aquarienstämmen als auch ein individuell unterschiedliches Verhalten gibt. Gleiches postuliere ich auch für die Zwergkärpflinge. Das Verfolgen und Fressen des eigenen Nachwuchses ist ein Verhalten, das bei Weitem nicht alle, sondern nur vereinzelte Tiere zeigen, und das in manchen Populationen und Stämmen häufiger auftritt als in anderen bzw. in manchen offensichtlich gar nicht zu beobachten ist. Man kann also davon ausgehen, dass das Fressen des eigenen Nachwuchses sowohl ein genetisch angelegtes als auch ein individuell unterschiedlich ausgeprägtes Verhalten darstellt, das bei jüngeren Weibchen häufiger zu beobachten ist als bei älteren Artgenossinnen. Aus eigenen Erfahrungen kann ich deshalb JACOBS' Feststellungen nicht bestätigen, wenngleich ich anmerken muss, dass *Heterandria formosa* selbstverständlich ein Raubfisch ist. Bei temporärem Nahrungsmangel wird er vermutlich auch die eigenen Nachkommen als Nahrungsressource nutzen.

Dass im Vergleich zu anderen Arten Lebendgebärender Zahnkarpfen eher wenige oder nur vereinzelt arteigene Nachkommen verfolgt bzw. gefressen werden, ist nach meinen Beobachtungen auch auf das ausgesprochen langsame, sehr unauffällige Schwimmverhalten neonataler Zwergkärpflinge zurückzuführen. Während junge Platys, Schwertträger, Guppys oder Mollys sehr agil und damit auffällig umherschwimmen, halten sich die juvenilen Zwergkärpflinge eher langsam bewegend zwischen der Vegetation auf. Auch von den Adulti anderer Arten werden die jungen Zwergkärpflinge offenbar kaum bemerkt. So berichtete MÄRZ (2000), dass die adulten Weibchen von *Poecilia chica* ihrem eigenen Nachwuchs nachstellten, die in unmittelbarer Nähe befindlichen gleichgroßen Zwergkärpflingsjungen jedoch überhaupt nicht beachteten. Der Autor führte dies auf die »spiegelnde, irisierende Mittellinie« der juvenilen *Heterandria formosa* zurück, doch halte ich eher das »dezente« Schwimmverhalten für das ausschlaggebende Moment der Unauffälligkeit. Bei gemeinsamer Haltung von Guppys und Zwergkärpflingen stellen Letztere auch recht erfolgreich dem Nachwuchs der anderen Art nach, aber nicht den eigenen Jungen; die Guppyjungen sind viel agiler als die juvenilen Zwergkärpflinge und fallen vermutlich deshalb den erfolgreich jagenden Zwergkärpflingen eher zum Opfer.

Die Nachkommen vieler anderer mit Zwergkärpflingen vergesellschafteten Arten werden vor allem von den weiblichen *Heterandria formosa* als Nahrung betrachtet, sofern die Jungfische sich überwältigen lassen. POESER (2010) berichtete, dass er in einem kleineren Aquarium mit Zwergkärpflingen als Hauptbesatz neonatale Guppys zur Aufzucht hinzusetze; nach einer Woche stellte er mit Erstaunen fest, dass von dem Wurf kein Jungfisch mehr übrig geblieben war, die Zwergkärpflinge sich jedoch in einem äußerst guten Ernährungszustand befanden. Nach eigenen Beobachtungen sind selbst adulte Zwergkärpflingsweibchen nicht in der Lage, zwei bis drei Tage alte Jungguppys zu erbeuten, da diese einfach schneller sind und sich immer wieder den manchmal »unbeholfen« wirkenden Jagdversuchen der Zwergkärpflinge entziehen. Neonatale Guppys werden dagegen eher überwältigt, allerdings nur von adulten Weibchen, adulte Männchen sind dazu nach eigenen Beobachtungen nicht in der Lage. GUTJAHR (1999) berichtete, dass junge Jamaikakärpflinge (*Limia melanogaster*) von Zwergkärpflingsweibchen verfolgt, gehetzt und totgebissen wurden. Da sie aber offensichtlich die Jungen nicht verschlingen konnten, wurden sie schließlich wieder ausgespien. Auch die Nachkommen anderer Arten wurden von den Zwergkärpflingen – in diesem Fall auch den adulten Männchen – verfolgt. Der Autor beobachtete dies bei den sich ebenfalls hektisch bewegenden und schließlich vor den Zwergkärpflingen fliehenden Sonnenstrahlährenfischen (*Telmatherina ladigesi*). Die jungen Ährenfische sind deutlich kleiner als die Jamaikakärpflinge und waren somit auch für die männlichen Zwergkärpflinge eine zu bewältigende Beute. GUTJAHR stellte aber zugleich fest, dass die im selben Aquarium schwimmenden arteigenen Jungfische von den Zwergkärpflingen unbehelligt blieben. Er führte dies ebenfalls darauf zurück, dass diese im Gegensatz zu den Jamaikakärpflingen oder den Ährenfischen keine hektischen bzw. fliehenden Schwimmbewegungen ausführen. Aufgrund der ruhigen Schwimmweise der juvenilen Zwergkärpflinge wird offenbar das Jagdverhalten der Adulti nicht aktiviert (GUTJAHR 1999). Daraus lässt sich im Umkehrschluss erkennen, dass die hektischen, fliehenden Bewegungen der Jungfische anderer Arten die das Jagdverhalten auslösenden Stimuli sind. STALLKNECHT (1993b) schilderte seine Beobachtungen bei der Vergesellschaftung der ebenfalls in Florida beheimateten Zwergsonnenbarsche (*Elassoma evergladei*) mit Zwergkärpflingen. Letztere finden offenbar so ziemlich jedes Ei der Barsche, und selbst wenn das eine oder andere Ei zuweilen nicht entdeckt wird, so werden spätestens die hängenden Larven gefunden und gefressen. Die das Revier sichernden Zwergsonnenbarschmännchen nehmen die Zwergkärpflingsweibchen ob ihrer langsamen, sich anschleichenden Schwimmbewegungen anscheinend nicht als Bedrohung wahr, und so haben diese keinerlei Mühe, sich die Eier und Larven einzuverleiben. Der Autor schilderte weiter, dass auch die Zwergsonnenbarsche den juvenilen Zwergkärpflingen derartig erfolgreich nachstellen, sodass die Vergesellschaftung beider Arten schließlich dazu führte, dass sowohl von der einen als auch der anderen Art keinerlei Nachkommen das Erwachsenenalter erreichten. Aus STALLKNECHTS Aquarienbeobachtungen lässt sich postulieren, dass die beiden sympatrisch vorkommenden Arten auch in ihren natürlichen Verbreitungsgebieten konkurrieren. JANICKI (1980) berichtete von der Vergesellschaftung von Zwergkärpflingen mit Keilfleckbarben (*Rasbora heteromorpha*), Gelben Zwergbuntbarschen (*Apistogramma reitzgi*) und Grünen Schwertträgern (*Xiphophorus helleri*), bei der es nur den Zwergkärpflingen gelang, sich zu vermehren. Der Autor schrieb dazu, dass es »selbst dem *Apistogramma-reitzigi*-Weibchen nicht möglich ist, seine Brut länger als zwei Tage nach dem Freischwimmen vor den *Heterandria*-Weibchen zu schützen«. Die hier geschilderten Aquarienbeobachtungen verdeutlichen, dass Jungfische dann zum regulären Nahrungsspektrum der Zwergkärpflinge zählen, wenn es sich um sehr kleine, noch nicht zu schnellen Fluchtbewegungen fähige Fischbrut handelt. Für das Freiland muss man davon ausgehen, dass sie dort den Nachkommen syntop lebender Arten ebenfalls recht erfolgreich nachstellen.

Im Aquarium lässt sich gut beobachten, dass Zwergkärpflinge, wie auch die meisten anderen Fischarten unter diesen Haltungsbedingungen, in größeren Gruppen besser fressen. Das bezieht sich insbesondere auf Fütterungen mit kleineren Futtertieren, die in größeren Mengen in das Aquarium gegeben werden. Der Futterneid scheint die Tiere zu einer schnelleren Nahrungsaufnahme zu bewegen, dennoch verfallen die Zwergkärpflinge bei der Nahrungsaufnahme – wie bereits dargestellt – keineswegs in Hektik.

Während der beobachteten Geburtsvorgänge konnte ich bislang keine Fresshemmung der Weibchen feststellen, d. h., sie fressen »ganz normal« Salinenkrebschen zwischen dem Absetzen einzelner Jungfische.

Im Gegensatz zu vielen anderen Arten der Poeciliinae konnte ich bei *Heterandria formosa* niemals das Fressen eines verendeten Artgenossen oder eines anderen verendeten Fisches beobachten. Möglicherweise fehlt der Jagdreiz, der allerdings auch bei Staub- oder Trockenfutter nicht gegeben ist.

5.3 Agonistisches Verhalten und Territorialität

Bereits in den vorangegangenen Unterkapiteln über den Nahrungserwerb wurde über agonistische Handlungen, insbesondere im Zusammenhang mit einem erkennbaren (temporären) Revierverhalten, berichtet. Sowohl adulte Weibchen als auch die geschlechtsreifen Männchen lassen in der

Abb. 53: Zwei adulte Männchen imponieren sich mit angespannten Flossen parallel zueinander. Foto: ELKE WEIAND.

Nähe einer Nahrungsquelle ein eindeutiges Aggressionsverhalten erkennen, wobei dieses bei den Weibchen eher vorübergehend ist, während die Männchen tatsächlich kleinere Reviere besetzen und diese auch gegenüber gleichgeschlechtlichen Konkurrenten verteidigen. *Heterandria formosa* ist eine Art, die sich im Vergleich zu anderen Lebendgebärenden Zahnkarpfen recht aggressiv verhalten kann, wenngleich die agonistischen Handlungen fast immer untereinander ausgetragen werden, es also kaum zu artübergreifenden Aggressionen kommt, und zudem die Auseinandersetzungen zumeist intrasexueller Art sind. Agonistische Handlungen spielen freilich im Verhaltensrepertoire dieser Art eine bedeutende Rolle.

5.3.1 Innerartliches Aggressionsverhalten und Territorialität

Zwergkärpflinge können sich untereinander recht aggressiv verhalten. Allerdings lassen sich dabei ebenso Unterschiede zwischen einzelnen Populationen, wie auch zwischen Freiland- und Aquarienbeobachtungen feststellen. Zudem kann man sagen, dass adulte Männchen eindeutig territorialer als die Weibchen sind.

5.3.1.1 Agonistisches Verhalten der Männchen

SACHS (1972) schilderte die Beobachtungen seines in Florida lebenden Freundes ERICH SANDER, wonach Zwergkärpflingsmännchen auch in der Natur »Eifersuchtskämpfe« austragen, bei denen sie allerdings »keine wesentlichen Verletzungen« davontragen. Nach meinen eigenen Freilandbeobachtungen im Süden Floridas kann ich dies bestätigen. Es handelt sich lediglich um Kommentkämpfe, bei denen sich die Männchen intensiv imponieren, dabei teils auch mit bis zum Zerreißen angespannten Flossen sich gegenseitig umkreisend drohen, doch konnte ich keine tatsächlichen Kämpfe zwischen adulten Männchen feststellen.

Erwähnenswert ist in diesem Zusammenhang die Standorttreue der Männchen, die auch von anderen Autoren (u. a. BISAZZA et al. 1996) beschrieben wird; die revierbesitzenden Männchen verjagen gleichgeschlechtliche Eindringlinge vehement. Im Vergleich zu den Freilandbeobachtungen werden die Kämpfe im Aquarium intensiver ausgetragen. Dabei geht es meistens über das Imponieren hinaus und die Männchen beißen sich in die Flanken und die Flossen. Dass es Unterschiede zwischen den im Freiland und im Aquarium ausgetragenen Auseinandersetzungen gibt, ist dadurch zu begründen, dass die Männchen in den natürlichen Lebensräumen ein weitaus größeres Risiko eingehen, während des Kämpfens von Fressfeinden erbeutet zu werden. Zudem stellt das Aquarium einen beengten Lebensraum dar, in dem sich die Tiere untereinander individuell kennen, was in der Natur nicht immer der Fall ist.

Grundsätzlich muss zwischen Kommentkämpfen und tatsächlichen Auseinandersetzungen mit Kampfhandlungen unterschieden werden. Doch unabhängig davon beginnt jeder Streit zwischen zwei Männchen mit dem Imponieren des Gegners. In den allermeisten Fällen zieht das Verletzen der Reviergrenze eine Auseinandersetzung nach sich. Adulte Männchen verharren zuweilen über einen längeren Zeitraum, zum Teil mehrere Stunden (BISAZZA et al. 1996), an mit Algen bewachsenen Standorten und verjagen alle anderen Männchen, die sich in die Nähe ihres Reviers wagen. Auch hochwachsende Wasserpflanzen können als Markierungspunkte eines Reviers dienen. Laut DORN (2006) umfasst das Territorium eines Männchens einen Radius von etwa 8–10 cm und erstreckt sich vertikal vom Bodengrund bis zur Wasseroberfläche. Die vertikale Ausdehnung des Reviers ist von der Höhe der Wasserpflanze abhängig (DORN 2004).

Im Aquarium lassen sich Unterschiede zwischen Populationen bezüglich der Intensität der Territorialität und dem Verteidigen der kleinen Reviere erkennen. Ich habe die Männchen der Wildfangpopulationen aus dem Wacissa River (Florida), aus Naples (Florida) und aus dem Einzugsgebiet des Stono River, Charleston County (South Carolina, GPS 32.920655, -80.23471), miteinander verglichen und dabei festgestellt, dass die Männchen aus dem erstgenannten Biotop ihre Reviere vehementer verteidigen als ihre Artgenossen aus South Carolina oder Naples, obwohl die Individuendichte bei gleich großen Aquarien (50 × 30 × 30 cm) im Vergleich zu der Population aus South Carolina deutlich geringer, und im Vergleich zu der Population aus Naples geringfügig schwächer ist. Möglicherweise führt aber auch gerade die geringere Individuendichte zu einem stärker ausgeprägten Revierverhalten, weil die Männchen die Reviere etwas großflächiger abgrenzen können. Zudem konzentrieren sich die Männchen aufeinander und haben weniger andere Rivalen.

Das Verteidigen eines Reviers erfolgt zumeist nach einem ähnlichen Ablauf. Der Revierinhaber droht dem Eindringling, indem er die Flossen anspannt, den Rücken krümmt und sich kontrastreicher färbt. Beide Kontrahenten krümmen schließlich den Rücken und schwimmen antiparallel zueinander. Das Aufstellen der Flossen und das Krümmen des Rückens haben zur Folge, dass die Fische größer wirken. Ein ähnliches Verhalten ist auch erkennbar, wenn sich zwei Männchen außerhalb eines Revieres begegnen. Dies lässt sich nach meinen Erfahrungen gut beobachten, wenn nur an einer Stelle des Aquariums Futter ins Wasser gegeben wird und sich nicht sofort verteilt.

Lässt sich das in ein Revier eingedrungene Männchen nicht durch Imponiergehabe verjagen, unterschreitet es gar den Individualabstand, oder zeigt es sich beim Rückenkrümmen, dass einer der Kontrahenten körperlich unterlegen ist, dann ist dies häufig ein Auslöser für das Verjagen des Rivalen durch Bisse, die auf den Körper und die Flossen abzielen. Der verjagende Fisch ist zumeist der Revierinhaber. Weibchen werden DORN (2004) zufolge nicht aus den Revieren der Männchen verjagt. Dagegen verjagen Männchen ohne eigenes Revier nur sehr selten ihre Artgenossen, zuweilen aber Weibchen aus ihrer Nähe.

Unter den fünf Männchen, die der Autor bezüglich ihres Aggressions- und Territorialverhaltens beobachtete, krümmte das offenbar stärkste, dominante Männchen am wenigsten seinen Rücken, während das einzige Männchen ohne eigenes Revier am häufigsten anderen Männchen drohte und auch gegenüber den Weibchen seinen Rücken krümmte.

Noch bevor sich die Männchen von der kontrastierenden Körperzeichnung hin zu einer eher beigen, uniformen Färbung wandeln, imponieren sie sich untereinander mit hoch aufgestellter Rückenflosse, und auch alle anderen Flossen sind angespannt. Während des Imponierens mit angespannten Flossen nehmen die Kontrahenten eine Hohlkreuzstellung ein. SÄNGER (1988) beschrieb, dass bei diesen »Imponiergesten« der Schwanzstiel hochgebogen wird. LISEK (1987) bezeichnete dies als »extrem zum Hohlkreuz durchgebogenen Rücken«, wobei die Tiere während des Einnehmens des Hohlkreuzes ihre Flossen weiterhin straff anspannen und die Körperfarben verblassen. Diese Formen des Kommentkampfes lassen sich nicht nur beim Verteidigen eines Revieres beobachten, denn auch sobald sich zwei unbekannte Männchen begegnen, z. B. beim Einsetzen eines fremden Männchens in eine feste Gruppe, kommt es zu einem Kommentkampf, bei dem sich die Männchen immer wieder gegenseitig vor dem Konkurrenten mit hoch aufgerichteter, intensiv dunkel gefärbter Dorsalis präsentieren und auch ihre Caudalis stark gespreizt haben. Sofern ein Männchen zuvor alleine in dem Aquarium lebte, schwimmt es auf den fremden Kontrahenten zu und »inspiziert« diesen zunächst. Dabei verblasst das Längsband des alteingesessenen Männchens, die Rückenflosse ist hoch aufgestellt und bis zum Zerreißen angespannt. Auch das andere Männchen spannt seine Flossen an, die Färbung verblasst ebenfalls. Das dominantere Männchen hebt leicht seinen Hinterkörper an, sodass eine durchgebogene Körperhaltung entsteht. Das alteingesessene Männchen umkreist immer wieder den Neuankömmling. Fühlt sich dieses Männchen unterlegen, klemmt es die Flossen und verblasst nur leicht. Das dominante Männchen hingegen stellt die Rückenflosse hoch auf, spreizt auch alle anderen Flossen, und von der Längsbinde ist kaum noch etwas zu erkennen oder sie ist komplett ver-

Abb. 54: Ein Männchen mit verblasster Färbung, die sowohl bei Männchen als auch bei Weibchen während agonistischer Handlungen zu beobachten ist. Auch dann, wenn sich die Tiere erschrecken, verblasst ihre Färbung. Foto: Elke Weiand.

blasst. Die Körper der Kontrahenten sind durchgebogen, das Gonopodium leicht abgespreizt, sämtliche Flossen zum Zerreißen gespannt. Im Falle einer ausgeglichenen Imponierphase, in der kein Männchen die Oberhand gewinnt, versuchen die Konkurrenten, sich immer wieder in die T-Stellung vor dem anderen Männchen zu begeben. Danach kann es wieder zu einem schnellen Umkreisen kommen, bei dem sich die Männchen immer näher kommen. Beide Kontrahenten haben zwischenzeitlich ihre Körperfärbung völlig verblasst, allerdings sticht nun die Färbung in der hoch aufgestellten und massiv gespreizten Rückenflosse hervor. Nach wenigen Sekunden des gegenseitigen Imponierens kommt es immer wieder zu Rammstößen bzw. Beißattacken in die Flanke des Gegners. Hier endet der Kommentkampf und es kommt zu einem echten Kampf! Die Rammstöße erfolgen mit dem Maul in die Seite; zumeist wird der Bereich unterhalb der Rückenflosse attackiert, aber auch der Schwanzstiel sowie die Schwanzflosse sind Ziele der Attacken mit dem Maul. Danach umkreisen sich die Kontrahenten und es kommt auch zu Phasen des Parallelschwimmens. Immer wieder wird dieses durch das gegenseitige Präsentieren unterbrochen, wobei sich vor allem das scheinbar dominantere Männchen als initiativ erweist. Die Rammstöße führen nach meinen Beobachtungen nicht zu sichtbaren Verletzungen. Diese Auseinandersetzungen können sich über mehrere Minuten erstrecken und zuweilen bis zu einer Viertelstunde dauern. Die Länge der Konfrontationen hängt im Aquarium auch wesentlich mit dessen Größe und Ausstattung zusammen; in größeren Aquarien mit vielen Versteckmöglichkeiten endet ein solcher Kampf zumeist nach wenigen Minuten, indem sich das unterlegene Männchen der Situation durch Flucht entzieht. In kleineren Aquarien mit wenig Vegetation und wenigen Artgenossen erstrecken sich die Auseinandersetzungen zuweilen sogar über Tage hinweg, wobei sich dann die Männchen nur auf sich konzentrieren und sogar die Weibchen weitgehend ignorieren.

Am Ende eines Kampfes behält das dominante Männchen vorerst die blasse Färbung bei, während das unterlegene Männchen meistens schnell wieder das dunkle Längsband zeigt. Das überlegene Männchen »begleitet« den unterlegenen Kontrahenten noch ein wenig, und sobald sich dieses einem Weibchen nähert, können die Kampfhandlungen auch wieder von dem dominanten Männchen aufgenommen werden. Interessanterweise setzt sich nicht immer das größere Männchen durch; häufig ist das alteingesessene Männchen im Vorteil gegenüber dem Neuankömmling, auch dann, wenn es etwas kleiner und damit offensichtlich körperlich unterlegen ist.

Sobald sich ein Männchen als das stärkere erweist, kann es seine Dominanz gegenüber einem unterlegenen Geschlechtsgenossen auch dadurch ausdrücken, dass es den Kontrahenten von unten anschwimmt und mit dem Gonopodium in dessen Richtung schwingt – ähnlich den Bewegungen während der Kopulation. Das unterlegene Männchen entzieht sich der Kampfsituation immer durch Flucht, ohne dass es zuvor verletzt wurde (SÄNGER 1988; eig. Beobachtungen). STALLKNECHT (1976b) schrieb dazu: »Ich kenne keinen Fall kämpfender *H.-formosa*-Männchen, in dem der zunächst Unterlegene durch eine Kampfwiederholung noch gewinnen konnte. Wer einmal geflohen ist, gewinnt nicht mehr.«

Zuweilen ist zu beobachten, dass, wenn sich zwei Männchen imponieren oder tatsächlich miteinander kämpfen, ein drittes Männchen hinzukommt und sich ebenfalls an den agonistischen Handlungen beteiligt. In den meisten Fällen versucht das territoriale Männchen, den hinzugestoßenen Geschlechtsgenossen durch ein schnelles Zuschwimmen zu vertreiben, doch mitunter kann es auch zu einem Dreikampf kommen, bspw. dann, wenn alle drei Männchen in etwa gleich stark sind. Manchmal nutzt eines der Männchen auch die Ablenkung der miteinander beschäftigten Geschlechtsgenossen aus, um ein in der Nähe befindliches Weibchen zu umwerben und ggf. zu begatten.

Beim Umsetzen sich untereinander bekannter Männchen von einem Aquarium in einen anderen Behälter wird nach eigenen Beobachtungen die Rangordnung neu ausgefochten. Dies steigert sich noch, wenn sich in dem Aquarium ein (unbekanntes) Weibchen befindet. Wenn fremde Männchen in eine seit Längerem bestehende Gruppe gesetzt werden, attackieren auch die kleineren, körperlich unterlegenen Männchen die Neuankömmlinge, und nicht selten schlagen sie diese in die Flucht und verteidigen damit ihr Revier.

Wie bereits kurz beschrieben, stoßen rivalisierende bzw. kämpfende Männchen auch mit dem Gonopodium nach dem Gegner, wobei vor allem nach einer Auseinandersetzung das überlegene Männchen seinen unterlegenen Rivalen von unten »zu begatten« versucht, um damit seiner Dominanz

Ausdruck zu verleihen. Das Schwingen des Gonopodiums nach vorne oder auch in die Richtung eines rivalisierenden Geschlechtsgenossen lässt sich zuweilen bereits beim gegenseitigen Imponieren feststellen. Nach meinen Beobachtungen ist dies jedoch kein fester Bestandteil der Instinktkette, weil es nicht immer gezeigt wird. Das Gonopodiumschwingen (gonopodial swinging) ist darüber hinaus auch in Gegenwart von Weibchen und auch ohne erkennbaren Stimulus zu beobachten. Ob es sich dabei um eine Komforthandlung oder eventuell auch eine Übersprunghandlung handelt, müssen weitere Beobachtungen zeigen. Für *Poecilia reticulata* bewerteten BAERENDS et al. (1955) diese Verhalten als Komforthandlung.

Bei *Heterandria formosa* ist das Gonopodiumschwingen nach meinen Beobachtungen in der Gegenwart von Weibchen häufiger zu sehen, dies vor allem dann, wenn sich das Weibchen gegenüber dem Männchen rezeptiv zeigt. In diesem Fall ist es also sexuell motiviert.

5.3.1.2 Agonistisches Verhalten der Weibchen

Während meiner Freilandbeobachtungen ließen sich unter den Weibchen keine nennenswerten agonistischen Handlungen ausmachen. Ein solches Verhalten wäre auch angesichts des Feinddruckes nicht sinnvoll, da es doch recht auffällig ist und potenzielle Fressfeinde auf die sich imponierenden oder miteinander kämpfenden Zwergkärpflinge aufmerksam machen würde. Die Weibchen stehen stattdessen in ruhigen Positionen zwischen der Vegetation und lauern auf Beutetiere. Lediglich aus Aquarienbeobachtungen ist bekannt, dass die Weibchen vor allem während der Fütterung zuweilen aggressiv gegenüber ihren Artgenossen, vor allem ähnlich großen Artgenossinnen, auftreten. Doch die im Aquarium gezeigten agonistischen Handlungen lassen sich nicht zwangsläufig auf das Freiland übertragen. Schließlich gilt für einige ethologisch näher untersuchte Poeciliinen, dass das im Aquarium gezeigte Aggressionsverhalten als eine Art »Luxusverhalten« bewertet werden muss, das darauf zurückzuführen ist, dass die Tiere im Aquarium keinem Feinddruck ausgesetzt und durch die üppigen Mahlzeiten einen Großteil des Tages mehr oder weniger »beschäftigungslos« bzw. unterfordert sind.

An Futterplätzen, wie etwa den Ansammlungen von Salinenkrebschen kurz oberhalb des Bodengrundes, kommt es mitunter zu Auseinandersetzungen zwischen den um die Nahrung konkurrierenden Artgenossen. Dabei erweisen sich vor allem adulte Weibchen als recht aggressiv, wobei Weibchen auch ohne erkennbaren Stimulus Kommentkämpfe und auch echte Kampfhandlungen austragen können. Die älteren, größeren Weibchen setzen sich naturgemäß eindeutig gegenüber kleineren Geschlechtsgenossinnen und auch den adulten Männchen durch. Unter den größeren Weibchen kommt es dabei auch gelegentlich zu Imponierverhalten und Kampfhandlungen. Dabei nehmen die Kontrahentinnen zunächst eine drohende Haltung zueinander ein; dabei verblassen die dunklen Farben auf dem Körper und die Flossen sind extrem angespannt. Manchmal stehen die Weibchen parallel zueinander, in den meisten Fällen ist die antiparallele Stellung zueinander die intensivste Form des gegenseitigen Drohens. Dies ist die letzte Stufe des Kommentkampfes, bei der eines oder beide Weibchen mit durchgedrücktem Rücken und einem Hohlkreuz deutlich drohen. Sofern das gegenseitige Drohen nicht ausreicht, um zu ermitteln, wer an der bevorzugten Futterstelle weiterhin fressen darf, kommt es zwangsläufig zu einer körperlichen Auseinandersetzung, die zumeist mit einem schnellen gegenseitigen Umkreisen der Weibchen beginnt. In der Regel schwimmt dann das größere und kräftigere Weibchen schnell aggressiv auf das andere Weibchen zu und versucht es durch Bisse in die Flanke, in den Schwanz und die Schwanzflosse zu vertreiben. Auch in dieser Phase sind die Körper der Weibchen weiterhin sehr hell gefärbt. Sobald das unterlegene Weibchen durch seine Flucht versucht, sich der Auseinandersetzung zu entziehen, wird es noch kurz vom dominanten Weibchen verfolgt, und bisweilen gelingt es diesem, seiner Verfolgung durch Bisse in die Caudalis Nachdruck zu verleihen.

Während meiner zahlreichen Beobachtungen dieser Auseinandersetzungen ist mir aufgefallen, dass sich hochträchtige Weibchen eher von diesen agonistischen Handlungen fernhalten bzw. dass sie dann, wenn sie sich in der Nähe einer solchen Auseinandersetzung befinden, nicht auf die Drohgebärden eingehen und sich zurückziehen.

Imponiergehabe, Kommentkämpfe und schließlich auch echte Kämpfe und Flucht spielen in den Gruppen durchaus eine wichtige Rolle. Da die Weibchen allerdings in den meisten Situationen keine Revierbildung erkennen lassen, beschränken sich die Kommentkämpfe und die körperlichen Auseinandersetzungen eher auf die Futterplätze, und sind somit gewissermaßen als »temporäre Territorialität« zu bezeichnen.

Ergänzend sei hierzu angemerkt, dass Kommentkämpfe und tatsächliche Kampfhandlungen deutlich häufiger in kleineren Gruppen auftreten, in denen sich die Tiere untereinander besser kennen. In einer ca. 200 Individuen umfassenden Gruppe habe ich agonistische Handlungen vergleichsweise selten beobachten können, während in Zuchtgruppen mit vier, fünf Weibchen und einer ähnlichen Anzahl Männchen immer wieder aggressives Verhalten auftritt. Ich mache an dieser Stelle deutlich darauf aufmerksam, dass agonistische Handlungen zwischen adulten Weibchen nicht nur ausschließlich im Aquarium festzustellen sind, sondern nach meinen Beobachtungen auch fast nur in domestizierten Stämmen auftreten. Auch bei Wildstämmen, die bereits seit einigen Generationen im Aquarium leben, lassen sich bislang kaum intensive agonistische Handlungen zwischen den älteren Weibchen erkennen. Dies verstärkt meine Annahme, dass es sich bei den Auseinandersetzungen der Weibchen offensichtlich um ein »Luxusverhalten« handelt, das Folge eines Domestikationsprozesses ist.

Allerdings ist nicht immer der auslösende Stimulus eines solchen Kampfes erkennbar, zumal es in der Literatur auch recht gegensätzliche Aussagen zur Territorialität der Weibchen gibt. So stellte bspw. DORN (2004) bei Weibchen kein Revierverhalten fest. BISAZZA (1993) beobachtete hingegen das Verteidigen kleinerer Reviere durch adulte Weibchen. Auch STALLKNECHT (1976b) stellte fest: »Jedes Weibchen sucht sich ein Revier und beißt alle anderen Fische, gleichgültig, ob Männchen oder Weibchen der gleichen Art oder auch wesentlich größere andere Arten, aus diesem Territorium heraus.« Nach meinen Beobachtungen an verschiedenen Stämmen, in unterschiedlichen Aquarien und mit deutlich voneinander abweichenden Populationsdichten, glaube ich festhalten zu können, dass ein Territorialverhalten nur gelegentlich von älteren, kräftigen Weibchen gezeigt wird. Das Revier ist aber nicht konstant, sondern ist eher im Bereich von Nahrungsquellen zu erkennen. Vielmehr meine ich, dass die dominanten Weibchen eine größere Individualdistanz für sich beanspruchen und diese auch an Futterplätzen für sich durchsetzen. Dabei werden vor allem unterlegene Weibchen vertrieben, teils aber auch Männchen. Ein tatsächliches Territorialverhalten, einhergehend mit einem festen Revier, habe ich auch nicht erkennen können. Daher folge ich eher DORN (2004), wenngleich es Unterschiede zwischen den Stämmen gibt und sich auch individuelles Verhalten erkennen lässt. Statt von festen Revieren gehe ich eher von einer weitgehend festen Rangordnung aus. Auch DORN (2004) konnte unter den gemeinsam mit fünf Männchen gehaltenen fünf Weibchen eine Rangordnung feststellen. Das größte Weibchen zeigte sich gegenüber allen anderen Artgenossinnen am aggressivsten und war eindeutig das dominante Tier. Das kleinste Weibchen war auch in der Hierarchie das schwächste Tier.

5.3.1.3 Agonistisches Verhalten der Subadulti und Juvenilen

Agonistische Handlungen lassen sich bereits unter den juvenilen Zwergkärpflingen beobachten. Nur wenige Tage nach ihrer Geburt imponieren sie sich bereits. MÖLLER (1968) beschrieb das zurückgezogene Leben der Jungfische in Bodengrundnähe zwischen den Kieselsteinen, doch sobald sie sich dort begegnen, nehmen sie eine Imponierhaltung ein, die nach meinen Beobachtungen sehr der der Adulti entspricht.

Subadulte Männchen können sich gegenüber adulten Geschlechtsgenossen territorial zeigen, doch lassen sich zumeist die älteren Männchen nur kurz verjagen, um dann wieder in das vermeintliche Revier des jungen Rivalen zurückzukehren. Auch subadulte Weibchen zeigen sich mitunter durchaus territorial und gegenüber Geschlechtsgenossinnen manchmal auch recht aggressiv. Diese agonistischen Handlungen werden mit einer vergleichbaren Intensität wie die der Adulti ausgetragen, allerdings brechen die Jungfische die Handlungen nach meinen Beobachtungen schneller wieder ab; die älteren Artgenossen imponieren und bekämpfen sich ausdauernder.

Die subadulten Weibchen, also heranwachsende, bereits geschlechtsreife Tiere, die sich untereinander territorial und aggressiv verhalten, verjagen auch ihre männlichen Geschwister, deren Gonopodium noch nicht vollständig ausgebildet ist. Zuweilen werden selbst geschlechtsreife, deutlich ältere Männchen aus dem umkämpften Bereich aggressiv verjagt.

Die Beobachtungen mancher Autoren widersprechen sich teilweise. Dies merkte auch Dorn (2004) an, der daraus schloss, dass es offensichtlich Unterschiede zwischen den Stämmen gibt, die sich auch im Verhalten erkennen lassen. Das kann ich anhand eigener Beobachtungen bestätigen.

5.3.2 Artübergreifendes Aggressionsverhalten

Man mag sich angesichts des zerbrechlich wirkenden Habitus und der ruhigen Schwimmbewegungen kaum vorstellen, dass die Zwergkärpflinge gegenüber anderen Fischarten teilweise recht rabiat auftreten können. Doch verschiedene Autoren beschrieben mehr oder weniger ausführlich, was sie in ihren Aquarien beobachten konnten (s. a. Kap. 5.2.2). Aus dem Freiland ist bekannt, dass sie syntop mit verschiedenen anderen Arten leben, wobei offensichtlich die Nachbarschaft zu *Gambusia holbrooki* besonders weit verbreitet ist (s. a. Kapitel 4.1. und 4.2). Der Östliche Moskitofisch ist für sein Durchsetzungsvermögen und seine Anpassungsfähigkeit bestens bekannt. Daher überrascht es schon ein wenig, dass sich *Heterandria formosa* auch in Gegenwart dieses durchsetzungsfähigen Poeciliinen behaupten kann.

Ergänzend zu den in Kapitel 5.2.2 geschilderten Aquarienbeobachtungen anderer Autoren sei hier eine Beobachtung wiedergegeben, die als eine direkte Aggression gegenüber anderen Aquarieninsassen bewertet werden muss, im Gegensatz zu den erstgenannten Beobachtungen, bei denen sich die Zwergkärpflinge eher durch das Vertilgen des Nachwuchses anderer Arten im selben Aquarium behaupteten. Lisek (1987) musste nach der Vergesellschaftung von rund 30 Zwergkärpflingsmännchen mit Panzerwelsen (*Corydoras paleatus*) mit ansehen, wie die Zwergkärpflinge den Welsen durch Attacken auf die hoch aufgerichtete Rückenflosse zusetzten, sodass der Autor neben mehreren »arg zugerichteten« Exemplaren auch zwei tote *Corydoras* zu beklagen hatte. Weshalb die Zwergkärpflinge die bis zu 7 cm lang werdenden Panzerwelse attackierten, ist dem Artikel nicht zu entnehmen.

5.4 Balz- und Fortpflanzungsverhalten

Allgemein wird in der »gängigen« Literatur beschrieben, dass die geschlechtsreifen Zwergkärpflingsmännchen die Weibchen nicht umbalzen, sondern durch eine Art Überfallbalz oder Spontankopulation (im angloamerikanischen Sprachraum als »sneak copulation« bezeichnet) die Weibchen zu begatten versuchen (u. a. FARR 1989, BISAZZA & PILASTRO 1997, DORN 2004). FARR (1989) hielt sie und das damit einhergehende »gonopodial thrusting« bei *Heterandria formosa* für die einzige Form des Kopulierens bei dieser Art. Doch sneak copulation ist nach meinem Dafürhalten nur eine, wenn auch die häufigste Strategie, um ein Weibchen erfolgreich zu begatten und zu besamen. Denn zuweilen ist auch zu beobachten, dass ein Männchen ein Weibchen über einen längeren Zeitraum (einige Sekunden bis zu einer knappen Minute) in alle Bereiche des Aquariums bzw. des Gewässers verfolgen. Das Weibchen flieht dabei nicht sonderlich schnell vor dem Männchen, und manchmal ist zu erkennen, dass es überhaupt nicht vor ihm wegschwimmt, sondern durch ein gleitendes Schwimmverhalten, teils mit Hohlkreuz, seine Rezeptivität demonstriert. Das Männchen folgt dem Weibchen und unternimmt gelegentlich einen Kopulationsversuch. Während des Verfolgens bemüht sich das Männchen darum, immer wieder im Gesichtsfeld des Weibchens zu erscheinen. Dort versucht es, dem Weibchen durch das S-förmige Verbiegen seines Körpers (Sigmoidstellung, engl. sigmoid display) unter Anspannung aller Flossen zu imponieren.

Grundsätzlich ist die männliche Balz vor allem dadurch charakterisiert, dass die Männchen das umworbene Weibchen längere Zeit verfolgen, bevor sie versuchen, parallel zum Weibchen zu schwimmen. Auch wenn mitunter bereits während des Verfolgens Kopulationsversuche erfolgen, so werden diese erst während des Parallelschwimmens intensiviert, d. h., zuvor wirken sie noch nicht so zielstrebig.

Ein derart intensives Imponierverhalten (z. B. stark ausgeprägte Sigmoidstellung, Rückwärtsspringen), wie dies von anderen Arten Lebendgebärender Zahnkarpfen (u. a. Guppys) bekannt ist, deren Männchen Kurzgonopodienträger sind, ist bei den männlichen Zwergkärpflingen allerdings

Abb. 55: Diese sich imponierende Männchen stehen in der T-Stellung zueinander. Während das vordere Männchen alle Flossen gespreizt hat und damit seine Dominanz ausdrückt, hat das hintere Männchen das Gonopodium und die Rückenflosse angelegt. Foto: CHIARA SCIARONE.

nicht zu beobachten. Manche Autoren (u. a. ROSEN & TUCKER 1961, BISAZZA 1993, BISAZZA & PILASTRO 1997, STALLKNECHT 2000) stellten das Balzverhalten der Kurzgonopodienträger dem der Langgonopodienträger gegenüber (s. a. Kap. 3.2 und 6.2). Dabei beschrieben sie, dass die Kurzgonopodienträger grundsätzlich intensiver balzen, da sie mit ihrem kurzen Begattungsorgan enger an die Weibchen heranschwimmen müssen, damit es zur Paarung kommen kann. Die Langgonopodienträger hingegen balzen weniger oder gar nicht und versuchen, die Weibchen ohne vorheriges Umwerben mit ihrem langen Gonopodium zu begatten. Diese Männchen sind häufig vergleichsweise weitaus kleiner als die Weibchen. Diese relativ geringere Körpergröße wird von BISAZZA (1993) mit dem erfolgreichen »gonopodial thrusting«, also den »spontan« erfolgenden Stößen mit dem Gonopodium nach der weiblichen Genitalregion, in Verbindung gebracht.

Die grundsätzliche Unterscheidung des Fortpflanzungsverhaltens der Kurz- und Langgonopodienträger ist meines Erachtens eine zu pauschale Bewertung. So umwerben nach meinen Beobachtungen die Männchen der Art *Poeciliopsis baenschi* (eine Art mit langem Gonopodium) sehr intensiv ihre Weibchen und versuchen häufig, das Weibchen drei, vier Mal oder noch öfter zu begatten. Sie begleiten dabei das Weibchen über längere Zeit (20 Sekunden bis hin zu einer knappen Minute). Andererseits ist auch von vielen Kurzgonopodienträgern wie den Guppys bekannt, dass diese wahrlich nicht immer erst nach vorheriger Balz zu kopulieren versuchen; im Gegenteil, viele Männchen schwimmen Weibchen unverhofft mit nach vorne gestrecktem Gonopodium an und versuchen, diese zu vergewaltigen (sneak copulation). Das sind Verhaltensweisen, die überwiegend auch beim Zwergkärpfling zu beobachten sind. Allerdings imponieren die Männchen den Weibchen auch durchaus; es lassen sich also auch beim

Abb. 56: Dieses Männchen schwingt bereits deutlich vor der Kopulation sein Gonopodium zielgerichtet nach vorne. Foto: Chiara Sciarone.

Zwergkärpfling beide Verhaltensweisen feststellen: Kopulationsversuche ohne vorhergehendes Umwerben und solche nach vorheriger Balz. Ob die Männchen balzen oder ohne vorheriges Umwerben die Weibchen zu begatten versuchen, hängt von verschiedenen Faktoren ab. Anhand meiner Beobachtungen in Aquarien ist der m. E. wichtigste Faktor die Bestandsdichte. Je mehr intrasexuelle Konkurrenz unter den Männchen besteht, umso weniger wird gebalzt.

Das Balzen wird eingeleitet von der T-Stellung, in der das Männchen ein Hohlkreuz einnimmt, die Flossen allesamt angespannt präsentiert und das Gonopodium in einem leichten Winkel vom Körper abspreizt. Aus der T-Stellung heraus schwimmt das Männchen einen Halbkreis um das Weibchen, sodass es neben oder hinter es gelangt. Mit gleitenden Schwimmbewegungen ziehen die potenziellen Geschlechtspartner parallel schwimmend durch das Wasser, und in dieser Phase kann das Männchen blitzschnell einen oder mehrere Kopulationsversuche unternehmen, indem es das Weibchen von unten bzw. hinten anschwimmt und dabei das Gonopodium steil nach vorne streckt, sodass es um beinahe 180° gegenüber der Ruhestellung nach vorne gebogen ist.

Ein weiteres Balzelement ist das Benippen der Genitalregion des Weibchens; ein Verhalten, das die Männchen nur selten zeigen. Ich konnte es bislang nur in Konstellationen beobachten, in denen es keinerlei männliche Konkurrenten gab und in denen auch die Anzahl der Weibchen gering war. Offenbar hängt das Zustandekommen dieses intensiven Balzelementes nicht nur davon ab, dass kein männlicher Konkurrent stören kann, sondern auch ganz entscheidend von der Rezeptivität des Weibchens. Nur dann, wenn das Weibchen ruhig verharrt, kann das Männchen mit seinem Maul die Genitalregion des Weibchens berühren. Ich konnte dieses inten-

Abb. 57: Ein Männchen schwingt sein Begattungsorgan, das Gonopodium, nach vorne (gonopodial swinging). Die sehr flexible Afterflosse wird während des Kopulierens nach vorne geschwungen, aber auch zum Imponieren eines anderen Männchens oder auch ohne erkennbaren Stimulus ist dieses Verhalten tagsüber einige Male pro Stunde zu beobachten. Foto: ELKE WEIAND.

sive Balzelement dann beobachten, wenn sich das Weibchen in einer Wurfperiode befindet und/oder bspw. während des Ausscheidens von Kot recht ruhig im Wasser steht. Das Männchen schwimmt das Weibchen wiederholt an, um es erneut und zumeist mehrfach hintereinander mit dem Maul anzustoßen oder auch für etwa eine halbe Sekunde zu berühren. Zwischenzeitlich schwimmt das Männchen immer wieder kurz zurück, entfernt sich dabei einige wenige Zentimeter vom Weibchen, schwingt sein Gonopodium nach vorne, um danach wieder auf das Weibchen zuzuschwimmen und dessen Genitalregion mit dem Maul zu benippen. Nach mehreren Berührungen der weiblichen Genitalregion durch das Männchen kommt es häufig zu einer Paarung, bei der sich das Weibchen nicht dem Stoß des Gonopodiums nach seiner Genitalregion entzieht.

Im Gegensatz zu meinen Beobachtungen stehen die Ergebnisse von PLATH et al. (2007), die das Verhalten der Weibchen, vor allem in Bezug auf die Nahrungsaufnahme, während der Anwesenheit von Männchen untersucht haben (s. weiter unten). In fünfminütigen Beobachtungszeiträumen dokumentierten sie in 25,2 °C warmem Wasser durchschnittlich 5,4-mal (± 2,0-mal) das Benippen der weiblichen Genitalregion durch das Männchen. In demselben Beobachtungszeitraum kam es zu durchschnittlich 3,1 Begattungsversuchen, wobei bei den Männchen kein Balzverhalten in Form von Imponieren (z. B. sigmoid display) beobachtet wurde. Die Differenzen zwischen den dargestellten Beobachtungen lassen sich durch unterschiedliche Populationen, individuelle Unterschiede und divergierende Haltungsbedingungen (Wassertemperatur, Besatzdichte und Aquariengröße) erklären.

Abb. 58: Die Kopulation ist der Abschluss einer Balz. Allerdings balzen die Männchen meistens nicht vor der Kopulation, und auch nicht jeder Balzversuch endet mit einer Begattung. Bereits vor dem Erreichen des Weibchens wird das Gonopodium in die richtige Position gebracht. Man beachte auch die partielle Aufhellung des Hinterkörpers des Weibchens. Foto: ELKE WEIAND.

Wie bereits beschrieben, schwingen die balzenden Männchen ihr Gonopodium während des Verfolgens eines Weibchens nach vorne (gonopodial swinging), und zwar dann, wenn beide Tiere ganz langsam schwimmen oder stehen. Das Gonopodiumschwingen wird allerdings in unterschiedlichsten Situationen gezeigt: nach erfolgter Kopulation, nach einem erfolglosen Kopulationsversuch, während agonistischer Handlungen zwischen Männchen und auch ohne erkennbaren Stimulus.

Es gibt unterschiedliche Interpretationen für dieses Verhalten. CONSTANTZ (1989) erklärte es damit, dass dadurch nach einer Begattung frische Spermatozeugmen in die Spitze des Gonopodiums transferiert würden, was aber bis heute wissenschaftlich nicht bestätigt wurde. DORN (2004) hielt es für möglich, dass es sich dabei – vor allem nach einem missglückten Begattungsversuch – um eine Übersprunghandlung handeln könne; das postuliere ich ebenfalls. BAERENDS et al. (1955) bewerteten dieses Verhalten bei *Poecilia reticulata* als ein Komfortverhalten, das auch von Männchen gezeigt wird, die sich nicht in der Gegenwart von Weibchen aufhalten. Selbst in geschlechtshomogenen Gruppen zeigen die Männchen das Gonopodiumschwingen, das allerdings auch zuweilen bei agonistischen Handlungen zwischen rivalisierenden Zwergkärpflingsmännchen zu beobachten ist. Nach meinen Beobachtungen ist anhand dieses Verhaltens das dominante Männchen zu erkennen; nur das überlegene Tier schwingt sein Gonopodium bzw. stößt damit in Richtung seines Kontrahenten. Möglicherweise ist dieses Verhalten in geschlechtshomogenen Gruppen auch homosexuell motiviert. Wie dem auch sei, das Gonopodiumschwingen ist in vielerlei Situationen zu beobachten und ist nicht zwangsläufig eine sexuelle Handlung.

Trotz der hier ausführlich geschilderten Balz ist die Spontankopulation (sneak copulation) die weitaus häufigere Form der Begattung. Vor allem im Freiland ist sie angesichts des hohen Feinddrucks sinnvoll, denn ein auffälliges Balzverhalten kann Fressfeinde aufmerksam werden lassen. Im Aquarium ist das Balzen hingegen ungefährlich. Zudem haben die Tiere im Aquarium weitaus mehr Zeit für ein ausgeprägtes Fortpflanzungsverhalten, da sie regelmäßige Futtergaben erhalten, während im Freiland ein Großteil der Zeit für den Nahrungserwerb aufgebracht werden muss. Die Spontankopulation lässt sich vor allem dann beobachten, wenn die Weibchen scheinbar unaufmerksam oder offensichtlich abgelenkt sind. Das kann beispielsweise während des Fressens sein, aber auch während der Flucht versuchen einzelne Männchen, die fliehenden Weibchen von hinten zu begatten. Spontankopulationen lassen sich zudem eher bei sehr jungen oder aber alten, sich nicht rezeptiv zeigenden Weibchen feststellen.

Gelegentlich lässt sich beobachten, dass sich adulte Männchen an junge, in den meisten Fällen vermutlich noch nicht geschlechtsreife Weibchen anpirschen, die häufig nur halb so lang wie das Männchen sind, um dann plötzlich mit dem nach vorne geklappten Gonopodium eine Begattung zu versuchen. Dabei verhalten sich nicht alle subadulten Weibchen abweisend oder versuchen sich fliehend dem Kopulationsversuch zu entziehen. Manche zeigen sich auch durch sehr langsames Schwimmen oder Verharren an einer Stelle rezeptiv bzw. kooperativ, wenn sie das sich von unten nahende Männchen bemerken. Die älteren und erfahrenen Weibchen müssen dagegen intensiver umworben werden, bevor sie sich auf eine Kopulation »einlassen«. Beim Begatten älterer Weibchen sind deshalb vor allem Kopulationsversuche ohne vorherige Balz zu beobachten, weil sich viele Männchen nicht die Mühe machen, die Weibchen intensiv zu umwerben; vielmehr versuchen sie bei günstiger Gelegenheit (Ablenkung des Weibchens durch Nahrung oder Fressfeinde), die Weibchen durch Spontankopulationen zu begatten.

Adulte Männchen unternehmen Kopulationsversuche sogar bei jungen Weibchen, die erst 12–13 mm Standardlänge aufweisen. Diese heranwachsenden Weibchen haben ein deutlich geringeres Körpervolumen als die Männchen und sind aufgrund ihres Alters keineswegs geschlechtsreif. Im Falle eines erfolgten Spermientransfers werden die Spermien gespeichert, bis das Weibchen die ersten reifen Eizellen zur Befruchtung ausgebildet hat.

Das Balz- und Fortpflanzungsverhalten der Männchen, das in den meisten Fällen ohne die Kooperation der Weibchen gewissermaßen als sexuelle Belästigung erfolgt, stört Letztere generell bei der Nahrungsaufnahme (MAGURRAN 2011). Dies wurde allerdings auch bei anderen Poeciliinen wie

Poecilia reticulata, P. latipinna, P. mexicana, P. orri, Xiphophorus cortezi, X. variatus, Gambusia affinis und *G. geiseri* beobachtet (PLATH et al. 2007). Im Experiment stellten die Autoren fest, dass die Männchen ihre weiblichen Artgenossen während der Nahrungsaufnahme deutlich mehr umlagerten und Kopulationsversuche unternahmen. Dies ist ein Verhalten, das jeder aufmerksame Aquarianer selbst feststellen kann, sobald er Futter ins Wasser gibt. Die dadurch abgelenkten Weibchen scheinen unaufmerksamer und werden häufig von den Männchen spontan begattet. Eine weitere wichtige Erkenntnis der Arbeit von PLATH et al. (2007) ist die, dass die Weibchen in Gegenwart eines Männchen deutlich weniger Zeit mit der Nahrungsaufnahme verbringen als in der Anwesenheit eines Weibchens. In einem fünfminütigen Beobachtungszeitraum verbrachten die beobachteten Weibchen durchschnittlich 14,8 (± 6,0) Sekunden mit der Nahrungsaufnahme in Gegenwart eines weiteren Weibchens, während sie in der Anwesenheit eines Männchens lediglich durchschnittlich 6,9 (± 3,2) Sekunden mit dem Fressen verbrachten. Bei allen neun untersuchten Arten nahm die Zeit, die die Weibchen mit der Nahrungsaufnahme verbrachten, in Gegenwart ihrer männlichen Artgenossen deutlich ab. Doch weshalb scheuen die Weibchen während des Fressens so sehr die Gegenwart der Männchen? Für ein Weibchen sind Spontankopulationen mit einigen Kosten verbunden: Es kann nicht aktiv den Geschlechtspartner bestimmen, zudem steigt das Risiko einer Verletzung des Genitaltraktes und einer Infektion. Das wirkt sich negativ auf die Fitness der Weibchen aus, wie HOUDE (1997) an *Poecilia reticulata* nachwies.

Werden unbekannte Adulti zueinandergesellt, so erfolgt recht schnell eine Orientierungsphase, in der sich vor allem jungfräuliche oder über einen längeren Zeitraum sexuell isoliert gehaltene Weibchen an dem bzw. den hinzugesetzten Männchen interessiert zeigen. Dies wird überwiegend durch das Hinterherschwimmen und das gelegentliche Einnehmen der T-Stellung vor dem Männchen deutlich. Manchmal ist beim Weibchen auch ein Durchdrücken des Rückens zu beobachten; ein Verhalten, das von anderen Poeciliinen (z. B. *Poecilia reticulata*) auch bekannt ist und als »arching« bezeichnet wird. Dabei entsteht gewissermaßen eine Art Hohlkreuz, weil das Weibchen den Hinterkörper anhebt.

Auch die Männchen umwerben die ihnen unbekannten Weibchen intensiver, als das ansonsten in festen Gruppen mit untereinander bekannten Individuen der Fall ist. Zuweilen präsentieren sie sich den Weibchen durch das kurzzeitige Einnehmen der Sigmoidstellung, die allerdings kaum eine Sekunde gehalten wird.

In einem Versuch habe ich große und demzufolge sexuell attraktive Weibchen in einem transparenten Plastikgefäß in ein Aquarium gesetzt, in dem sich eine alters- und geschlechtsheterogene Gruppe Zwergkärpflinge befand. Sowohl die Männchen als auch die Weibchen zeigten sich an den »Neuankömmlingen« interessiert, indem sie das Behältnis umschwammen und die fremden Artgenossen inspizierten. Die adulten Männchen zeigten schließlich auch sexuelles Interesse, das durch angespannte Flossen und Gonopodiumschwingen offensichtlich wurde. Diese Beobachtungen verdeutlichen, dass die rein visuelle Wahrnehmung zur innerartlichen Kommunikation ausreicht, denn eine Kommunikation über Pheromone war durch die Unterbringung der fremden Zwergkärpflinge in dem Plastikgefäß ausgeschlossen.

Werden in eine bestehende geschlechtsheterogene Gruppe ein oder mehrere unbekannte Weibchen hinzugesetzt, so führt dies unter den adulten Männchen zu Rivalitäten, die zumeist durch Kommentkämpfe ausgetragen werden. Handelt es sich bei den unbekannten Weibchen um jüngere, möglicherweise gar jungfräuliche und somit sexuell unerfahrene Tiere, so verfolgen zumeist mehrere Männchen im Verbund das Weibchen, und es kommt zu einem oder mehreren Begattungsversuchen. Dazu bedarf es allerdings nicht einmal eines rezeptiven Verhaltens seitens der Weibchen, denn wenn sie sich nicht paarungsbereit zeigen, versuchen die Männchen sie ohne vorherige Balz zu begatten. Jungfräulich aufgezogene Weibchen schwimmen aktiv auf Männchen zu, stellen sich quer vor dem Männchen auf und demonstrieren ihnen ihre Rezeptivität, indem sie gleitend (gliding) auf die Männchen zuschwimmen und sich zuweilen diesen präsentieren. Häufig kommt es schon nach wenigen Minuten zu einer Begattung bzw. zu Kopulationsversuchen, denen meistens weitere folgen. Nach einer erfolgten Kopulation (s. a. Kap. 6.2) schwimmt das Männchen oft heftig zuckend vom Weibchen weg; die Weibchen verhalten sich dagegen nach einer Paarung unterschiedlich, manche zucken ebenfalls, andere schwimmen in die andere Richtung oder wenden sich einer Nahrungsquelle zu.

Manchmal verfolgen auch zwei, drei, vier oder gar noch mehr Männchen (bis zu sieben) dasselbe Weibchen. Dabei kommt es zu wilden Jagden, die zuweilen über mehrere Dezimeter erfolgen. Manchmal endet eine derartige Verfolgungsjagd auch erst dann, wenn das Weibchen vor einem Hindernis (Stein, Wurzel, Aquarienscheibe) stoppt. Das nutzen die überwiegend recht jungen Männchen zumeist, indem eines oder mehrere die Balz intensiveren und/oder unmittelbar einen Kopulationsversuch unternehmen. In solchen Männchengruppen befinden sich zum Teil auch subadulte Männchen, deren Gonopodium noch nicht vollständig entwickelt ist, und die demzufolge noch nicht zu einer Kopulation in der Lage sind. Dennoch schwimmen sie mit den adulten Geschlechtsgenossen hinter dem Weibchen her; dabei wird manchmal auch das noch nicht funktionstüchtige

Begattungsorgan nach vorne geschwungen, und auch andere balztypische Verhaltensweisen werden gezeigt, etwa das Durchdrücken des Rückens zu einem Hohlkreuz oder das Anspannen der Flossen (eig. Beobachtungen). Sobald eine solche Gruppe aus jüngeren Männchen beim Verfolgen eines Weibchens in die Nähe eines älteren Männchens kommt, droht dieses den Konkurrenten und vertreibt sie aus seinem Bereich. Beim Verfolgen eines Weibchens in der Gruppe kommt es sehr häufig zu Störungen durch andere Männchen. Balzende und kopulierende Männchen locken Rivalen an, die häufig nach dem Kopulationsversuch des ersten Männchens ebenfalls einen Begattungsversuch unternehmen.

Auch bislang sexuell isoliert aufgezogene Männchen reagieren häufig unmittelbar auf Weibchen, womit offensichtlich ist, dass das Fortpflanzungsverhalten überwiegend instinktgesteuert ist, denn die unerfahrenen Männchen zeigen sämtliche Verhaltensschemata, die auch bei erfahrenen Geschlechtsgenossen zu beobachten sind.

ALA-HONKOLA et al. (2009) stellten fest, dass Männchen aus Inzuchtpopulationen ein deutlich geringeres bzw. weniger intensives Fortpflanzungsverhalten zeigen als Männchen aus anderen Populationen. Sie stoßen weniger mit dem Gonopodium nach den Weibchen und unternehmen auch weniger Kopulationsversuche. Die Autoren bewerten dies als sehr starke Inzuchtdepression. In ihrer Studie verdeutlichten sie zudem, dass dies massive negative Auswirkungen auf die Fitness und den Fortpflanzungserfolg hat.

Männliche Zwergkärpflinge umwerben meinen Beobachtungen zufolge eher selten artfremde Weibchen, so wie dies von verschiedenen anderen Poeciliinen-Arten (vor allem *P. reticulata*) immer wieder beschrieben wird. Lediglich in Einzelfällen habe ich dies bei bestimmten Männchen beobachten können. So versuchte beispielsweise ein adultes Männchen, die rund 30 mm langen Guppyweibchen, die ich zur sexuell isolierten Aufzucht im Aquarium einer Zwergkärpflingspopulation untergebracht hatte, immer wieder mit überfallartigen Kopulationen von hinten und unten zu überraschen. Alle anderen Männchen dieser Aquarienpopulation beachteten die artfremden Weibchen allerdings überhaupt nicht. In einem anderen Fall hat ein junges Männchen die Weibchen von *Neoheterandria elegans* immer wieder zu begatten versucht, obschon auch ein Weibchen der eigenen Art im selben Aquarium schwamm.

Die Jahreszeiten haben Einfluss auf viele Lebensbereiche der Zwergkärpflinge (Geburtsintervalle, Ontogenese; s. a. Kap. 6.3 und 6.4). Auch auf das Fortpflanzungsverhalten haben die Jahreszeiten offensichtlichen Einfluss. Meinen Aquarienbeobachtungen zufolge umwerben die Männchen die Weibchen zwar auch während des Winters und unternehmen Kopulationsversuche, aber die sexuellen Aktivitäten sind mit denen im Frühling und

Sommer quantitativ und qualitativ nicht vergleichbar. Ich kann dies nicht anhand von Zahlen und Statistiken belegen, dennoch lassen meine langjährigen Beobachtungen und Vergleiche die Erkenntnis zu, dass während der warmen Jahreszeit signifikant mehr und zudem intensiver gebalzt wird und mehr Paarungsversuche unternommen werden. Unter Aquarienbedingungen habe ich über einen längeren Zeitraum das Fortpflanzungsverhalten zweier kleiner Zuchtgruppen, bestehend aus jeweils drei Männchen und drei Weibchen, unter unterschiedlichen Wassertemperaturen dokumentiert. Gruppe A wurde bei durchschnittlich 26,5 °C gehalten, Gruppe B bei durchschnittlich 22,3 °C. Die Männchen der Gruppe A zeigten sich insgesamt deutlich balzaktiver und unternahmen signifikant mehr Kopulationsversuche als ihre Geschlechtsgenossen, die unter den kühleren Bedingungen lebten. Insgesamt zeigten sie sich 2,2-mal balzintensiver als die Männchen aus Gruppe B, ausgehend von der Anzahl gezählter Kopulationsversuche.

5.5 Schreck- und Fluchtverhalten

Abschließend sei kurz auf das Flucht- und Schreckverhalten der Zwergkärpflinge eingegangen. Aus dem Freiland hatte ich bereits geschildert, dass bei Bedrohungen große Schwärme, häufig artübergreifend mit Gambusen, gebildet werden. KUNATH (1962) beschrieb die Ergebnisse umfassender Untersuchungen zu Schreckreaktionen verschiedener Fischarten, die von F. SCHUTZ und W. PFEIFFER durchgeführt wurden. Eine Schreckreaktion, wie sie bspw. von Elritzen (*Phoxinus phoxinus*) nach dem Ergreifen eines Schwarmmitgliedes bekannt sind, konnte bei *Heterandria formosa* nicht festgestellt werden. Allerdings ließen sich bei dieser Art »klare Andeutungen einer Fluchtreaktion« erkennen, indem die Weibchen rasch zum Bodengrund schwimmen oder sich zwischen die Pflanzen zurückziehen. Dieses Verhalten wurde nur bei den Weibchen festgestellt; vergleichende Verhaltensbeobachtungen an *Poecilia reticulata* verdeutlichten, dass dies kein Zufall ist, so wie SCHUTZ dies zunächst annahm, sondern dass dies auch auf andere Arten der Lebendgebärenden Zahnkarpfen zutrifft. Die Tatsache, dass Zwergkärpflinge im Aquarium z. T. ein anderes Fluchtverhalten zeigen als im Freiland, lässt sich damit begründen, dass die Individuenanzahl im Freiland zumeist deutlich höher und somit eine Schwarmbildung zur Verwirrung des Fressfeindes sinnvoller ist. Zudem ist in den natürlichen Biotopen mehr Raum zum Ausweichen für den Schwarm gegeben als unter den beengten Bedingungen eines Aquariums. Allerdings habe ich in Florida auch beobachten können, dass verfolgte oder sich offensichtlich bedroht fühlende Zwergkärpflingsweibchen in die Vegetation geflohen sind.

Eine Parallele beim Fluchtverhalten im Freiland einerseits und im Aquarium andererseits ist allerdings doch erkennbar: Die Männchen folgen den fliehenden Artgenossinnen, wobei sie bemüht sind, die Weibchen auf der Flucht zu begatten.

LEVELL & TRAVIS (2018) konfrontierten Zwergkärpflinge aus verschiedenen Populationen mit ihnen bekannten und unbekannten Fressfeinden, um u. a. herauszufinden, inwieweit die »vertrauten« Fressfeinde den Zwergkärpflingen »chemisch bekannt« sind, d. h. olfaktorisch erkannt werden. Doch die Ergebnisse zeigen, dass die Zwergkärpflinge auch die ihnen unbekannten Fressfeinde als solche erkannten, was die Autoren postulieren lässt, dass eine grundlegende Prägung auf Fressfeinde gibt, die allerdings zwischen verschiedenen Populationen unterschiedlich ist – je nach Aktivitätsgrad bezogen auf das Anti-Räuber-Verhalten innerhalb der Population.

6 Fortpflanzung und Ontogenese

*»Die Art der Natur – Sie übt sich an kleinen Dingen
und bietet im Geringsten Beispiele für Gewaltiges.«*

LUCIUS ANNAEUS SENECA

Früher wurden alle »echt lebendgebärenden« Fische bezüglich ihrer Fortpflanzungsart als »ovovivipar« bezeichnet. Dies änderte sich mit der Veröffentlichung der grundlegenden Arbeit von WOURMS (1981). Der Autor unterschied zwischen der lecitotrophen und der matrotrophen Viviparie; bei erstgenannter erfolgt die Ernährung des Embryos über den Dotter in seinem Ei; bei letztgenannter wird der Embryo über den Organismus des Muttertieres mit ernährt. Über die Follikelplazenta der Mutter werden die Embryonen mit Nährstoffen versorgt, somit kommt es also zu einer Versorgung der Embryonen über den Organismus des Muttertieres, der über den Austausch von Gasen und Salzen weit hinausgeht. Man spricht hier von einer matrotrophen Viviparie. GREVEN (1995) bezeichnete die matrotrophe Viviparie im Vergleich zur lecitotrophen Viviparie (die Embryonen sind stoffwechselphysiologisch weitgehend unabhängig) als eine »höher spezialisierte Form der Viviparie«. REZNICK & MILES (1989) listeten 21 Arten aus den Gattungen *Priapella, Phalloptychus, Priapichthys, Heterandria, Neoheterandria, Poeciliopsis, Phallichthys* sowie *Poecilia branneri* und *Gambusia vittata* als matrotroph vivipar auf. Viele der matrotroph viviparen Arten der Poeciliinae zeigen Superfötation (GREVEN 2011, MARSH-MATTHEWS 2011). Darunter versteht man die Befruchtung mehrerer Eier aus unterschiedlichen Zyklen, wodurch es zu »Parallelträchtigkeiten« mit unterschiedlichen Embryonenstadien und mehreren aufeinanderfolgenden Würfen kommt. Auch bei *Heterandria formosa* ist Superfötation und eine matrotrophe Viviparie nachgewiesen worden. Der erste Autor war SEAL, der bereits 1911 die Superfötation bei *Heterandria formosa* nachwies (SCRIMSHAW 1944b). SCRIMSHAW (1944a) erwähnte bereits den hohen Grad der Superfötation; TRAVIS et al. (1987) und URIBE ARANZÁBAL et al. (2010) zufolge zeigt *Heterandria formosa* das höchste bzw. »maximale« Level der Superfötation in der Familie. GENTZSCH (1991) hielt den Zwergkärpfling für das »bekannteste Beispiel«

für Superfötation und HIERONIMUS (2002) bezeichnete *Heterandria formosa* als den »vielleicht bekanntesten Poeciliiden mit Superfötation«. SOUCY & TRAVIS (2003) hoben die sehr wichtige Rolle des Zwergkärpflings zum Verstehen der Fortpflanzung, u. a. in Bezug auf den Einfluss der Populationsdichte auf die Reproduktion, hervor (s. a. Kap. 4.1.2). Und GREVEN (2013) stellte *Heterandria formosa* als »Paradebeispiel für Superfötation [...] mit matrotropher Viviparie korreliert« dar.

TRAVIS et al. (1987) hoben hervor, dass für die Weibchen der Poeciliinen-Arten – mit Matrotrophie und Superfötation – die energetischen Anforderungen insgesamt ausgeglichener sind als bei den anderen Arten. Die Superfötation lässt eine verminderte bzw. angepasste Ovargröße zu und reduziert den Energiebedarf des Weibchens während der Fortbewegung, da es einen geringeren, stromlinienförmigeren Leibesumfang aufweist (MARSH-MATTHWES 2011, PIRES et al. 2011). Die Weibchen mit lecitotropher Viviparie haben dagegen während der Eibildung einen sehr hohen Nährstoffbedarf, der sich dann allerdings während der Embryonalentwicklung, also während der Trächtigkeit, stark reduziert.

Der Zwergkärpfling ist, wie erwähnt, bei weitem nicht die einzige Poeciliinae-Art, bei der Superfötation nachgewiesen wurde. REZNICK & MILES (1989) verglichen die Superfötation bei *Heterandria formosa* mit der von Arten aus der Gattung *Poeciliopsis*. Grundsätzlich stellten sie fest, dass viele Arten aus letztgenannter Gattung nur zwei oder drei Bruten erreichen, dafür aber mehr Junge pro Wurf haben, und die Intervalle zwischen den Würfen länger sind als bei *Heterandria formosa*. Eine weitere, etwas bekanntere Art mit Superfötation ist *Neoheterandria elegans* aus Kolumbien.

6.1 Sexuelle Selektion und Partnerwahl

Bei vielen bekannten Lebendgebärenden Zahnkarpfen lässt sich ein ausgeprägter Geschlechtsdichromatismus feststellen. So sind die Männchen der Arten aus der Gattung *Poecilia* z. T. deutlich intensiver gefärbt als ihre Artgenossinnen. Aus dieser Gattung und weiteren Gattungen sind die Männchen vieler Arten durch weitere Ornamente ausgestattet, wie etwa größere Flossen (*Poecilia velifera*, *P. latipinna*) oder ein »Schwert« (Verlängerung der unteren Schwanzflossenstrahlen) bei verschiedenen Schwertträger-Arten (Gattung *Xiphophorus*). Bei *Heterandria formosa* lassen sich dagegen weniger eindeutige Unterschiede zwischen adulten Männchen und Weibchen feststellen. Lediglich die differierenden Körperlängen und -volumina sowie die zum Begattungsorgan adaptierte Afterflosse lassen die Geschlechter phänotypisch zweifelsfrei erkennen. Doch weshalb weisen die Zwergkärpflingsmännchen keine Ornamente auf, trotz einer intensiv ausgetragenen intrasexuellen Konkurrenz? Und warum balzen sie im Vergleich zu den Männchen anderer Poeciliinen quantitativ und qualitativ eher wenig, obschon sie die Weibchen nicht durch Ornamente von ihren »Qualitäten als gute Vererber« überzeugen können? Hängt gar möglicherweise das artspezifische Balzverhalten sowie Fehlen der Ornamente mit dem langen Gonopodium zusammen? Wie in Kapitel 5.4 bereits ausführlich dargestellt, balzen die Männchen der Arten der Poeciliinae, die ein langes Gonopodium aufweisen, weniger auffällig. Insgesamt ist der Geschlechtsdimorphismus und auch der Geschlechtsdichromatismus bei diesen Arten deutlich weniger ausgeprägt als bei den Arten, die intensiv balzen (Kurzgonopodienträger). In jedem Fall ist das lange Gonopodium bei Spontankopulationen (sneak copulation) von Vorteil.

Die intrasexuelle Konkurrenz zwischen den Zwergkärpflingsmännchen wird nicht wie bei anderen Poeciliinen-Arten (bspw. *Poecilia reticulata, P. wingei,* Arten der Untergattung *Micropoecilia*) vor allem über die Ornamente ausgetragen (das intensiver gefärbte Männchen ist der vermeintlich bessere Vererber), sondern eher durch die direkte Auseinandersetzung. Während bei den »bunten« Männchen der zuvor genannten Arten intrasexuelle Auseinandersetzungen in den meisten Fällen eher durch Kommentkämpfe ausgetragen werden, kann es bei männlichen Zwergkärpflingen durchaus zu ernsthaften Kämpfen kommen (s. a. Kapitel 5.3.1). Der Inhaber eines Revieres ist offenbar das attraktivere Männchen, weil er sich gegenüber gleichgeschlechtlichen Konkurrenten behaupten kann und somit eine gewisse Qualität erkennen lässt, die möglicherweise auch vererbt wird. Eine weitere Form des intrasexuellen Wettbewerbs zwischen den Männchen ist die intraovarielle Spermienkonkurrenz, die durch das polyandrische Fortpflanzungsverhalten der Weibchen überhaupt erst möglich ist. Bei Weibchen in größeren Populationen mit einer höheren Individuendichte ist eine größere Diversität des gespeicherten Spermas festgestellt worden (Schrader et al. 2012). Die Autoren führten die erhöhte Spermienkonkurrenz bei *Heterandria formosa* auf das vermeintliche Fehlen der Balz zurück; nach meinen Beobachtungen und denen anderer Autoren (u. a. Dorn 2004) lässt sich allerdings sehr wohl ein deutliches Balzverhalten der Männchen (und auch ein rezeptives Verhalten der Weibchen) feststellen (s. a. Kap. 5.4 und 6.2). Allerdings ist nicht nur bei den Weibchen ein polyandrisches Sexualverhalten erkennbar, auch die Männchen paaren sich mit (möglichst) vielen Weibchen; dieses Verhalten wird als polygyn bezeichnet.

Zwischen Männchen und Weibchen lässt sich also grundsätzlich ein Konflikt erkennen: Männchen wollen möglichst viele Weibchen begatten und besamen, während die Weibchen vor allem gesunde und kräftige Partner bevorzugen. Dies ist hauptsächlich dadurch zu erklären, dass die Männchen bis auf die in großen Mengen produzierten Spermien nicht mehr in die Fortpflanzung investieren. Außer dem Erbgut besitzen die Spermien für das Wachstum der Embryonen keinerlei verwertbare Stoffe. Die Weibchen investieren nicht nur in die weitaus aufwendigere Produktion der Eizellen, sondern auch in die Ernährung und den Gasaustausch der Embryonen sowie die Versorgung eines durch die Trächtigkeit bedingt größeren Körpers, dessen Fortbewegung ebenfalls energieintensiver ist. GREVEN (2005) schrieb bezüglich des Vergleichs der Gameten gar von einer »gewissen Ausbeutung« des Weibchens. Man kann es auch anders umschreiben: Es steht der quantitative Fortpflanzungserfolg der Männchen gegen den qualitativen Fortpflanzungserfolg der Weibchen. Es sei allerdings bereits an dieser Stelle angemerkt, dass selbstverständlich auch die Männchen vitale Weibchen präferieren und manches Umwerben und mancher Paarungsversuch auch nur dem Imponieren anderer Weibchen oder männlicher Konkurrenten dient. Wie dem auch sei, beide Geschlechter »wollen« möglichst viele Nachkommen von Partnern mit »guten Genen«. ZEH & ZEH (2000, 2008) stellten diesbezüglich mit ihrer »vivparity driven conflict hypothesis« die sehr interessante Überlegung an, dass die mütterliche Versorgung der Embryonen durchaus von Vorteil für das Weibchen sein könne. Sie stellten den Vergleich zwischen den Arten Lebendgebärender Zahnkarpfen mit und ohne Plazenta an. Während ein Weibchen ohne Plazenta das Ei vor der Befruchtung mit allen Nährstoffen versorgt, muss es anschließend einen möglichst qualitativ hochwertigen Geschlechtspartner suchen, den es vor allem anhand phänotypischer Merkmal auswählt (bspw. Guppymännchen mit kräftiger Färbung und intensivem Balztanz). Bei den Zwergkärpflingen dagegen versorgt das Weibchen das Ei erst nach der Befruchtung mit einem Großteil der Nährstoffe. Die Autoren gehen in ihrer Theorie davon aus, dass die Weibchen der Arten mit Plazenta die Geschlechtspartner überwiegend anhand ihres Genotyps auswählen, bevor sie viel Energie in den Embryo investieren. Nach der Theorie von ZEH & ZEH legen die Weibchen der Arten ohne Plazenta vor der Paarung mehr Aufmerksamkeit auf die Auswahl der Partner, während sich dagegen die Weibchen der Arten mit Plazenta (u. a. *Heterandria formosa*) mit möglichst vielen Männchen paaren, damit sie unter unterschiedlichen Spermien bzw. bereits befruchteten Eizellen auswählen können.

Um noch mal auf die männliche Balz zurück zu kommen: Es ist auch nur scheinbar so, dass die Männchen vergleichsweise weniger investieren müssen, denn das Balzen – sofern die Männchen nicht die deutlich häufiger zu beobachtende Spontankopulation favorisieren – kostet ebenfalls

Energie und ist zudem gefährlich. Denn potenziellen Fressfeinden fallen balzende Männchen weitaus eher auf als deren Artgenossen, die nur für den Bruchteil einer Sekunde mit dem nach vorne gestreckten Gonopodium das Weibchen anschwimmen, es zu begatten versuchen und sich unmittelbar danach wieder entfernen. Es sei an dieser Stelle bereits darauf hingewiesen, dass die Lebenserwartung der Männchen geringer ist als die der Weibchen; möglicherweise ist das auf die hohe intrasexuelle Konkurrenz und/oder auf die natürliche Selektion durch Fressfeinde zurückzuführen, die die balzenden bzw. sich paarenden Männchen erbeuten (s. a. Kap. 6.4).

6.1.1 Partnerwahl durch die Weibchen

Die Partnerwahl durch die Weibchen (female choice) ist – wie bei zahlreichen anderen Arten auch – deutlich besser untersucht als die männliche Präferenz für bestimmte Weibchentypen. So stellten ASPURY & BASOLA (2002) in wiederholbaren Wahlversuchen eine signifikante Präferenz weiblicher Zwergkärpflinge für große bzw. lange Männchen fest. Allerdings konnten die Autorinnen auch ermitteln, dass es keinen grundsätzlichen Unterschied zwischen dem Fortpflanzungserfolg langer und kurzer Männchen gibt, und dass die Reihenfolge der Balz- und Kopulationsversuche wichtiger als die Körpergröße ist. Größere Männchen, die als erste balzen, haben demnach den größten Erfolg bei den Weibchen. Die Körperlänge und das -volumen sind offenbar wichtige Indikatoren, anhand derer sich die mögliche Qualität eines Männchens als potenzieller Geschlechtspartner bzw. Träger »guter Gene« feststellen lässt. Dies ist für das Weibchen auch sehr wichtig, denn es muss vergleichsweise viel Energie in seine eigene Reproduktion investieren. Daher ist die Partnerwahl für die Weibchen von großer Bedeutung, zumal die Spermien aus den Besamungen auch gespeichert werden. Zwar werden sich allgemein jüngere Spermien durchsetzen und es ist auch eine intraovarielle Spermienkonkurrenz bzw. eine »cryptic female choice« (intraovarielle Selektion der Spermien durch das Weibchen) für *Heterandria formosa* zu postulieren (so wie bei anderen Poeciliinen-Arten), dennoch sind Paarungen mit schwächeren Männchen als vermeintlich »schlechte Vererber« für das Weibchen mit hohen Folgekosten verbunden und demnach möglichst zu vermeiden. Ein längeres, größeres, offensichtlich stärkeres Männchen ist, ausgehend von seinem Habitus, mit recht großer Wahrscheinlichkeit ein »guter Vererber«, sodass der gemeinsame Nachwuchs bessere Überlebenschancen und damit auch mehr Chancen auf eine eigene Reproduktion hat.

Allerdings haben auch die kleineren Männchen diverser Poeciliinen-Arten, u. a. *Heterandria formosa*, durchaus gute Chancen auf eine erfolgreiche

Fortpflanzung, wie BISAZZA & PILASTRO (1997) festgestellt haben. Die kleineren, möglicherweise auch jüngeren Männchen erreichen vor allem durch Spontankopulationen Begattungen mit Weibchen, die entweder an einer Stelle verharren oder sehr langsam schwimmen. Dabei stellten die Autoren fest, dass die kleineren Männchen weitaus häufiger Kopulationsversuche unternehmen als ihre größeren Artgenossen. Sie bewerteten dies als einen signifikanten Vorteil kleiner Männchen. Zudem erklärten die Autoren das Auftreten genetisch kleiner Männchen in den Populationen damit, dass diese Tiere durch ihre Fortpflanzungsstrategie trotz der enormen intrasexuellen Konkurrenz und der Partnerwahl der Weibchen offenbar so erfolgreich sind. Durch Spontankopulationen wird die sexuelle Selektion durch die Weibchen ein Stück weit umgangen. Zwar ist bei Weitem nicht jeder Begattungsversuch erfolgreich, doch ist davon auszugehen, dass einige Spontankopulationen erfolgreich sind und demzufolge die Nachkommen der Weibchen von mehreren Männchen unterschiedlicher Phänotypen abstammen. Dieses wiederum sichert langfristig die genetische Vielfalt (Heterozygosität) innerhalb der Population und hat auch für die heterogenere Nachkommenschaft des Weibchens Vorteile, weil sehr wahrscheinlich einige durch eine bessere Anpassungsfähigkeit überleben werden. Allerdings sind mehrfache Paarungen, wie das bei Tieren mit einem promiskuitiven Fortpflanzungsverhalten üblich ist, auch mit weiteren Kosten und Risiken verbunden. Mehr Paarungen bedeuten gewissermaßen auch weniger Zeit für die Nahrungsaufnahme, zudem steigt das Risiko, von einem Fressfeind entdeckt und ggf. erbeutet zu werden, und auch die Infektionsgefahr (Übertragen von Parasiten) erhöht sich durch viele Paarungen.

Die Ergebnisse aus der zu Kapitelanfang erwähnten Arbeit von ASBURY & BASOLO (2002) verdeutlichten auch, dass trotz der erkennbaren Präferenz der Weibchen für längere, größere bzw. allgemein kräftigere Männchen letztlich die Chancen auf eine Paarung für alle Männchen gleich sind, u. a. weil sie verschiedene Balz- und Fortpflanzungsstrategien nutzen. Da die Beobachtungen allesamt unter Laborbedingungen erfolgten, ist davon auszugehen, dass möglicherweise in großen Gruppen im Freiland die kleineren Männchen gar erfolgreicher sind, denn unter Biotop-Bedingungen (hohe Individuendichte, Konkurrenz um Geschlechtspartner, Räuberdruck etc.) können die Männchen, die spontan kopulieren, unter Umständen erfolgreicher sein. Dies ist auch deshalb in vielen Fällen recht wahrscheinlich, weil die größeren Männchen zumeist mit dem Verteidigen ihres Reviers beschäftigt sind und sich demzufolge weniger um die Weibchen kümmern können, während sich den vagabundierenden Männchen häufigere Gelegenheiten zum Kopulieren bieten.

Die Autorinnen beschrieben schließlich, dass paarungsunwillige Weibchen dies den sich nähernden bzw. balzenden Männchen durch einen Stoß mit dem Maul verdeutlichen; häufig fliehen die Weibchen anschließend. Nach eigenen Beobachtungen kann ich festhalten, dass die Weibchen vielfach die aufdringlichen Männchen eher kurz verjagen, um dann wieder an die Stelle zurückzukehren, an der sie sich vorher aufhielten.

Doch noch kurz zurück zu den Mehrfachpaarungen der Weibchen: SCHRADER & TRAVIS (2008) beschrieben, dass die polyandrischen Weibchen größere Nachkommen haben als ihre Artgenossinnen, die sich mit weniger Männchen paaren. Somit lässt sich für die Weibchen durchaus auch ein weiterer Vorteil in Mehrfachpaarungen erkennen. SOUCY & TRAVIS (2003) stellten bei der Untersuchung von insgesamt sieben Populationen fest, dass die Anzahl von Mehrfachpaarungen bei Weibchen zunahm, je höher die Populationsdichte war. Allerdings wiesen die Autoren auch darauf hin, dass die Anzahl multipler Paarungen im Vergleich zu anderen Arten der Poeciliinae geringer ist, und dass die Weibchen offensichtlich einen größeren Einfluss auf die Partnerwahl haben. Aus drei unterschiedlichen Populationen wurden mithilfe von Mikrosatelliten als Marker direkte Vergleiche bezüglich der Populationsdichte einerseits und den gespeicherten Spermien in den Weibchen, der Anzahl der Väter pro Brut sowie der Rate der multiplen Vaterschaften andererseits angestellt (s. a. Tabelle 10). Zusammenfassend lässt sich festhalten, dass durch die offensichtlich vergleichsweise geringe Anzahl an Mehrfachpaarungen auch die intraovarielle Spermienkonkurrenz geringer ausfallen dürfte als bei anderen Arten Lebendgebärender Zahnkarpfen, bei denen sich im Ovar die Spermien und Nachkommen vieler Männchen befinden. Ausgehend davon, dass bei *Heterandria formosa* das höchste Level der Superfötation unter allen Poeciliinen erreicht ist, ist es überraschend, dass die multiplen Vaterschaften eine vergleichsweise geringe Rolle spielen (SOUCY & TRAVIS 2003). SCHRADER et al. (2011) beschäftigten sich ebenfalls mit multiplen Vaterschaften und Mehrfachpaarungen und kamen zu anderen Erkenntnissen (s. a. Kap. 6.1.3).

Tab. 10: Einfluss der Populationsdichte auf die Anzahl der Paarungen und multiplen Vaterschaften (verändert nach SOUCY & SCHRADER 2003).

Biotop	Populationsdichte in Fischen/0,5 m^2	Anzahl der Paarungen pro Weibchen	Anzahl der Väter pro Brut	Rate der multiplen Vaterschaften
Trout Pond	3,5 ± 0,7	1,15 ± 0,38	1,09 ± 0,29	15 %
Gambo Bayou	4,9 ± 2,1	1,64 ± 0,67	1,39 ± 0,58	54 %
Wacissa River	36,6 ± 10,7	1,75 ± 0,62	1,66 ± 0,55	66 %

6.1.2 Partnerwahl durch die Männchen

Wie zuvor dargestellt, umgehen die Männchen die Partnerwahl der Weibchen häufig durch Spontankopulationen. Diese sind umso erfolgreicher, je kooperativer und rezeptiver das Weibchen dabei ist, denn auch bei Spontankopulation ist zuweilen ein Stillhalten des Weibchens zu beobachten. Allerdings lässt sich auch bei den Männchen eine Partnerwahl (male choice) beobachten, bei der eine recht eindeutige Präferenz zu erkennen ist. Die adulten Männchen versuchen auch jüngere, teils noch nicht geschlechtsreife Weibchen zu begatten. Dass kleineren Weibchen sexuell nachgestellt wird, lässt sich vor allem dann feststellen, wenn die Situation für das Männchen gerade günstig ist, etwa dann, wenn das Weibchen durch Nahrungserwerb oder die Balz eines anderen Männchens abgelenkt ist. Allerdings lässt sich besonders in größeren Gruppen ein gezieltes Suchen junger Weibchen durch Männchen aller Altersstufen beobachten. Während größere Weibchen von den Männchen auch umworben werden (müssen), versuchen sie nach meinen Beobachtungen jüngere und damit kleinere Weibchen überwiegend spontan zu begatten. Der Kopulationsversuch erfolgt zumeist plötzlich und von unten bzw. hinten.

Ergänzend zu den Beobachtungen in größeren heterogenen Gruppen, habe ich in Wahlversuchen junge Männchen, die geschlechtshomogen aufgewachsen sind und demzufolge noch keinerlei Kontakt zu Artgenossinnen hatten, mit zwei Weibchen für 20 Minuten zusammengebracht, um zu sehen, welche Präferenzen die Männchen erkennen lassen: für ein junges, jungfräuliches, kleines Weibchen (Standardlängen zwischen 14 und 18 mm) oder für ein älteres, bereits sexuell erfahrenes, großes Weibchen (Standardlängen zwischen 30 und 35 mm, ♀♀ trächtig). Insgesamt habe ich zehn Männchen beobachtet und ihr Verhalten dokumentiert. Es war eine signifikante Vorliebe für die jungen Weibchen erkennbar, die sich in deutlich mehr Balzelementen und in mehr Kopulationsversuchen bzw. Kopulationen äußerte. Zumeist ignorierten die jungen Männchen die älteren Weibchen völlig. Und wenn nicht, reagierten diese recht unterschiedlich; manche verjagten die Männchen und/oder trugen Scheinangriffe aus, andere dagegen zeigten sich gegenüber den Männchen kooperativ und rezeptiv. Die jungen Weibchen zeigten sich dagegen durchgehend kooperativ und rezeptiv. Sie schwammen die jungen Männchen an und glitten langsam vor ihnen durchs Wasser. Sobald die Männchen sich in der T-Stellung präsentierten, verharrten die Weibchen vor dem werbenden Männchen, und auch bei den Kopulationsversuchen hielten sie teilweise still. Das rezeptive Verhalten der jungen Weibchen wird sicherlich die Präferenz der Männchen mitbeeinflusst haben, allerdings haben sich die Männchen fast immer schneller zu den jungen Weibchen begeben. Nur in einem Fall gab es eine eindeutige Bevorzugung eines Männchens für ein älteres Weibchen. Zusammenfassend lässt sich festhalten, dass die Präferenz für junge Weibchen angeboren ist, denn neun von zehn sexuell völlig unerfahrenen Männchen haben unverkennbar die jungen, kleinen Weibchen bevorzugt.

In einem weiteren Versuch bin ich der Frage nachgegangen, ob auch jüngere, kleinere Weibchen (Standardlängen zwischen 21 und 28 mm) bevorzugt werden, wenn auch das ältere, größere Weibchen (Standardlängen zwischen 35 und 38 mm) noch jungfräulich ist. In dieser Beobachtungsreihe konnten insgesamt sechs geschlechtshomogen aufgezogene und demzufolge sexuell unerfahrene Männchen zwischen jeweils zwei verschiedenen Weibchen wählen. Auch bei diesem Versuch wurde sehr deutlich, dass die Männchen jüngere, kleinere Weibchen signifikant bevorzugen. Die jungen Weibchen wurden deutlich mehr umworben, indem die Männchen das Weibchen langsam verfolgten, in T-Stellung vor dem Weibchen die Flossen anspannten, die Sigmoidstellung einnahmen und schließlich Kopulationsversuche unternahmen. Zwar waren diese Verhaltensschemata auch gegenüber den älteren, größeren Weibchen zu beobachten, doch bei Weitem nicht in der Häufigkeit und Intensität.

ALA-HONKOLA (2009) und ALA-HONKOLA et al. (2010) bestätigten diese Aquarienbeobachtungen. Auch GRIOCHE (2011) beschrieb dieses Wahlverhalten zugunsten junger Weibchen. ALA-HONKOLA et al. (2010) stellten ebenfalls in einem Wahlversuch diese Präferenz der Männchen für jüngere bzw. kleinere Weibchen fest. Zum einen führten die Autoren die Vorliebe der Männchen darauf zurück, dass bei jüngeren Weibchen die Chance größer ist, dass sie noch jungfräulich sind und damit die Spermien des zuerst begattenden Männchens vor denen der Konkurrenten zum Zuge kommen. Zum anderen stellten sie aber auch fest, dass die Männchen keine Unterschiede bei der Bevorzugung eines kleineren jungfräulichen Weibchens und eines bereits begatteten Weibchens ähnlicher Größe machten. Ein direkter Vergleich zwischen den Möglichkeiten, sich mit kleineren oder älteren Weibchen zu paaren, ergab, dass eine männliche Präferenz eher für die jüngeren Partnerinnen zu erkennen ist, obschon die größeren Weibchen fertiler sind als die kleineren. Die Autoren hoben die Einzigartigkeit ihrer Ergebnisse hervor, denn bei allen anderen bislang untersuchten Poeciliinen, die die Autoren in ihrer Arbeit aufgelistet haben, war eine deutliche Präferenz der Männchen zugunsten größerer Weibchen festgestellt worden. Bei diesen Arten handelte es sich allerdings allesamt um Spezies, bei denen keine Superfötation festgestellt wurde. Die Autoren betonten, dass bei Arten mit Superfötation das Verhältnis zwischen Körperlänge und Fertilität nicht so deutlich ist wie bei Arten ohne Superfötation. Daher fallen auch die Unterschiede bezüglich der Fertilität zwischen kleinen und großen Weibchen bei Arten mit Superfötation geringer aus.

Es sei hier am Rande angemerkt, dass sich die Präferenz der Männchen für junge, noch nicht geschlechtsreife Weibchen auch bei anderen Poeciliinen feststellen lässt, z. B. bei *Neoheterandria elegans*, dem Schmuck-Zwergkärpfling (eig. Beobachtungen).

6.1.3 Intrasexuelle Konkurrenz der Männchen

Der Wettbewerb der Männchen um Weibchen ist bei Populationen verschiedener Biotope recht unterschiedlich ausgeprägt. Wie intensiv die intrasexuelle Konkurrenz der Männchen ist, hängt wesentlich von der Individuendichte ab. In Fließgewässern leben auf engem Raum deutlich mehr adulte Zwergkärpflinge als in stehenden Gewässern (SCHRADER et al. 2011; s. a. Kap. 4.1.2). In den Populationen der Fließgewässer ist der Wettbewerb derart hart ausgeprägt, dass deutlich mehr multiple Vaterschaften unter den Nachkommen nachgewiesen werden als bei den Populationen aus stehenden Gewässern. Die hohe Individuendichte führt dazu, dass die Männchen mehr gleichgeschlechtliche Konkurrenz um die geschlechtsreifen und auch die noch nicht geschlechtsreifen Weibchen haben, die ja ebenfalls fast immer bereits vor dem Erreichen ihrer Geschlechtsreife begattet werden. Der Wettbewerb unter den Männchen führt auch dazu, dass das Paarungsverhalten anders ist als in Populationen mit einer geringeren Individuendichte. Bei hoher Bestandsdichte haben die hart miteinander konkurrierenden Männchen kaum Zeit und Gelegenheit zum Balzen; ein anderer Konkurrent würde sich schnell des umworbenen Weibchens annehmen. In den Populationen mit einer geringen Individuendichte dagegen müssen sich die Männchen intensiver um die Weibchen bemühen, da sie nicht oder eher selten aus einem dichten Gedränge heraus mit einer Spontankopulation erfolgreich sein können. Diese Männchen müssen also um die Weibchen balzen. Selbstverständlich versuchen sie auch mit Spontankopulationen erfolgreich zu sein, aber das Umwerben vor dem Begatten ist in diesen Populationen deutlich wichtiger als in den dicht besiedelten Lebensräumen. Dass in den Fließgewässern multiple Vaterschaften vermehrt auftreten, wird angesichts der intrasexuellen Konkurrenz der Männchen niemanden überraschen. SCHRADER et al. (2011) ermittelten dazu interessante Ergebnisse. Insgesamt schätzten sie die Anzahl multipler Vaterschaften auf einen Wert zwischen 64 und 86 % bzw. zwischen 68 und 90 % ein, je nachdem, welches statistische Verfahren angewendet wurde.

Ergänzend dazu sei angemerkt, dass sich das Paaren mit mehreren Männchen für das Weibchen durchaus auszahlen kann; es nutzt somit die hohe intrasexuelle Konkurrenz unter den Männchen in gewisser Weise zu seinem eigenen Vorteil aus. Denn angesichts der innerartlichen Konkurrenz um Lebensraum, Nahrungsressourcen und Geschlechtspartner kann sich eine intraovarielle Spermienkonkurrenz, bewirkt durch Paarungen mit mehreren Männchen (Polyandrie), positiv auf die Fitness des eigenen Nachwuchses auswirken; die Spermien der fittesten Männchen setzen sich durch.

6.2 Kopulation

Die sogenannte Spontankopulation, im angloamerikanischen Sprachraum als »sneak copulation« bezeichnet, ist die überwiegend erkennbare Form der Begattung bei *Heterandria formosa*; FARR (1989) hielt sie und das damit einhergehende »gonopodial thrusting« für die einzige Form des Kopulierens bei dieser Art (s. a. Kap. 5.4).

Im Folgenden wird der Kopulationsvorgang im Detail dargestellt. Das Anschwimmen der Weibchen zum Begatten geschieht aus verschiedenen Positionen. In manchen Fällen konnte ich beobachten, dass die Männchen fast in einem 90°-Winkel die Weibchen von unten anschwimmen. Die rezeptiven Weibchen halten dabei still oder schwimmen sehr langsam gleitend. Das Anschwimmen eines Weibchens erfolgt immer mit nach vorne gestrecktem Gonopodium, wobei dies immer wieder in Richtung der Analregion des Weibchens geschwungen wird. ROSEN & TUCKER (1961) erklärten die evolutive Entwicklung der Länge des Gonopodiums und das Nachvornestrecken damit, dass die Männchen dadurch eine optische Kontrolle über ihr Begattungsorgan erlangen.

Die eigentliche Kopulation erfolgt in Bruchteilen einer Sekunde; sie ist allerdings nach meinen Erfahrungen mit dem menschlichen Auge verfolgbar, wenngleich selbstverständlich keine Details wahrgenommen werden können. Laut DORN (2004) geschieht der Kopulationsvorgang so schnell, dass er nicht mit einer normalen Videokamera mit 25 Bildern pro Sekunde und einer Belichtungszeit von 1/1000 s (high speed shutter) aufzulösen ist; zur Dokumentation und genaueren Untersuchung des Begattungsvorganges ist DORN zufolge eine Hochgeschwindigkeitskamera nötig.

Ein sicheres Anzeichen für eine erfolgreiche Begattung (Besamung) ist, meinen Beobachtungen zufolge, vor allem das Verhalten des Männchens unmittelbar nach der Paarung. Mit einer ruckartigen Bewegung zieht es

Abb. 59: Kurz vor dem Einführen des Gonopodiums in den weiblichen Genitaltrakt schwimmt das Männchen mit dem nach vorne gebogenen Begattungsorgan an das Weibchen heran. Während der Kopulation überträgt das Männchen mit dem Gonopodium die Spermatozeugmen in den Ovidukt des Weibchens. Foto: Juan Carlos Merino.

Abb. 60: Das Einführen des Gonopodiums gelingt am besten, wenn sich das Weibchen kooperativ verhält, indem es still verharrt. Foto: Elke Weiand.

das Gonopodium aus der Genitalöffnung des Weibchens. Diese ruckartige Bewegung geht über in ein kurzes, meist heftiges Zucken, das das Männchen auch dann noch zeigt, wenn es nicht mehr über sein Begattungsorgan mit dem Weibchen verbunden ist. Diese zuckenden Schwimmbewegungen (postcopulatory jerking), die sich durch den gesamten Körper ziehen, sind auch von anderen Poeciliinen (u. a. *Poecilia reticulata*) nach einer erfolgten Kopulation bekannt. Sobald die erfolgreichen Männchen nach ein, zwei Sekunden die schnellen S-förmigen Körperbewegungen einstellen, kommt es zuweilen zum Schwingen des Gonopodiums. Das postcopulatory jerking zeigen die Männchen nach meinen Beobachtungen besonders heftig, wenn sie sich zuvor mit einem bis dahin noch jungfräulichen Weibchen gepaart haben.

Das Weibchen schüttelt sich manchmal; auch kurze, allerdings nicht so heftige wellenartige Bewegungen wie bei den männlichen Artgenossen, lassen sich in manchen Fällen beobachten. Bei jüngeren Weibchen, die erstmals begattet werden, und das nicht selten ohne vorherige Balz, lässt sich nach der Kopulation ein traumatisches Verhalten beobachten. Manchmal verharren die zuvor begatteten Weibchen sich kaum bewegend im Wasser und klemmen ihre Flossen. Vielfach versuchen andere Männchen, derartige Situationen auszunutzen und das Weibchen erneut zu begatten.

Bei Weitem ist nicht jeder Kopulationsversuch und auch nicht jede Kopulation erfolgreich, d. h., es kommt nicht immer zu einem Spermientransfer, wie beispielsweise BOROWSKY & KALLMAN (1976) an Arten der Gattung *Xiphophorus* nachgewiesen haben.

Erwähnenswert erscheint mir die Tatsache, dass selbst unter ungewöhnlichen und vermutlich stressigen Bedingungen, etwa in einem Fischtransportbeutel, einzelne Männchen versuchen, ein Weibchen zu begatten. Auch nach dem Umsetzen von einem Aquarium in ein anderes benötigen die meisten Männchen nur wenige Augenblicke, um sich einzufinden, bevor sie sich um das nächste Weibchen bemühen und es zu begatten versuchen. Darüber hinaus ist – wie bei anderen Poeciliinen auch – zu beobachten, dass die Männchen die Weibchen während der Flucht von hinten zu begatten versuchen, d. h., sie nutzen auch in dieser Situation die Unaufmerksamkeit der Weibchen aus.

6.3 Spermienspeicherung, Trächtigkeit, Geburt, Geburtsintervalle und Geschlechterverhältnis

Während der Besamung des Weibchens werden zahllose Spermien transferiert, von denen einige die reifen Eizellen befruchten und andere, teils über Monate, gespeichert werden. Nach der Befruchtung der reifen Oozyten beginnt die Trächtigkeit. Bei Arten mit Superfötation kommt es dabei zu mehreren »Parallelträchtigkeiten«. Während also die vollständig entwickelten Jungfische geboren werden, wachsen weitere, unterschiedlich weit entwickelte Embryonen heran. Die Geburtsintervalle verändern sich mit zunehmendem Alter des Weibchens, und sind zudem signifikant jahreszeitenabhängig.

6.3.1 Spermienspeicherung

Nach erfolgter Begattung mit Besamung des Weibchens erfolgt die Befruchtung der reifen Eizellen im Follikel. Um die reifen, befruchtungsfähigen Oozyten zu erreichen, müssen die Spermien in die Ovarhöhle gelangen, um von dort aus in die Follikelhöhle (das die Ovarhöhle auskleidende Epithel), das Bindegewebe und schließlich die Eihülle zu durchdringen (s. a. Kap. 3.3). Wie jedoch das Spermium die zahlreichen Gewebsschichten durchdringt, ist laut GREVEN (1995) noch immer unklar. Die Entwicklung der befruchteten Oozyten und der sich daraus entwickelnden Embryonen erfolgt bis zur Geburt der dann vollständig entwickelten Jungfische im Follikel, es besteht also eine intrafollikuläre Trächtigkeit. Es findet zwischen dem Muttertier und den heranwachsenden Embryonen allerdings nicht nur ein Gasaustausch statt, sondern es erfolgt ein Nahrungstransfer vom Weibchen zu seinen ungeborenen Jungen.

SOUCY & SCHRADER (nicht publiziert, zitiert nach SCHRADER et al. 2012) beschrieben, dass die Weibchen eine ausreichende Menge Spermien speichern, die bis an ihr Lebensende reichen; bei einer größeren Populationsdichte stammen die Spermien von mehr Männchen ab (SCHRADER et al. 2012).

Auch während der Fortpflanzungsperiode sind nicht immer alle adulten Weibchen einer Population trächtig, und das trotz der Spermienspeicherfähigkeit und trotz der zahlreichen Kopulationsversuche der Männchen. So entnahmen SCHRADER & TRAVIS (2009) im Jahre 2005 dem Biotop Wakulla Springs insgesamt 19 Weibchen, von denen fünf nicht trächtig waren. Insgesamt untersuchten die Autoren in den Jahren 2004 und 2005 40 Weibchen aus den Wakulla Springs und 33 aus dem Moore Lake, doch nur im Jahre 2005 fanden sie die fünf nichtträchtigen Weibchen aus einem Biotop.

Ich bin in zwei kleineren Versuchen der Frage nach der Spermienspeicherfähigkeit nachgegangen. In der ersten Untersuchung im August 2013 habe ich vier Weibchen in jeweils einem 12-l-Aquarium separiert und fortan ohne jeglichen Kontakt gehalten. Von einem Weibchen erzielte ich keinen Nachwuchs, die Ergebnisse der anderen drei Weibchen habe ich in den Tabellen 22–24 festgehalten. Lediglich im September (ein Weibchen) bzw. im Oktober (zwei Weibchen) warfen die Weibchen noch, im darauffolgenden Frühjahr erfolgten keine Würfe mehr und es war auch äußerlich keine Trächtigkeit erkennbar.

Im Rahmen der zweiten Untersuchung bin ich der Frage nachgegangen, ob junge, noch nicht geschlechtsreife Weibchen die Spermien über den Winter speichern können. Dazu habe ich insgesamt zwei junge Weibchen im Alter von 23 Tagen und zwei junge Weibchen im Alter von 25 Tagen für die Dauer von zwei Wochen mit adulten, sexuell erfahrenen Männchen zusammen gehalten. Zunächst ignorierten die Männchen erstaunlicherweise die Weibchen, doch nach wenigen Tagen beobachtete ich doch Balzverhalten und Kopulationsversuche. Die Verpaarungen nahm ich jeweils am 28. August vor. Im darauffolgenden Frühjahr war leider keines der Weibchen trächtig. Es stellt sich die Frage, ob die Männchen die Weibchen auch besamt haben. Davon gehe ich aus, denn zu anderen Jahreszeiten verpaart, habe ich durchaus aus derartigen Konstellationen Nachwuchs erzielen können. Ich vermute eher, dass die gespeicherten Spermien während des Winters möglicherweise resorbiert wurden. Wie dem auch sei, in allen acht Fällen warfen die Weibchen nach dem Winter nicht.

6.3.2 Trächtigkeit

Im Ovar finden sich in der Regel zwei, zuweilen aber auch fünf bis sieben, maximal gar neun Bruten (je nach Autor), in den jeweils unterschiedlichen Entwicklungsstadien (TURNER 1937, 1947; SCRIMSHAW 1944b, WOURMS 1981, TRAVIS et al. 1987, PIRES et al. 2011, SCHRADER & TRAVIS 2009, 2011), die sich simultan entwickeln. Außerdem reifen weitere Oozyten heran, die später befruchtungsfähig werden. Im Freiland ist die Entwicklung des embryonalen Nachwuchses saisonal abhängig, d. h., die Fortpflanzungsperiode findet von März bis Oktober statt (COLSON 1969, LEIPS 1997; s. a. weiter unten). Ende Oktober 2011 habe ich in neun untersuchten Biotopen keinen einzigen neonatalen Zwergkärpfling entdecken können und auch andere Autoren (COLSON 1969, LEIPS 1997, BAER et al. 2000) beschrieben die saisonale Fortpflanzung in den natürlichen Verbreitungsgebieten (s. a. Kap. 4.1.1). Während der kalten Jahreszeit erfolgt offenbar eine Ruhephase, in der die embryonale Entwicklung weitgehend stagniert. Eine saisonale Fortpflanzung lässt sich allerdings auch im Aquarium unter ganzjährig ähnlichen Bedingungen und selbst bei domestizierten Stämmen feststellen. Es kommt unter Aquarienbedingungen zwar vereinzelt zu Geburten in den Monaten November bis März, doch hauptsächlich werden die Nachkommen im Zeitraum zwischen Mitte April und Mitte Oktober geboren, wobei – wie im Freiland auch – die meisten Jungfische in den Sommermonaten Mai–Juli geboren werden.

Während seiner Entwicklung nimmt das Trockengewicht eines Embryos um 3 900 % bis zu 4 500 % zu (WOURMS & LOMBARDI 1988; GROVE & WOURMS 1991, 1994, GREVEN 1995, SCHRADER & TRAVIS 2005), d. h., es steigert sich um das 30- bis 50-Fache (SCHRADER & TRAVIS 2005, 2009). WOURMS et al. (1988) zufolge wiegen die winzigen Eier von *Heterandria formosa* lediglich ca. 0,017 mg, das Trockengewicht des neonatalen Zwergkärpflings beträgt dagegen 0,67 mg (deutliche Schwankungen möglich; s. a. Kap. 6.4.1).

SCHRADER & TRAVIS (2009) sind der Frage nachgegangen, inwiefern die Embryonen die mütterlichen Investitionen (Nahrungstransfers) in ihren ungeborenen Nachwuchs beeinflussen können. Die Autoren beschrieben, dass der Genotyp der Nachkommen Einfluss auf den Level der mütterlichen Investitionen nimmt, und dass auch die Fertilität der Mutter hinsichtlich häufigerer Früh- und Totgeburten und einer verminderten Anzahl von über die volle Zeit ausgetragenen, lebensfähigen Jungen beeinflusst wird. Beim Vergleich zwischen den Weibchen aus den Populationen aus Wakulla Springs und Moore Lake stellten sie fest, dass bei den Weibchen aus erstgenanntem Biotop ein substanziell höherer Level der Matrotrophie vorliegt. Nach Kreuzungen der beiden Stämme im Labor beobachteten die Autoren, dass rund 12 % der Nachkommen (213 von insgesamt 1 838 Jungen) Früh- und Totgeburten waren. Dabei kam es bei der Kreuzung der Populationen Moore Lake × Wakulla Springs zur höchsten Rate (25 % in 2005, 36 % in 2006). Das sind nach meinen Erfahrungen außergewöhnlich hohe Werte, die in »rein« gehaltenen Stämmen nicht annähernd so zu beobachten sind. Diese Ergebnisse wurden von den Autoren dahingehend gedeutet, dass komplexe epistatische Effekte die Fertilität eines trächtigen Weibchens beeinflussen können. Zusammengefasst bewerteten SCHRADER & TRAVIS (2009) ihre Ergebnisse so, dass dieser Mutter-Kind-Konflikt eine wichtige Bedeutung in der evolutionären Entwicklung dieser Art hatte und weiter haben wird. In einer weiteren Arbeit beschäftigen sich dieselben Autoren ebenfalls mit dem Auftreten von Früh- und Totgeburten nach der Kreuzung unterschiedlicher Populationen. SCHRADER & TRAVIS (2012) konnten das Auftreten vermehrter Aborte nach Paarungen beobachten, die sie zwischen Zwergkärpflingen vornahmen, die aus Populationen mit kleinen Nachkommen (Moore Lake und Trout Pond) und aus Populationen mit großen Jungfischen (Wacissa River und Wakulla Springs) stammten (s. a. Kap. 4.2.2, 4.2.3 und 6.3.3). Die Autoren schlossen daraus, dass bei der von der Individuendichte abhängigen Selektion zugunsten großer Nachkommen (s. a. Kap. 4.2.3) eine mütterlich-fötale Koadaption erfolge und es dementsprechend zu physiologischen »Unverträglichkeiten« bei der Paarung mit Artgenossen aus anderen Populationen, die anders selektiert werden, komme. In einer früheren Arbeit beschäftigten sich dieselben Autoren (SCHRADER & TRAVIS 2008) ebenfalls mit dem Verpaaren verschiedener Populationen und den daraus überdurchschnittlich häufig resultierenden Fehlgeburten. Die Autoren kreuzten dazu reziprok Zwergkärpflinge aus einer Population mit eher monogamem Fortpflanzungsverhalten mit Artgenossen aus einer Population, die eher einer polyandrischen bzw. polygamen Fortpflanzung nachgingen. Dabei stellten sie vermehrt spontane Früh- und Fehlgeburten fest. Interessanterweise erbrachten Verpaarungen von »monogamen« Weibchen mit polygamen Männchen keine größeren Nachkommen als in der reziproken Kombination; daraus ergibt sich insofern eine Diskrepanz, als die polygamen Weibchen normalerweise größere Nachkommen gebären als ihre monogamen Artgenossinnen. Die Ergebnisse ihrer Untersuchungen bewerteten die Autoren als Unterstützung für die These, dass der Mutter-Kind-Konflikt die Evolution einer isolierten Reproduktion zwischen Populationen mit unterschiedlichen Partnerpräferenzen vorantreiben kann (Schrader & Travis 2008).

Allerdings lässt sich nicht nur ein Mutter-Kind-Konflikt feststellen, sondern es besteht auch eine Konkurrenz unter den noch ungeborenen Geschwistern, wie Schrader & Travis (2011) für *Heterandria formosa* beschrieben. Sie postulierten, dass die pränatale Geschwisterkonkurrenz eine direkte Konsequenz aus der Evolution der Matrotrophie und der Superfötation ist. Die Intensität der Konkurrenz unter den ungeborenen Geschwistern nimmt mit dem Level der Superfötation zu; ein hoher Level der Superfötation führt zu einer größeren temporären Überschneidung der Konkurrenz, auch bei Geschwistern aus unterschiedlichen Bruten. In den Populationen aus Wakulla Springs und Moore Lake verzeichneten Schrader & Travis (2011) eine Abnahme der Biomasse der Nachkommen über sieben Bruten hin um 12–19 %. Die Autoren stellten zudem Unterschiede zwischen den Populationen aus Wakulla Springs und Moore Lake fest: Die durchschnittliche Biomasse der Nachkommen erstgenannter Population war höher als die aus Moore Lake.

Pollux & Reznick (2011) beschrieben, dass die Matrotrophie weibliche *Phalloptychus januaris* grundsätzlich in ihren Möglichkeiten der Anpassung – in Bezug auf Nachwuchsgröße und Fruchtbarkeit – an sich verändernde Umweltbedingungen einschränkt; diese Erkenntnis lässt sich durchaus auf *Heterandria formosa* übertragen. Die Autoren reduzierten die Nahrungsmenge für trächtige Weibchen und stellten fest, dass es zu vermindertem Nahrungstransfer zu den Jungfischen kam, wobei allerdings die Anzahl der Nachkommen erst zeitverzögert reduziert wurde. Im umgekehrten Fall führte eine Erhöhung der Nahrungszufuhr beim Muttertier zu einem sofortigen höheren Nahrungstransfer zu den Embryonen und zu einer erhöhten Größe der Nachkommen, aber zu einer ebenfalls verzögerten Erhöhung der Fruchtbarkeit. Pollux & Reznick fanden dagegen keinerlei Hinweis darauf, dass es unter schlechten Ernährungsbedingungen zu Frühgeburten kommt. Die Autoren bewerteten die Ergebnisse ihrer Studie dahingehend, dass Matrotrophie maladaptiv bei sich kurzfristig verändernden Umweltbedingungen – in diesem Fall Nahrungsmangel – ist. Ein Vergleich der lecitotrophen Poeciliinae-Arten *Poecilia reticulata* und *Priapichthys festae* mit der matrotrophen Art *Heterandria formosa* durch Reznick et al. (1996) führte zu

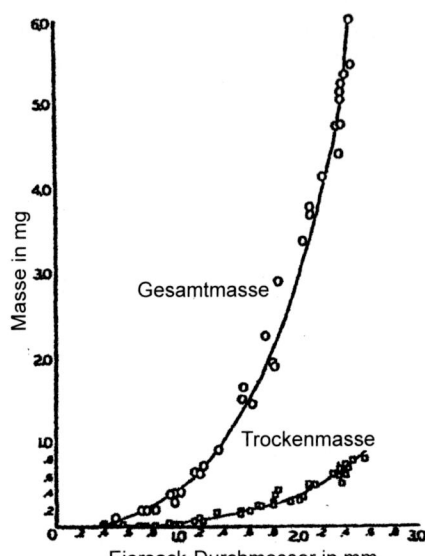

Abb. 61: Die Kurve zeigt die Zunahme des Trockengewichtes der embryonalen Zwergkärpflinge einhergehend mit dem Durchmesser des Ovars. Quelle: Scrimshaw 1944a.

der Erkenntnis, dass die erstgenannten Arten bei Nahrungsmangel größere Nachkommen erzeugen, während der Zwergkärpfling mit kleinerem Nachwuchs auf das fehlende Futter reagiert. Dies ist dadurch zu erklären, dass die lecitotrophen Arten die Energie in die Eientwicklung investieren und die Embryonen sich vom Dottervorrat des Eies ernähren, während es bei den matrotrophen Arten zum direkten Nahrungstransfer von der Mutter zu den Embryonen kommt.

Die Bedeutung der Ernährung des Muttertieres für dessen Reproduktion stellten Travis et al. (1987) bereits in einer früheren Arbeit dar. Unter reduzierten Nahrungsangeboten produzierten die Weibchen nur durchschnittlich 4,3 Bruten, unter mittleren und guten Bedingungen kam es dagegen zu 6,0 bis 6,2 Bruten.

6.3.3 Geburt und Geburtsintervalle

Nach meinen Aufzeichnungen erfolgen viele Geburten tagsüber, aber auch während der Nacht ist das Absetzen von Jungen keineswegs selten. Viele Geburten konnte ich während des Morgengrauens feststellen. Zur Geburt zieht sich das Weibchen in die Vegetation zurück, dort ist es etwas geschützter vor den Nachstellungen durch sexuell aktive Männchen, und auch die Jungfische erfahren hier in den ersten Stunden und Tagen den

Abb. 62: Unterseite eines hochträchtigen Weibchens. Man beachte den dunkel pigmentierten Analfleck. Foto: ELKE WEIAND.

besten Schutz vor ihren zahlreichen Fressfeinden. WIESEMEYER (1956) beschrieb das Zurückziehen des gebärenden Weibchens in eine »abgelegene, ruhige und auch möglichst dunkle Ecke«.

Im Augenblick der Geburt platzt die Eihülle auf und der Jungfisch ist fortan völlig auf sich allein gestellt. Zunächst sinkt der neonatale Zwergkärpfling zu Boden. In den ersten Minuten, manchmal auch Stunden nach der Geburt füllt er seine Schwimmblase. Nach dem Befüllen der Schwimmblase bewegen sich die Neugeborenen langsam und ruhig schwimmend durch das Wasser und suchen alsbald die schützende Vegetation auf. STALLKNECHT (1962) hat unter experimentellen Bedingungen herausgefunden, dass die Jungfische verschiedener Poeciliinen, u. a. auch *Heterandria formosa*, ihre Schwimmblase füllen können, auch ohne die Wasseroberfläche zu erreichen.

Die Weibchen wirken nach dem Absetzen einiger Jungfische insgesamt etwas schlanker, allerdings ist, durch die »Dauerträchtigkeit« (Superfötation) bedingt, der Bauchumfang weiterhin kräftig. Lediglich zum Ende der Fortpflanzungszeit im späten Herbst wirken die Weibchen nach dem Absetzen der letzten Jungfische schlank; manche Weibchen magern ab und verenden kurz danach.

Auch unter ungünstigen oder unnatürlichen Bedingungen, beispielsweise während eines Transportes, gebären die Weibchen. So konnte ich zu meinem Erstaunen feststellen, dass in der Plastikflasche (kein geeignetes Transportbehältnis!), in der ich die Fische von einem Aquarianer erhalten hatte, zunächst nur sieben adulte Weibchen schwammen. Ungefähr drei Stunden nach dem Erhalt der Zwergkärpflinge befanden sich zusätzlich zwei Neonatale in dem Gefäß. Dieses Beispiel möge die Stressresistenz der Zwergkärpfling lebhaft verdeutlichen, wenngleich es natürlich niemanden dazu anhalten möge, die Haltung und Pflege der Tiere deshalb zu vernachlässigen! Die Weibchen haben die Jungfische übrigens unbehelligt gelassen.

Tab. 11: Geburtsintervalle eines etwa 4 cm langen Weibchens nach STOLZENHAIN (1923), der dokumentierte, dass dieses Weibchen bis zum 24. Juli insgesamt 64 absetzte, während ein weiteres Weibchen im selben Zeitraum auf 43 Nachkommen kam. Es ist die vermutlich früheste zusammenhängende Dokumentation von Geburtsintervallen bei dieser Art. Man beachte auch die Anzahl der Jungfische am 24.06. und am 30.06., die mit 16 bzw. 15 Jungfischen außergewöhnlich ist.

Geburtsdatum	Anzahl Jungfische	Geburtsdatum	Anzahl Jungfische
24.06.	16	09.07.	4
30.06.	15	10.07.	1
01.07.	3	12.07.	4
08.07.	1	Zeitraum: 19 Tage	44 Jungfische total

Tab. 12: Geburtsintervalle eines etwa ein Jahr alten Weibchens. Näheres zur durchschnittlichen Wassertemperatur und der Größe des Weibchens sind WACHSMUTHS Aufzeichnungen nicht zu entnehmen. Angesichts der geringen Anzahl an Jungfischen ist davon auszugehen, dass es sich um ein junges Weibchen gehandelt haben könnte (nach WACHSMUTH 1952, verändert).

Geburtsdatum	Anzahl Jungfische	Geburtsdatum	Anzahl Jungfische
31.03.	1	14.05.	2
02.04.	1	15.05.	2
03.04.	1	17.05.	1
13.04.	1	28.05.	2
14.04.	2	29.05.	3
18.04.	1	31.05.	1
19.04.	1	01.06.	2
03.05.	1	02.06.	1
04.05.	2	04.06.	1
06.05.	1	05.06.	2
07.05.	2	06.06.	2
08.05.	1	Zeitraum: 68 Tage	34 Jungfische total

Tab. 13: Geburtsintervalle eines Weibchens. Näheres zur durchschnittlichen Wassertemperatur und der Größe des Weibchens sind GÄRTNERS Aufzeichnungen nicht zu entnehmen (nach GÄRTNER 1981, verändert).

Geburtsdatum	Anzahl Jungfische	Geburtsdatum	Anzahl Jungfische
04.11.	7	26.11.	2
05.11.	7	29.11.	1
10.11.	1	9.12.	3
16.11.	1	21.12.	4
19.11.	4	Zeitraum: 48 Tage	30 Jungfische total

Fortpflanzung und Ontogenese

Tab. 14: Geburtsintervalle eines zum Zeitpunkt der Verpaarung dreieinhalb Monate alten, zuvor sexuell isoliert aufgezogenen Weibchens (♀ 1/11) aus einem domestizierten Stamm; Standardlänge zum Zeitpunkt der Verpaarung 26 mm. Wassertemperatur im Durchschnitt 23,8 °C. Beleuchtung über Tageslicht. Weibchen im Daueransatz mit zwei Männchen. KEMPKES orig.

Geburtsdatum	Anzahl Jungfische	Abstand Tage zum letzten Werfen
28.05.11	1	-
02.06.11	2	5
07.06.11	3	5
08.06.11	1	1
09.06.11	1	1
11.06.11	1	2
15.06.11	3	4
28.06.11	3	13
02.07.11	6	4
06.07.11	1	4
10.07.11	5	4
18.07.11	6	8
21.07.11	1	3
29.07.11	5	8
06.08.11	6	8
13.08.11	4	7
15.08.11	2	2
28.08.11	5	13
06.09.11	4	9
30.09.11	1	24
Zeitraum: 126 Tage	61 Jungfische total	

Tab. 15: Geburtsintervalle eines ca. ein Jahr alten Weibchens (♀ 2/11), das aus einer Zuchtgruppe eines domestizierten Stammes genommen wurde. Standardlänge 33 mm. Wassertemperatur im Durchschnitt 23,5 °C. Beleuchtung über Tageslicht. Weibchen im Daueransatz mit zwei Männchen. KEMPKES orig.

Geburtsdatum	Anzahl Jungfische	Abstand Tage zum letzten Werfen
17.08.11	6	-
18.08.11	6	1
28.08.11	7	10
02.09.11	2	5
05.09.11	1	3
09.09.11	1	4
11.09.11	5	2
12.09.11	3	1

23.09.11	6	11
05.10.11	1	12
06.10.11	4	1
07.10.11	1	1
21.10.11	2	14
22.10.11	1	1
02.11.11	1	11
Zeitraum: 78 Tage	47 Jungfische total	

Tab. 16: Geburtsintervalle eines Weibchens (♀ 1/13) mit einer Standardlänge von ca. 41 mm; Herkunft: domestizierter Stamm; Haltung während des Beobachtungszeitraumes vom 26.06.2013 bis zum 21.04.2014 (Tod des Weibchens): drei ♂♂ im selben Aquarium, Wassertemperatur durchschnittlich 22,4 °C (± 1,3 °C), Beleuchtung über Tageslicht, KEMPKES orig.

Geburtsdatum	Anzahl Jungfische und Geburtszeitraum (tags/nachts)	Abstand Tage zum letzten Werfen
02.07.13	9 tagsüber	-
18.07.13	5 tagsüber	16
19.07.13	1 tagsüber	1
24.07.13	1 tagsüber	5
25.07.13	4 nachts/1 tagsüber	1
26.07.13	1 nachts	1
29.07.13	1 nachts	3
30.07.13	3 tagsüber	1
01.08.13	1 tagsüber	2
02.08.13	1 tagsüber	1
03.08.13	3 tagsüber	1
08.08.13	7 tagsüber	5
23.08.13	9 tagsüber	15
06.09.13	4 nachts	14
09.09.13	4 nachts	3
11.09.13	7 tagsüber	2
21.09.13	3 nachts	10
06.10.13	1 tagsüber	15
07.10.13	2 tagsüber	1
04.11.13	1 tagsüber	28
19.12.13	1 nachts/2 tagsüber	45
03.04.14	2 tagsüber (tot)	105
Zeitraum: 294 Tage (bis zum Tod des Weibchens am 21.04.2014)	74 Jungfische total	

Fortpflanzung und Ontogenese 153

Tab. 17: Geburtsintervalle eines Weibchens (♀ 2/13) mit einer Standardlänge von ca. 36 mm (zu Beginn, am Ende des Versuchs ca. 39 mm); Herkunft: domestizierter Stamm; Haltung während des Beobachtungszeitraumes vom 20.06.2013 bis zum 27.09.2014 (Tod des Weibchens): drei ♂♂ im selben Aquarium, Wassertemperatur durchschnittlich 22,4 °C (± 1,3 °C). Beleuchtung über Tageslicht. Vom 20.06.13 bis zum 18.09.13, dem letzten Wurfdatum vor dem Winter, wurden innerhalb von 90 Tagen insgesamt 25 Jungfische geboren. Zwischen dem 09.05. und dem 11.05. wurden innerhalb von 36 Stunden 11 Jungfische geboren. Am 20. und 21.05. wurden innerhalb von 24 Stunden 13 Jungfische geboren. KEMPKES orig.

Geburtsdatum	Anzahl Jungfische und Geburtszeitraum (tags/nachts)	Abstand Tage zum letzten Werfen
01.07.13	2 tagsüber	-
02.07.13	2 nachts	1
05.07.13	1 tagsüber	3
23.07.13	4 tagsüber	18
24.07.13	1 nachts	1
28.07.13	1 tagsüber/1 nachts	4
29.07.13	1 tagsüber	1
30.07.13	1 tagsüber	1
03.08.13	1 tagsüber	4
04.08.13	1 nachts	1
06.08.13	2 nachts	2
03.09.13	1 tagsüber	28
04.09.13	2 nachts, 2 tagsüber	1
18.09.13	2 tagsüber	14
28.03.14	3 tagsüber (7 mm, schwächlich, nach einem Tag verendet)	191
15.04.14	7 tagsüber/1 nachts	18
27.04.14	5 nachts	12
09.05.14	9 tagsüber	12
10.05.14	1 nachts	1
11.05.14	1 tagsüber	1
20.05.14	12 tagsüber	9
21.05.14	1 nachts/ 2 tagsüber	1
31.05.14	13 tagsüber (7 mm, vitale Jungfische)	10
09.06.14	6 tagsüber	9
19.06.14	13 nachts	10
20.06.14	3 tagsüber	1
04.07.14	3 tagsüber	14
19.07.14	4 tagsüber	15
01.08.14	2 tagsüber	13
11.08.14	1 (Tageszeit unbekannt)	10

17.08.14	3 tagsüber	6
25.08.14	5 tagsüber (7–8 mm GL, sehr vital)	8
07.09.14	3 tagsüber	13
Zeitraum: 458 Tage	123 Jungfische total	
27.09.14	Tod des Weibchens	

Tab. 18: Geburtsintervalle eines Weibchens (♀ 3/13) mit einer Standardlänge von ca. 31 mm; Herkunft: alters- und geschlechtsheterogene Gruppe des Stammes aus dem Einzugsgebiet des Stono River, Charleston County, South Carolina; Haltung während des Beobachtungszeitraumes vom 04.07.2013 bis zum 10.06.2014 (Ende der Dokumentation: drei ♂♂ im selben Aquarium, Wassertemperatur durchschnittlich 22,4 °C (± 1,3 °C). Beleuchtung über Tageslicht. KEMPKES orig.

Geburtsdatum	Anzahl Jungfische und Geburtszeitraum (tags/nachts)	Abstand Tage zum letzten Werfen
07.07.13	1 nachts	-
09.07.13	2 tagsüber	2
20.07.13	1 nachts, 1 tagsüber	11
21.07.13	1 tagsüber	1
27.07.13	1 tagsüber	6
29.07.13	1 nachts	2
30.07.13	1 nachts	1
04.08.13	2 tagsüber	5
05.08.13	1 nachts	1
18.08.13	1 tagsüber	13
27.08.13	6 nachts	9
10.09.13	6 tagsüber	14
24.09.13	1 nachts	14
28.09.13	1 nachts (tot)	4
27.04.14	2 nachts	211
06.05.14	1 tagsüber	9
16.05.14	1 tagsüber	10
17.05.14	3 nachts	1
24.05.14	2 nachts/1 tagsüber	7
03.06.14	5 tagsüber	10
09.06.14	8 nachts	6
Zeitraum: 342 Tage	50 Jungfische total	

Fortpflanzung und Ontogenese 155

Tab. 19: Geburtsintervalle eines Weibchens (♀ 4/13) mit einer Standardlänge von ca. 29 mm; Herkunft: alters- und geschlechtsheterogene Gruppe des Stammes aus dem Einzugsgebiet des Stono River, Charleston County, South Carolina; Haltung während des Beobachtungszeitraumes vom 20.06.2013 bis zum 10.06.2014 (Ende der Dokumentation): drei ♂♂ im selben Aquarium, Wassertemperatur durchschnittlich 22,4 °C (± 1,3 °C). Beleuchtung über Tageslicht. KEMPKES orig.

Geburtsdatum	Anzahl Jungfische und Geburtszeitraum (tags/nachts)	Abstand Tage zum letzten Werfen
13.07.13	1 tagsüber	-
22.07.13	2 tagsüber	9
29.07.13	1 nachts	7
26.08.13	2 nachts	28
03.09.13	3 tagsüber	7
04.09.13	1 nachts	1
13.09.13	1 tagsüber	9
21.05.14	2 nachts/1 tagsüber	250
29.05.14	6 tagsüber	8
06.06.14	5 tags	8
Zeitraum: 356 Tage	**25 Jungfische total**	

Tab. 20: Geburtsintervalle eines Weibchens (♀ 5/13) mit einer Standardlänge von ca. 28 mm; Herkunft: alters- und geschlechtsheterogene Gruppe des Stammes aus dem Einzugsgebiet des Stono River, Charleston County, South Carolina; Haltung während des Beobachtungszeitraumes vom 19.06.2013 bis zum 10.11.2013 (Tod des Weibchens): drei ♂♂ im selben Aquarium, Wassertemperatur durchschnittlich 26,0 °C (± 0,2 °C). Beleuchtung über Tageslicht. KEMPKES orig.

Geburtsdatum	Anzahl Jungfische und Geburtszeitraum (tags/nachts)	Abstand Tage zum letzten Werfen
05.07.13	1 (unbek. Geburtszeitpunkt)	-
06.07.13	2 (unbek. Geburtszeitpunkt)	1
09.07.13	1 tagsüber	3
12.07.13	2 tagsüber	3
13.07.13	1 tagsüber	1
14.07.13	1 tagsüber	1
23.07.13	2 tagsüber	9
31.07.13	2 tagsüber	8
04.08.13	1 nachts	4
05.08.13	3 tagsüber	1
06.08.13	1 tagsüber	1
14.08.13	2 nachts, 1 tagsüber	8
17.08.13	1 nachts	3
20.08.13	5 tagsüber (alle 8 mm SL)	3
21.08.13	1 nachts	1
28.08.13	4 tagsüber	7

29.08.13	2 nachts	1
05.09.13	3 tagsüber	7
06.09.13	2 (unbek. Geburtszeitpunkt)	1
08.09.13	1 tagsüber	2
10.09.13	1 tagsüber	2
24.09.13	1 nachts	14
29.09.13	1 nachts, 2 tagsüber	5
01.10.13	1 tagsüber	2
09.10.13	2 tagsüber (beide 8 mm SL)	8
12.10.13	1 tagsüber	3
16.10.13	1 nachts	4
Zeitraum: 144 Tage	**49 Jungfische total**	

Tab. 21: Geburtsintervalle eines Weibchens (♀ 6/13) mit einer Standardlänge von ca. 28 mm; Herkunft: alters- und geschlechtsheterogene Gruppe des Stammes aus dem Einzugsgebiet des Stono River, Charleston County, South Carolina; Haltung während des Beobachtungszeitraumes vom 19.06.2013 bis zum 02.10.2013 (Tod des Weibchens): drei ♂♂ im selben Aquarium, Wassertemperatur durchschnittlich 26,0 °C (± 0,2 °C). Beleuchtung über Tageslicht. KEMPKES orig.

Geburtsdatum	Anzahl Jungfische und Geburtszeitraum (tags/nachts)	Abstand Tage zum letzten Werfen
21.06.13	1 (unbek. Geburtszeitpunkt)	-
26.06.13	1 (unbek. Geburtszeitpunkt)	5
01.07.13	3 (unbek. Geburtszeitpunkt)	5
05.07.13	1 (unbek. Geburtszeitpunkt)	4
07.07.13	2 (unbek. Geburtszeitpunkt)	2
09.07.13	2 (unbek. Geburtszeitpunkt) (7 mm SL)	2
10.07.13	1 (unbek. Geburtszeitpunkt) (7 mm SL)	1
17.07.13	1 tagsüber	7
19.07.13	2 tagsüber	2
20.07.13	1 nachts	1
26.07.13	2 tagsüber (7 mm SL)	6
31.07.13	1 tagsüber	5
05.08.13	7 nachts (alle 6 mm SL, ein Jungfisch vom ♀ gefressen)	5
09.08.13	1 tagsüber	4
19.08.13	1 nachts	10
25.08.13	3 tagsüber	6
28.08.13	1 tagsüber	3
01.09.13	3 nachts	4

Fortpflanzung und Ontogenese

02.09.13	1 tagsüber	1
03.09.13	1 tagsüber	1
08.09.13	1 nachts	5
09.09.13	1 nachts	1
25.09.13	2 nachts	16
26.09.13	1 nachts	1
Zeitraum: 105 Tage	41 Jungfische total	

Tab. 22: Geburtsintervalle eines Weibchens (♀ 7/13) mit einer Standardlänge von ca. 28 mm; Herkunft: alters- und geschlechtsheterogene Gruppe des Stammes aus dem Einzugsgebiet des Stono River, Charleston County, South Carolina; Haltung während des Beobachtungszeitraumes vom 19.06.2013 bis zum 31.01.2014 (Tod des Weibchens): drei ♂♂ im selben Aquarium, Wassertemperatur durchschnittlich 26,0 °C (± 0,2 °C). Beleuchtung über Tageslicht. KEMPKES orig.

Geburtsdatum	Anzahl der Jungfische und Geburtszeitraum (tags/ nachts)	Abstand Tage zum letzten Werfen
28.06.13	1 (unbek. Geburtszeitpunkt)	-
30.06.13	2 (unbek. Geburtszeitpunkt)	2
01.07.13	1 (unbek. Geburtszeitpunkt)	1
07.07.13	2 (unbek. Geburtszeitpunkt) (5,5 mm SL)	6
08.07.13	1 (unbek. Geburtszeitpunkt)	1
09.07.13	1 (unbek. Geburtszeitpunkt)	1
15.07.13	1 tagsüber	6
19.07.13	1 tagsüber	4
24.07.13	1 tagsüber	5
25.07.13	1 tagsüber	1
26.07.13	1 tagsüber (7 mm SL)	1
30.07.13	1 tagsüber	4
05.08.13	1 nachts/3 tagsüber	6
08.08.13	4 tagsüber	3
09.08.13	1 nachts/2 tagsüber	1
12.08.13	1 nachts	3
19.08.13	2 tagsüber	7
21.08.13	2 tagsüber	2
23.08.13	1 tagsüber	2
27.08.13	2 tagsüber	4
02.09.13	7 nachts	6
10.09.13	5 tagsüber	8
12.09.13	1 nachts	2

25.09.13	1 nachts	13
26.09.13	2 nachts	1
27.09.13	1 tagsüber	1
02.10.13	1 tagsüber	5
Zeitraum: 226 Tage	51 Jungfische total	

Tab. 23: Geburtsintervalle eines Weibchens (♀ 8/13) mit einer Standardlänge von ca. 27 mm; Herkunft: alters- und geschlechtsheterogene Gruppe des Stammes aus dem Einzugsgebiet des Stono River, Charleston County, South Carolina; Haltung während des Beobachtungszeitraumes vom 13.08.2013 bis zum 09.04.14 (Beendigung des Versuchs wegen nicht erkennbarer Trächtigkeit): völlig separiert, in Sichtkontakt zu anderen Zwergkärpflingen, Wassertemperatur durchschnittlich 22,0 °C (± 0,8 °C). Beleuchtung über Tageslicht. KEMPKES orig.

Geburtsdatum	Anzahl der Jungfische und Geburtszeitraum (tags/ nachts)	Abstand Tage zum letzten Werfen
24.08.13	4 tagsüber	-
26.08.13	1 nachts	2
09.09.13	1 tagsüber	14
10.09.13	2 tagsüber	1
20.09.13	3 tagsüber	10
07.10.13	2 tagsüber	17
10.10.13	1 tagsüber	3
Zeitraum: 239 Tage	14 Jungfische total	

Tab. 24: Geburtsintervalle eines Weibchens (♀ 9/13) mit einer Standardlänge von ca. 31 mm; Herkunft: alters- und geschlechtsheterogene Gruppe des Stammes aus dem Einzugsgebiet des Stono River, Charleston County, South Carolina; Haltung während des Beobachtungszeitraumes vom 13.08.2013 bis zum 03.04.2014 (Beendigung des Versuchs wegen nicht erkennbarer Trächtigkeit): völlig separiert, in Sichtkontakt zu anderen Zwergkärpflingen, Wassertemperatur durchschnittlich 22,0 °C (± 0,8 °C). Beleuchtung über Tageslicht. KEMPKES orig.

Geburtsdatum	Anzahl der Jungfische und Geburtszeitraum (tags/ nachts)	Abstand Tage zum letzten Werfen
18.08.13	3 nachts	-
23.08.13	1 tagsüber	5
04.09.13	4 nachts	12
14.09.13	1 tagsüber	10
19.09.13	2 tagsüber (8 mm SL)	5
20.09.13	1 nachts	1
28.09.13	1 tagsüber	8
03.10.13	1 nachts	5
Zeitraum: 233 Tage	14 Jungfische total	

Tab. 25: Geburtsintervalle eines Weibchens (♀ 10/13) mit einer Standardlänge von ca. 34 mm; Herkunft: alters- und geschlechtsheterogene Gruppe eines domestizierten Stammes; Haltung während des Beobachtungszeitraumes vom 26.08.2013 bis zum 03.04.2014 (Beendigung des Versuchs wegen nicht erkennbarer Trächtigkeit): völlig separiert, in Sichtkontakt zu anderen Zwergkärpflingen, Wassertemperatur durchschnittlich 22,0 °C (± 0,8 °C). Beleuchtung über Tageslicht. KEMPKES orig.

Geburtsdatum	Anzahl Jungfische und Geburtszeitraum (tags/nachts)	Abstand Tage zum letzten Werfen
27.08.13	2 nachts	-
28.08.13	1 tagsüber	1
29.08.13	1 nachts	1
31.08.13	1 nachts	2
07.09.13	1 nachts	7
12.09.13	1 tagsüber	5
Zeitraum: 221 Tage	7 Jungfische total	

Tab. 26: Zusammengefasste Ergebnisse der Einzeldokumentationen der Weibchen aus den Tabellen 13 – 24. Bei den durchschnittlichen Zeitabständen zwischen den Geburten ist zu berücksichtigen, dass manche Weibchen über den Winter gehalten wurden und damit während der saisonalen Unterbrechung der Reproduktion. KEMPKES orig.

Weibchen	Standardlänge zum Zeitpunkt der Verpaarung bzw. des Beobachtungsbeginns	durchschn. Wassertemperatur	Beobachtungszeitraum	Beobachtungszeitraum in Tagen	Anzahl Jungfische
1/11	26 mm	23,8 °C	28.05.11–01.11.11	126 Tage	61
2/11	33 mm	23,5 °C	17.08.11–30.11.11	78 Tage	47
1/13	35 mm	22,4 °C	26.06.13–21.04.14	294 Tage	74
2/13	36 mm	22,4 °C	20.06.13–27.09.14	458 Tage	123
3/13	31 mm	22,4 °C	04.07.13–10.06.14	342 Tage	50
4/13	29 mm	22,4 °C	20.06.13–10.06.14	356 Tage	25
5/13	28 mm	26,0 °C	19.06.13–10.11.13	144 Tage	49
6/13	28 mm	26,0 °C	19.06.13–02.10.13	105 Tage	41
7/13	28 mm	26,0 °C	19.06.13–31.01.14	226 Tage	51
8/13	27 mm	22,0 °C	13.08.13 – 09.04.14	239 Tage	14
9/13	31 mm	22,0 °C	13.08.13 – 03.04.14	233 Tage	14
10/13	34 mm	22,0 °C	26.08.13 – 03.04.14	221 Tage	7

Tab. 27: Zusammengefasste Aufzeichnungen nach DORN (2004). Die Weibchen wurden alleine gehalten, bis auf die Weibchen 10, 11 und 12, die jeweils mit Männchen gehalten wurden.

Weibchen	Standardlänge beim Einsetzen des Weibchens	Anzahl Jungfische insgesamt	Zeit zwischen den Geburten im Durchschnitt	Beobachtungszeitraum (jeweils bis zum Verenden des Weibchens; bis auf Weibchen 10, 11 & 12)	Beobachtungszeitraum in Tagen
1	ca.17 mm	27	9,38 Tage	17.07.2003–23.12.2003	159 Tage
2	ca. 25 mm	29	6,73 Tage	17.07.2003–09.12.2003	145 Tage
3	ca. 27 mm	41	7,38 Tage	17.07.2003–23.02.2004	221 Tage
4	ca. 25 mm	16	6,375 Tage	17.07.2003–03.11.2003	109 Tage
5	ca. 27 mm	16	6,6 Tage	17.07.2003–11.11.2003	117 Tage
6	ca. 30 mm	9	11,75 Tage	17.07.2003–11.09.2003	56 Tage
7	ca. 35 mm	36	10,27 Tage	17.07.2003–16.01.2004	183 Tage
8	ca. 35 mm	28	8,75 Tage	17.07.2003–05.01.2004	172 Tage
9	ca. 35 mm	39	8,61 Tage	17.07.2003–23.01.2004	190 Tage
10	ca. 32 mm	39	8,46 Tage	ab 17.07.2003	227 Tage
11	ohne Angabe	21	15,13 Tage	ab 17.07.2003	227 Tage
12	ohne Angabe	18	13,11 Tage	ab 17.07.2003	227 Tage

DORN (2004) definierte eine Brut anhand des Zeitraums: Innerhalb von drei bis acht Tagen abgesetzte Jungfische bewertete er als zur selben Brut gehörig. Demnach kann sich eine Brut bzw. ein Wurf über einen Zeitraum von mehreren Tagen erstrecken, dann erfolgt eine Pause und die danach abgesetzten Jungfische gehören zum folgenden Wurf, waren also im Ovar in einem früheren Entwicklungsstadium als ihre bereits geborenen Geschwister des vorangegangenen Wurfes.

Verschiedene Wissenschaftler und Aquarianer haben sich die Mühe gemacht, die Geburtsintervalle der Zwergkärpflinge zu dokumentieren. Die wichtigsten Ergebnisse von WACHSMUTH 1952, GÄRTNER 1981, DORN 2004 und mir selbst gebe ich in den Tabellen 11–27 wieder. Man kann erkennen, dass es zuweilen zu größeren zeitlichen Abständen zwischen den Geburten kommt. Auch nach einer längeren Pause werden nicht zwangsläufig viele Jungfische auf einmal abgesetzt. In der Literatur wird ein Intervall von 7,5 bis 10,6 Tagen angegeben (TURNER 1937, CHEONG et al. 1984, SEAL 1911, zitiert nach JOHNSON & BAGLEY 2011). DORN (2004) dokumentierte bei seinen Untersuchungen als längsten Abstand 72 Tage zwischen zwei Geburten; am 6. September gebar das Weibchen drei Jungfische, und am

Abb. 63: Geburt eines Zwergkärpflings. Das Herauspressen mit dem Schwanz voran dauert meistens deutlich länger als die Kopfgeburten. Foto: Elke Weiand.

Abb. 64: Auch dieser neonatale Zwergkärpfling verlässt mit dem Schwanz voran seine Mutter. Foto: Elke Weiand.

17. November dann noch eines. In meinen Aufzeichnungen während der Fortpflanzungssaison 2013 lagen lediglich 28 Tage (Weibchen 2/13, Tabelle 16) zwischen zwei Geburten. Des Weiteren lässt sich erkennen, dass in den Monaten September und Oktober die letzten Geburten erfolgten, und dann erst wieder im darauffolgenden Frühjahr weitere Jungfische geboren wurden. Eine Ausnahme konnte bei Weibchen 1/13 (Tab. 16) festgestellt werden, das auch noch am 4. November ein Jungtier und am 19. Dezember sogar noch drei Jungfische gebar. Auch in den größeren Gruppen lassen sich vereinzelte Geburten in der kalten Jahreszeit nachweisen, aber sie sind Ausnahmen, und zwischen den Würfen liegen große zeitliche Abstände.

Überaus bemerkenswert sind in der Tabelle 12 (Gärtner 1981) die zwei aufeinanderfolgenden Tage mit jeweils sieben abgesetzten Jungfischen (4.

Table 1. A Summary of Reproductive Output of 18 Female *Heterandria formosa*. The numbers entered under the numbers of the females are brood sizes. Female Standard Length is in millimeters.

Fe-male	Stan-dard length	1	2	3	4	5	6	7	8	9	10	11	12	13	14	15	16	17	18	19	20	21	22	23	24	25	26	27	28	29	30	31	32	33	34
5	18.8	1					1									2												2			1				
13	19.7			3		1	1																												
3	20.6				2	1																													
18	20.8										5							3																	4
1	21.2					3															4														
11	21.4					2										2	3					3												2	
4	21.5				4																														
6	21.5				3									3																					
9	21.6										2	1	1			2	3																	7	
8	21.8												1										5									2			
10	21.8			3											4																			1	
15	22.1			4				2								2	1																	5	
2	23.0			3							4										9														
14	23.0			1		2																													
17	23.5					4			5						5																				
7	23.6		6	4																		4	1												
16	23.6						5							5									2												
12	23.7															7																			

Abb. 65: Geburtsintervalle von 18 Weibchen aus dem Wacissa River. Man achte auf die Standardlängen der Weibchen. Quelle: Cheong et al. 1984.

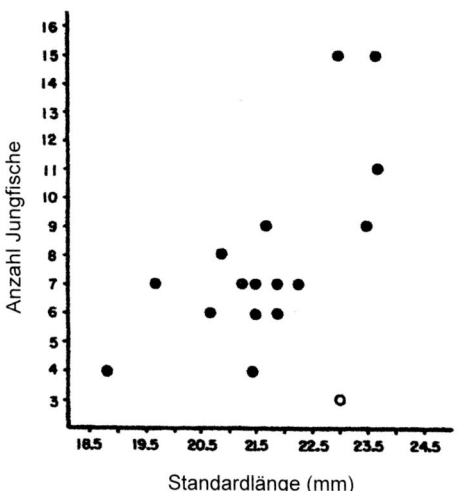

Abb. 66: Relation zwischen Standardlänge des Muttertieres und der jeweiligen Anzahl abgesetzter Jungfische. Offener Kreis: Weibchen, das fünf Tage nach Versuchsbeginn die Reproduktion eingestellt hat. Quelle: CHEONG et al. 1984.

und 5. Nov. 1974), während in WACHSMUTHS (1952) Aufzeichnungen (Tabelle 12) während eines 68-tägigen Beobachtungszeitraums lediglich an einem Tag drei Jungfische abgesetzt und ansonsten nur ein oder zwei Nachkommen geboren wurden. Den »reproduktiven Höhepunkt« innerhalb meiner jahrelangen Beschäftigung mit *Heterandria formosa* verzeichnete ein großes, kräftiges Weibchen (♀ 2/13) mit einer Standardlänge von 36 mm (zu Beginn der Aufzeichnungen, zum Ende hin ca. 38 mm), das am 31. Mai innerhalb von nicht einmal sieben Stunden insgesamt 13 Jungfische warf. Dasselbe Weibchen zeichnet für weitere reproduktive Höchstleistungen verantwortlich, indem es am 20. Mai und in der Nacht zum 21. Mai innerhalb von nicht einmal ganz 24 Stunden insgesamt 13 Jungfische gebar, und am 21. Mai noch einmal zwei Jungfische, sodass innerhalb von 36 Stunden insgesamt 15 (!) Jungfische geboren wurden. Dasselbe Weibchen setzte zwischen dem 9. und 11. Mai 2014 innerhalb von 36 Stunden insgesamt 11 Jungfische ab (Tabelle 16). Dieses Weibchen gebar im Frühling 2014 nach dem letzten Wurf im alten Jahr (am 18. September 2013) im Zeitraum zwischen dem ersten Wurf des neuen Jahres am 28. März und dem 31. Mai insgesamt 55 Jungfische, während es im Sommer 2013 zwischen dem 20. Juni und dem 18. September innerhalb von 90 Tagen insgesamt nur 25 Jungfische geworfen hatte. Zwischen dem 18. September 2013 und dem 28. März des Folgejahres erfolgten keinerlei Geburten. Bei diesem und anderen Weibchen konnte ich feststellen, dass in der zweiten Fortpflanzungssaison die Abstände zwischen den Würfen größer werden, dafür allerdings mit einem Mal mehr Jungfische geboren werden. Noch ein reproduktives Highlight dokumentierte ich von einem ebenfalls sehr großen, kräftigen Weibchen (♀ 1/13) mit einer Standardlänge von 41 mm aus einem domestizierten Stamm, das bei einer durchschnittlichen Wassertemperatur von 22,0 °C an einem Tag insgesamt neun Jungfische gebar; bis zur Geburt der nächsten Jungfische vergingen dann allerdings auch 16 Tage! Dieses Weibchen setzte 52 Tage nach der großen Geburt noch einmal neun Jungfische am selben Tag ab, wobei im Zeitraum zwischen den beiden Geburten mit jeweils neun Jungfischen auch zahlreiche weitere Jungfische abgesetzt wurden (s. a. Tabelle 15). Eine weitere reproduktive Höchstleistung erzielte ebenfalls ein Weibchen (Farbmorphe) aus einem domestizierten Stamm (38 mm SL), das innerhalb von 48 Stunden insgesamt 12 Jungfische absetzte, nämlich 6 an jedem Tag.

Den wenigen bislang vorliegenden Aufzeichnungen verschiedener Autoren ist zu entnehmen, dass sechs bis sieben Jungfische an einem Tag schon recht viele sind, neun Jungfische am selben Tag sind eher selten, 13 Jungfische außergewöhnlich, doch STOLZENHAIN (1923) berichtete gar von 16 Jungfischen (!) an einem Tag, sechs Tage später warf dasselbe Weibchen 15 Jungfische. Der Autor stellte jedoch auch fest, dass die Jungfische bei »Würfen von über 10 Stück besonders klein« seien (STOLZENHAIN 1923). Die wenigen anderen Autoren, die über ihre Erfahrungen mit dem Zwergkärpfling schriftlich berichteten, schilderten fast immer Geburten mit ein bis zwei Jungfischen (u. a. WEINHOLD 1924). Es sei an dieser Stelle nochmal deutlich hervorgehoben, dass es sich bei meinen »produktivsten« Weibchen jeweils um Tiere aus domestizierten Stämmen handelte; bei Weibchen aus den Wildfangnachwuchspopulationen konnte ich derartige Zahlen an einem Tag nicht nachweisen. In diesem Zusammenhang sind die Ergebnisse einer anderen Untersuchung sehr interessant, die ebenfalls neun Jungfische als Maximum für eine Geburt darstellt. CHEONG et al. (1984) dokumentierten die Wurfdaten von insgesamt 18 Weibchen, die dem Wacissa River am 30. September 1982 bei einer Wassertemperatur von 19 °C entnommen und in Aquarien bei 20 °C gehalten wurden (s. a. Abbildung 59). Lediglich Weibchen 2, ein Tier mit einer Standardlänge von 23,0 mm, gebar an einem Tag neun Jungfische. Weibchen 12, mit 23,7 mm Standardlänge, sowie Weibchen 9, mit nur 21,6 mm Standardlänge, setzen jeweils sieben Jungfische am selben Tag ab. Diesen Aufzeichnungen ist ebenfalls zu entnehmen, dass das Absetzen vieler Jungfische am selben Tag eher eine Ausnahme ist, was auch durch die Dokumentationen anderer Autoren bestätigt wird (vergleiche alle Tabellen). Zudem werden in den Tagen vor einer großen Geburt und an den Tagen danach keine weiteren Jungfische abgesetzt.

CHEONG et al. (1984) haben auch die durchschnittliche Anzahl der Jungen der einzelnen Geburten, den Abstand der Tage zwischen den Geburten sowie das Geburtsgewicht der Jungen dokumentiert. Die durchschnittliche Anzahl der Jungfische beim ersten Absetzen betrug 3,17, beim zweiten Absetzen 3,11 und beim dritten Absetzen 2,69. Der Abstand zwischen der ersten und der zweiten Geburt belief sich auf durchschnittlich 7,50 Tage, zwischen der zweiten und der dritten Geburt auf 10,31 Tage. Das Gewicht der Jungfische der ersten Geburt betrug im Durchschnitt 0,86 g (zehn Tage nach der Geburt), das der zweiten Geburt 1,01 g und das der dritten 1,17 g. Während also die Anzahl der abgesetzten Jungfische abnahm, nahm zugleich deren Gewicht zu. Erwähnenswert erscheint mir zudem, dass Weibchen 7 gleich im ersten Wurf sechs Jungfische gebar. Die bereits erwähnten neun Jungfische von Weibchen 2 wurden dagegen beim dritten Werfen abgesetzt.

Auch in DORNS (2004) Untersuchungen sind neun Jungfische das Maximum eines Weibchens, das mit ca. 32 mm Länge eher als durchschnittlich groß zu bezeichnen ist. Insgesamt dokumentierte der Autor die Geburtsintervalle von 12 Weibchen, die im trächtigen Zustand allesamt ab dem 17.07.2003 in kleinen Aquarien (18 × 12 × 12 cm) separat gehalten wurden. Es bestand ein geregelter 12-stündiger Tag-Nacht-Rhythmus, die Haltungstemperatur wurde für diese Untersuchung nicht angegeben. Die Haltung der anderen Zwergkärpflinge erfolgte bei Zimmertemperaturen zwischen 18 und 25 °C (s. a. Tabelle 26). Keines der anderen Weibchen erzielte auch nur annähernd einen vergleichbaren Höchstwert; die individuellen »Rekorde« lagen zumeist zwischen vier und sechs Jungfischen.

Ein weiteres aufschlussreiches Ergebnis der Studie von CHEONG et al. (1984) ist die Anzahl der Jungfische in Relation zur Standardlänge des Muttertieres (Abb. 66). Insgesamt lässt sich die Tendenz erkennen, dass mit zunehmender Länge eines Weibchens auch mehr Jungfische abgesetzt werden. Das konnte ich in meinen Aufzeichnungen ebenfalls feststellen. Auch DORNS (2004) umfassende Dokumentation bestätigt diese Tendenz, wenngleich ein nur 27 mm langes Weibchen mit 41 Jungfischen die meisten Nachkommen gebar; allerdings überlebte es von fast allen beobachteten Weibchen auch am längsten und seine Geburtsintervalle wurden über insgesamt 221 Tage dokumentiert (s. a. Tabelle 26). CHEONG et al. (1984) erkannten eine signifikante Korrelation zwischen dem Körpervolumen eines Weibchens und dem mittleren Gewicht der Nachkommen, allerdings nur für den ersten Wurf und nicht für den zweiten und dritten. Zusammenfassend stellten sie fest, dass größere Weibchen mehr Nachkommen erzielen, eine insgesamt höhere Reproduktionsrate erreichen, bei vergleichsweise höheren individuellen Wurfgrößen. Diese eher allgemeine Aussage lässt sich nach der Auswertung meiner Aufzeichnungen und denen von DORN bestätigen.

Laut TRAVIS et al. (1987) ist eine Korrelation zwischen einem besseren Nahrungsangebot und verkürzten Geburtsintervallen zu erkennen.

TURNER (1937) berichtete davon, dass im Freiland während der Sommermonate die Intervalle zwischen den Geburten zwischen drei und acht Tagen betragen; während der Wintermonate erstrecken sich die Intervalle auf bis zu 41 Tage. Sofern die Intervalle tatsächlich 41 Tage auseinander liegen, so ist davon auszugehen, dass damit eine neue Geburtsperiode gemeint ist. Die Hauptfortpflanzungszeit ist demnach dennoch eindeutig der Frühsommer (s. a. Kapitel 4.1). Im Winter entwickeln sich nur einige wenige Oozyten im Ovar; sofern Bruten vorhanden sind, handelt es sich selten um mehr als zwei, die zumeist aus nur ein oder zwei Embryonen bestehen. Während des Sommers wies TURNER (1937) dagegen durchschnittlich fünf bis sechs Bruten, bestehend aus mehreren Individuen in verschiedenen Entwicklungsstadien, nach. Darüber hinaus befinden sich noch ein oder zwei Gruppen von Oozyten im Ovar, die dort zu einem befruchtungsfähigen Entwicklungsstadium heranreifen.

Die Aufzeichnung von CHEONG et al. (1984) lassen – auch im Vergleich mit meinen eigenen Dokumentationen – erkennen, dass der Einfluss der Wassertemperaturen auf die Geburtsintervalle (zumindest in der Aquarienhaltung) eher zu vernachlässigen ist.

Allerdings haben die Wassertemperaturen FORSTER-BOUIN (1989) zufolge sehr wohl Einfluss auf die Überlebensfähigkeit der Nachkommen. Unter experimentellen Bedingungen überlebten mehr Nachkommen von Müttern, die bei 29 °C gehalten wurden, als Nachwuchs von Müttern, die bei nur 21 °C gehalten wurden. Im Gegensatz dazu steht eine nach meinen Beobachtungen geringere Lebenserwartung adulter Zwergkärpflinge bei dauerhaft hohen Temperaturen (s. a. Kap. 6.4.).

Trotz des geringen Einflusses der Wassertemperaturen sei an dieser Stelle nochmals ausdrücklich die Bedeutung der saisonalen Fortpflanzung bei *Heterandria formosa* erwähnt, denn auch das ist ein Bestandteil der Geburtsintervalle bzw. der Wurfrhythmen. Ungefähr zwischen November und März werden kaum oder gar keine Jungfische geboren (s. a. Kap. 4.1.1).

Im Gegensatz zu vielen anderen Poeciliinen, bei denen in der Aquarienhaltung ein Teilwasserwechsel mit möglicherweise abrupter Veränderung der Wassertemperatur häufig zu einem beschleunigten Geburtsbeginn bei hochträchtigen Weibchen führt, lassen sich nach meinen Beobachtungen bei *Heterandria formosa* keinerlei Auswirkungen auf hochträchtige Weibchen erkennen; ihre Geburtsintervalle scheinen von plötzlichem Frischwasser nicht tangiert zu werden.

In einem Vergleich zwischen den Ergebnissen der Untersuchungen an 18 Weibchen im September 1982 (CHEONG et al. 1984), an 48 Weibchen im September 1983 (TRAVIS et al. 1987) und aus dem Frühling 1985 (HENRICH 1988) wurde Folgendes deutlich: In den beiden erstgenannten Arbeiten lag die durchschnittliche Wurfgröße bei 3,17 (Standardabweichung 1,38) bzw. 3,71 (1,36), während sie in der letztgenannten Arbeit bei 4,22 (1,89) lag. Im Frühjahr wurden also durchschnittlich mehr Jungfische geboren. Das Gewicht variierte insgesamt erstaunlich wenig, es schwankte zwischen 0,86 mg (0,15) (CHEONG et al.), 0,85 mg (0,23) (TRAVIS et al.) und 0,86 mg (0,24) (HENRICH 1988). Die Zwergkärpflinge dieser Untersuchungen wurden dem Wacissa River in Florida entnommen; HENRICHS Werte wurden an Tieren ermittelt, deren Vorfahren bereits seit drei Generationen im Labor lebten. Ob deren insgesamt etwas höhere Fertilität auf die Haltung im Labor oder die Jahreszeit zurückzuführen ist, lässt sich nicht abschließend beurteilen. Die Untersuchungsergebnisse anderer Autoren zu den Geburtsgewichten lassen jedoch erhebliche Schwankungen erkennen (s. a. Kap. 6.4.1).

ALA-HONKOLA et al. (2009) stellten fest, dass bei der Geburt die männlichen Zwergkärpflinge größer sind als ihre weiblichen Geschwister. Das ist ein Nachweis, der bislang noch bei keiner anderen Art Lebendgebärender Zahnkarpfen erfolgt ist.

CHEONG et al. (1984) stellten im Freiland fest, dass die Nachkommen längerer Weibchen ebenfalls durchschnittlich länger sind, aber die Studien im Labor zeigten auf, dass auch bei sehr gut ernährten Weibchen keine Relation zwischen deren Größen und den Volumina der Nachkommen bestanden. Die Autoren schlossen daraus, dass im Freiland die größeren Weibchen recht effektiv ihre Nahrung suchen und zudem ihre Embryonen gut ernähren. REZNICK et al. (1996) konnten im Labor nachweisen, dass gut genährte Zwergkärpflingsweibchen größere Nachkommen gebären als schlechter genährte. SCHRADER & TRAVIS (2008) erkannten, dass die Nachkommen von polyandrischen Weibchen größer sind als die Jungfische anderer Weibchen, die sich mit vergleichsweise wenig Männchen paaren.

HENRICH & TRAVIS (1988) stellten fest, dass die durchschnittliche Größe der Nachkommen im ersten Wurf eines Weibchens negativ korreliert ist mit der Gesamtzahl an Nachkommen, die das Weibchen während seines Lebens gebiert.

Wie aus dem Freiland bereits beschrieben, hat offenbar auch im Aquarium die Gruppenkonstellation gewisse Auswirkungen auf die Geburtsintervalle der Weibchen. Nach meinen Beobachtungen werfen die Weibchen in größeren, heterogenen Gruppen früher und regelmäßiger. Im Vergleich zu Weibchen, die ich zwecks Dokumentation der Geburtsintervalle gemeinsam mit jeweils zwei Männchen separiert hatte, warfen deren Geschlechtsgenossinnen in der Ausgangsgruppe deutlich früher und regelmäßiger. Möglicherweise verursacht die Haltung in einer Kleinstgruppe einen gewissen Stress, da sich die Zwergkärpflinge in größeren Gruppen augenscheinlich sicherer fühlen. Als weitere Erklärung könnten auch die stets selben Geschlechtspartner in Betracht kommen, da die Zwergkärpflingsweibchen durchaus einer polyandrischen Fortpflanzungsweise nachgehen.

DORN (2004) stellte bei seinen insgesamt 12 separierten Weibchen mit zunehmender Zeit eine Abnahme der Fertilität fest – unabhängig davon, ob die Weibchen sexuell isoliert waren oder gemeinsam mit einem Männchen gehalten wurden. Allerdings nahmen bei ihm die Jungfischzahlen bis Mitte November deutlich ab und die Abstände zwischen den Geburten wurden größer, was auch durch die saisonale Fortpflanzung zu begründen ist. Der Autor beobachtete zudem, dass die separierten Weibchen nach dem Absetzen ihrer letzten Jungfische massiv abmagerten und etwa einen Monat danach verstarben, während die mit einem Männchen paarweise gehaltenen Weibchen nicht an Gewicht abnahmen. Dieses Beispiel verdeutlicht meines Erachtens die Wichtigkeit der sexuellen Aktivität für die Gesunderhaltung dieser Tiere, zumal auch von anderen Poeciliinen (z. B. *Poecilia reticulata*) bekannt ist, dass die Vitalität der Weibchen ohne die Gegenwart adulter Männchen abnimmt (KEMPKES 2010). Dass bei den Zwergkärpflingen die Anzahl der Nachkommen zum Spätherbst hin deutlich abnimmt, ist dagegen auf die saisonale Fortpflanzung zurückzuführen, da ja auch die Weibchen in meinen Untersuchungen zu dieser Jahreszeit die Reproduktion vorübergehend einstellten, trotz anwesender und sexuell aktiver Männchen.

6.3.4 Geschlechterverhältnis

Interessanterweise berichten immer wieder einige Züchter (u. a. OSCHE, pers. Mitteilung) davon, dass sie unter den Nachkommen einen z. T. deutlichen Überhang an Weibchen feststellen. STALLKNECHT (1976b) merkte diesbezüglich an, dass in Zwergkärpflingsstämmen zuweilen auch ein Männchenüberhang besteht, dass jedoch das Geschlechterverhältnis umso stabiler ist, je größer die Gruppe ist. In Zwergkärpflingspopulationen im Freiland ist ein Weibchenüberhang festzustellen (LEIPS & TRAVIS 1999). In Inzuchtpopulationen von *Heterandria formosa* treten dagegen vermehrt Männchen auf (VAN WILGENBURG et al. 2006, zitiert nach ALA-HONKOLA et al. 2009). ALA-HONKOLA et al. (2009) hingegen stellten bei Fremdkreuzungen eine Tendenz zu mehr Weibchen fest, während sie andererseits in Inzuchtstämmen ein ausgeglichenes Geschlechterverhältnis vorfanden. Eine mögliche Erklärung für die unterschiedlichen Befunde könnte laut den Autoren die höhere Mortalität der Weibchen in Inzuchtstämmen sein; sie hielten es für möglich, dass angesichts der geringeren Nachwuchsrate in Inzuchtstämmen überproportional viele Weibchen pränatal sterben oder tot geboren werden.

Wie ich weiter unten noch ausführen werde, haben die Wassertemperaturen nach bisherigen Erkenntnissen keinen erkennbaren Einfluss auf das Geschlechterverhältnis innerhalb der Nachkommenschaft. Nach meinen

Erfahrungen bei verschiedenen Poeciliinen ist das Geschlechterverhältnis innerhalb der Nachkommenschaft in der Regel weitgehend ausgeglichen, mit gewissen Tendenzen zu einem leichten Weibchenüberhang, bspw. bei *Poecilia reticulata* (KEMPKES 2010) oder eben auch beim Zwergkärpfling. Beim Zwergkärpfling habe ich dies ebenfalls im Rahmen meiner Untersuchungen an verschiedenen Populationen im Süden Floridas feststellen können (s. a. Tab. 4, S. 43 ff.), bei denen sich teilweise sehr deutliche Weibchenüberhänge beobachten ließen.

In Aquarien mit unterschiedlichen Temperaturen habe ich mehrere Zuchtgruppen der Population aus South Carolina (Einzugsgebiet des Stono River) über eine Fortpflanzungsperiode gehalten, um festzustellen, ob und inwiefern die Wassertemperaturen einen Einfluss auf das Geschlechterverhältnis innerhalb der Nachkommenschaft haben (KEMPKES 2013). Dazu bildete ich zwei Gruppen, die am 21. Dezember 2011 in die Untersuchungsaquarien gesetzt wurden und bis zu ihrer Auftrennung am 4. November 2012 zusammenblieben. In Gruppe A wurden drei Männchen mit vier sexuell isoliert aufgezogenen, also jungfräulichen Weibchen verpaart; das Alter der Tiere lag zwischen fünf und sechs Monaten, und es handelte sich um Geschwister. Alle Tiere sind bei einer durchschnittlichen Wassertemperatur von 21,5 °C aufgewachsen. Während einer 11-stündigen Anpassungsphase wurde die Wassertemperatur auf 27 °C erhöht. Das 12-l-Aquarium wurde täglich 12 Stunden beleuchtet; im Wasser trieben Nixkraut (*Najas guadalupensis*) und Javamoos (*Taxiphyllum barbieri*). In Gruppe B wurden ebenfalls drei Männchen mit vier Weibchen im Alter von fünf bis sechs Monaten verpaart; auch hier handelte es sich um Geschwister, die unter identischen Bedingungen aufwuchsen. Während einer 11-stündigen Anpassungsphase wurde die Wassertemperatur in dem 12-l-Aquarium auf 17,5 °C gesenkt. Bis auf die Wassertemperaturen waren die übrigen Haltungsparameter weitestgehend identisch.

Die Tiere der Gruppe A wuchsen bedingt durch die deutlich höheren Wassertemperaturen signifikant schneller heran als ihre Artgenossen der Gruppe B. Zudem erzielten die nach wenigen Wochen bereits auffällig größeren Weibchen deutlich mehr Nachkommen. Wesentliche Unterschiede im Fortpflanzungsverhalten ließen sich trotz des Temperaturunterschiedes nicht erkennen, wenngleich die Männchen der Gruppe A häufiger balzten und mehr Kopulationsversuche unternahmen. Ein weiterer Unterschied war in der Färbung der Tiere zu erkennen; die Tiere der Gruppe A waren intensiver gefärbt. Das Hauptaugenmerk meiner Untersuchung lag jedoch darauf, wie sich die unterschiedlichen Wassertemperaturen auf das Geschlechterverhältnis innerhalb der Nachkommenschaft auswirken würden. Nach der Auswertung von insgesamt 258 Jungen der Gruppe A und 40 Nachkommen der Gruppe B lässt sich festhalten, dass die Wassertemperatur keinen erkennbaren Einfluss auf das Geschlechterverhältnis innerhalb der Nachkommenschaft hat. In Gruppe A stellte ich ein Geschlechterverhältnis von 125 : 133 (♂ : ♀) fest; in Gruppe B betrug es 17 : 23. In beiden Gruppen war demzufolge ein leichter Weibchenüberhang zu dokumentieren.

Die Nachkommen eines Pärchens, das bei einer durchschnittlichen Wassertemperatur von 21,5 °C gehalten wurde, bestätigte die leichte Tendenz zu mehr Weibchen, denn in einer Wurfperiode von März bis Oktober wurden insgesamt 44 Männchen und 48 Weibchen geworfen. Allerdings habe ich unter ähnlichen Bedingungen (Wassertemperatur weitgehend identisch) auch Geschlechterverhältnisse von 58 : 32 und 48 : 44 dokumentiert. Insbesondere der erste Wert lässt einen signifikanten Männchenüberhang erkennen. Zusammenfassend lässt sich festhalten, dass nach meinen Untersuchungen kein Zusammenhang zwischen der Wassertemperatur und dem Geschlechterverhältnis der Nachkommenschaft erkennbar ist. Bei anderen Poeciliinen ist dies anders, wie JOHNEN (2006) bei *Cnesterodon decemmaculatus* nachweisen konnte. Bei einer Wassertemperatur von 19 °C waren lediglich 14,1 % der Nachkommen männlichen Geschlechts, deren Anteil stieg bei einer Erhöhung der Wassertemperatur auf 22 °C auf einen Wert von 30,3 % und bei 25 °C Wassertemperatur gar auf 49,5 %. Dieses Beispiel verdeutlicht, dass bei Lebendgebärenden Zahnkarpfen die Wassertemperatur durchaus Einfluss auf das Geschlechterverhältnis innerhalb der Nachkommenschaft haben kann, bei *Heterandria formosa* die Wassertemperatur nach meinen Untersuchungen jedoch ohne Einfluss auf das Geschlechterverhältnis ist.

Wie im folgenden Unterkapitel zu lesen ist, verändert sich jedoch im Laufe der weiteren Entwicklung das Geschlechterverhältnis innerhalb einer Population fast immer zugunsten der Weibchen, da deren Überlebensfähigkeiten besser sind als die der Männchen (LEIPS et al. 2000).

6.4 Ontogenese und Life History

In der Biologie bezeichnet Ontogenese nach einer Definition ERNST HAECKELS aus dem Jahr 1866 die Entwicklung der befruchteten Eizelle zum ausgewachsenen Individuum. Im Folgenden wird vor allem die Entwicklung der Zwergkärpflinge ab ihrer Geburt beschrieben, unter Berücksichtigung der Einflüsse der Life History, bei der es um die für fast alle Lebewesen begrenzten Ressourcen wie Nahrung und Zeit geht, die benötigt werden für Prozesse wie Wachstum, Gesunderhaltung und Überleben sowie schließlich die eigene Reproduktion.

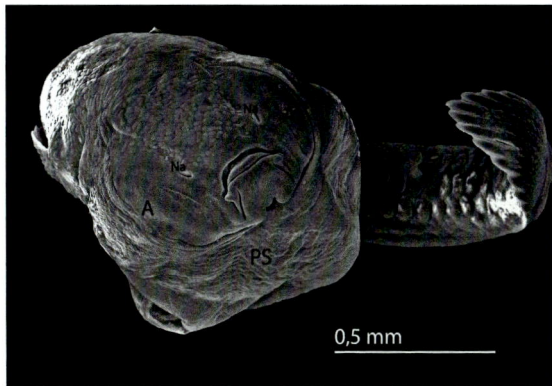

Abb. 67: Embryo von *Heterandria formosa* mit großem Perikardialsack (PS). Nasenöffnungen (Na), Augen (A) (aus GREVEN et al. in Vorbereitung).

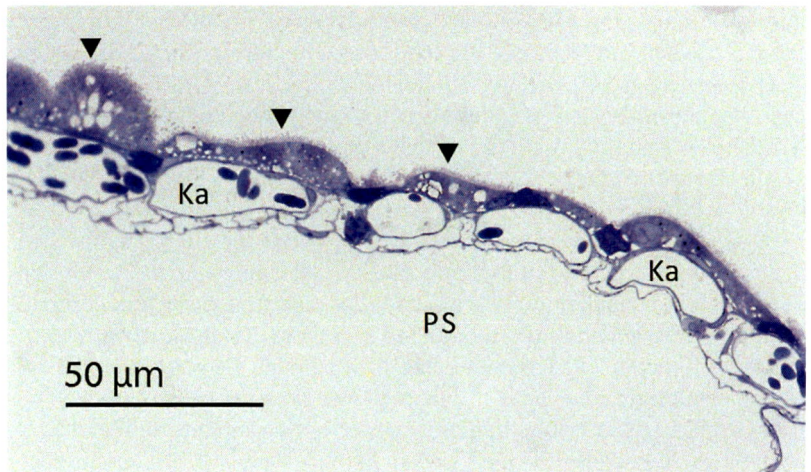

Abb. 68: Histologischer Schnitt durch die »Wand« des Perikardialsacks (Lumen des Perikardialsacks = PS) eines Embryo von *Heterandria formosa*. Man beachte die reiche Blutversorgung (Ka = Kapillaren) und das dünne einschichtige Epithel mit einem feinen Bürstensaum (= Mikrovilli; Pfeilspitzen). Präparat und Foto: HARTMUT GREVEN

6.4.1 Geburtslänge und Geburtsgewicht

Die Jungfische messen nach der Geburt zwischen 6 und 8 mm Totallänge (eigene Messungen), wobei die Schwanzflosse ca. 1 mm misst, sodass eine durchschnittliche Standardlänge zwischen 5 und 7 mm gegeben ist. In einer der ersten ausführlicheren Arbeiten über *Heterandria formosa* gaben FRASER & RENTON (1940, zitiert nach SCHRÖDER et al. 2009) eine Länge zwischen 5 und 8 mm an. HENRICH (1988) maß Jungfische mit 5,5 mm und mit 9,0 mm; vereinzelt habe ich auch Jungfische mit 5,5 mm gemessen, zumeist stammten diese aus Mehrlingsgeburten und erwiesen sich als vergleichsweise weniger vital.

Neben den Körperlängen lassen sich auch erhebliche Unterschiede im Geburtsgewicht erkennen. Während in einigen Populationen aus stehenden Gewässern Geburtsgewichte um ca. 0,5 mg (0,47–0,56 mg) festgestellt wurden, lagen sie bei Beständen aus Fließgewässern zwischen 0,62 mg und 0,95 mg (SCHRADER & TRAVIS 2012). Das durchschnittliche Geburtsgewicht der Nachkommen aus der Aufsammlung 2008 aus den Wakulla Springs betrug 0,95 mg. Bei den Tieren aus stehenden Gewässern verhielt es sich dagegen erwartungsgemäß völlig anders, so betrug das durchschnittliche Geburtsgewicht bei den Tieren aus der Aufsammlung 2006 aus dem Lake Iamonia nur 0,35 mg. Die Autoren untersuchten dies vor dem Hintergrund der natürlichen Einflüsse wie Populationsdichte und Räuberdruck auf die Nachkommensgröße. Grundsätzlich stellten sie fest, dass Nachkommen aus Fließgewässern größer sind als solche aus stehenden Gewässern. Im Jahr 2008 wogen die Jungfische aus Fließgewässern durchschnittlich mehr als das Doppelte als die aus den stehenden Gewässern, 2009 waren es immerhin noch 14 % mehr Gewicht. Insgesamt sind die Jungfische in den Fließgewässern im Durchschnitt um 37 % schwerer als die aus den stehenden Gewässern. Die Autoren verdeutlichten allerdings auch den Einfluss der Populationsdichte und beschrieben, dass die Jungfische aus Populationen mit einer hohen Individuendichte und demzufolge hoher intraspezifischer Konkurrenz durchschnittlich größer sind als die Nachkommen von Zwergkärpflingen, die weniger innerartlicher Konkurrenz ausgesetzt sind. Ihre Größe verschafft ihnen angesichts der hohen intraspezifischen Konkurrenz einen besseren Start ins Leben. LEIPS & TRAVIS (1999) beschrieben, dass eine hohe Individuendichte innerhalb einer Population eine Selektion zu größeren Nachkommen fördert (s. a. Kap. 4.2.3). Die im Rahmen ihrer Untersuchung ermittelten Werte der Geburtsgewichte schwankten zwischen 0,4 und 0,7 mg; sie untersuchten die Nachkommen aus insgesamt vier verschiedenen Populationen.

Zusammenfassend lässt sich festhalten, dass die Größe der Jungfische unter natürlichen Gegebenheiten wesentlich mit der Populationsdichte zusammenhängt. Umfasst die Population viele Individuen, so werden wenige, dafür aber größere, durchsetzungsfähigere Jungfische geboren; in Populationen mit deutlich geringerer Individuendichte verhält es sich umgekehrt (SCHRADER et al. 2011; s. a. Kapitel 4.1.2).

6.4.2 Mortalität der Jungfische

HENRICH (1988) hat sich in ihrer Arbeit u. a. mit der Mortalität der juvenilen Zwergkärpflinge in den ersten vier Wochen nach deren Geburt beschäftigt. Jungfische zwischen 5,5 und 7,0 mm wiesen eine Sterblichkeit von 42 % auf, die zwischen 7,0 und 8,0 mm eine von 12 %, und die zwischen 8,0 und 9,0 mm lediglich eine Mortalität von 9 %. Das deckt sich grundsätzlich mit meinen Beobachtungen an weit über Tausend Jungfischen, von denen sich die größten auch zumeist als die vitalsten erwiesen. Allerdings habe ich bei den kleinen Jungfischen keineswegs eine derartig hohe Mortalität feststellen müssen. Zwar sind insbesondere die Neonatalen, die am selben Tag mit mehreren anderen Geschwistern geboren werden und die demnach meistens etwas kleiner sind als die Jungfische, die einzeln oder nur zu wenigen am selben Tag geboren werden, empfindlicher als ihre größeren Altersgenossen, doch eine Sterblichkeit von über 40 % habe ich niemals beobachtet. Allerdings konnte ich über viele Jahre hinweg immer wieder beobachten, dass die ersten Jungfische im Frühjahr empfindlicher sind bzw. eine überproportionale Mortalität aufweisen als die danach folgenden Nachkommen des jeweiligen Weibchens.

Wenn mehrere Jungfische zugleich geboren werden, sind sie meisten kleiner als Jungfische, die alleine oder nur mit ein oder zwei Geschwistern geworfen werden. Die erhöhte Mortalität der kleineren Jungfische kann, neben dem geringen Körpervolumen, auch aus einer erhöhten Konkurrenz untereinander resultieren.

6.4.3 Wachstum der Jungfische

Die Jungfische wachsen im Vergleich zu anderen Poeciliinen recht langsam, bezüglich der Zunahme der Körpervolumina. In Tabelle 27 habe ich das Längenwachstum eines Jungfisches dokumentiert. Andere eigene Aufzeichnungen verdeutlichen, dass die Ontogenese in unterschiedlich warmem Wasser recht verschieden verläuft, sofern die Tiere im Frühling und im Sommer geboren werden; im Winter verläuft das Wachstum der im Herbst geborenen Zwergkärpflinge signifikant langsamer – auch bei höheren Haltungstemperaturen. Dabei ist der jahreszeitliche Einfluss zu berücksichtigen; denn wenn während des Winters die Geschlechtsreife erreicht wird, so dauert es dennoch bis zum nächsten Frühjahr, ehe sich die ersten Jungen einstellen, obschon sich die Zwergkärpflinge generell auch während der kalten Jahreszeit paaren, und zudem in einigen meiner Beobachtungsaquarien die Wassertemperaturen nicht wesentlich niedriger als während des Sommers sind. Dies war beispielsweise bei einer Gruppe zu beobachten, deren Ontogenese ich vom ersten Tag an dokumentiert habe. Die fünf Geschwister wurden am 26. Juli 2011 geboren und wuchsen bei einer durchschnittlichen Wassertemperatur von 22,5 °C auf. Es wurden täglich *Artemia*-Nauplien verfüttert und während des Sommers bis in den Herbst hinein auch zusätzlich Wasserflöhe und Hüpferlinge. Im Alter von exakt zwei Monaten zeigten die drei Männchen ein sehr intensives Balzverhalten mit offensichtlich erfolgreichen Begattungsversuchen. Dennoch dauerte es bis zum 5. Mai des folgenden Jahres, ehe sich die ersten Jungfische einstellten. Es hat also gut neun Monate bis zum ersten Nachwuchs gedauert. Während des Winters habe ich teilweise ein verlangsamtes Wachstum beobachten können, sogar bei einer durchgehenden Wassertemperatur von 27 °C.

Tab. 28: Dokumentation des Wachstums zweier Jungfische aus einem domestizierten Stamm, die am 02.01.2011 geboren wurden. Haltungsparameter: Wassertemperatur durchschnittlich 22,3 °C; Beleuchtung: konstanter 12-h-Tag-Nacht-Rhythmus.

Tag	Standardlänge
02.01.11	6 mm, davon 1 mm Schwanzflosse
08.01.11 Tod eines Jungfisches	7 mm, davon knapp 2 mm Schwanzflosse
10.01.11	7 mm
17.01.11	9 mm, davon über 2 mm Schwanzflosse
24.01.11	10 mm
31.01.11	11 mm
06.02.11	12 mm
13.02.11	13 mm
20.02.11	14 mm
27.02.11	14 mm
06.03.11	16 mm
20.03.11	17 mm

In einem anderen Fall wurde eine Gruppe von insgesamt neun Geschwistern, die am 8. März 2012 geboren wurden, unter ähnlichen Bedingungen aufgezogen, allerdings betrug die durchschnittliche Wassertemperatur 23,8 °C. In dieser Gruppe wurde bereits am 5. August 2012 das erste Jungtier geboren und in den folgenden Tagen konnte ich weitere Geburten beobachten. Hier hat es also knapp fünf Monate bis zur ersten Reproduktion gedauert. Ausgehend von dieser (jahreszeitabhängigen!) Trächtigkeitsdauer ist davon auszugehen, dass die Geschlechtsreife während der warmen Jahreszeit durchschnittlich im dritten Lebensmonat erreicht wird. Möglicherweise hätten die Weibchen vielleicht noch etwas eher geworfen, wenn sie von Beginn an mit geschlechtsreifen Männchen zusammen gehalten worden wären, sodass sie bereits vor dem Erreichen ihrer Geschlechtsreife begattet und besamt worden wären (s. a. Kap. 6.1.2), so wie dies ja in heterogenen Gruppen fast immer erfolgt. Zudem erreichen die Weibchen eher die Geschlechtsreife als ihre männlichen Geschwister, sodass es bei einer gemeinsamen Haltung mit bereits geschlechtsreifen Männchen sicherlich eher zu einer Besamung gekommen wäre.

Dass die Wassertemperatur einen maßgeblichen Einfluss auf das Wachstum haben kann bzw. darauf, wie schnell sich die Juvenilen entwickeln und ihre Geschlechtsreife erreichen, ist bereits dargestellt worden. Lediglich während des Winters hat die Wassertemperatur einen geringen Einfluss, möglicherweise spielt sie in dieser Zeit überhaupt keine Rolle für den Wachstumsverlauf, denn während der kalten Jahreszeit erfolgt die Entwicklung der heranwachsenden Zwergkärpflinge deutlich verlangsamt. Ich habe die Ontogenese juveniler Zwergkärpflinge dokumentiert, die am 23. September geboren wurden und die bei 26,2 °C aufwuchsen. Doch trotz der vergleichsweise hohen Wassertemperaturen war das Einsetzen des Geschlechtsdimorphismus selbst im Alter von zwei Monaten (23. November) noch nicht erkennbar, sondern erst am 30. November im Alter von 68 Tagen. Die Geschlechtsreife erreichten die Tiere erst im darauffolgenden Frühjahr und erst Ende März stellte sich der erste Nachwuchs ein. Anhand dieser Beobachtungen lässt sich erkennen, dass junge Zwergkärpflinge während des Herbstes und Winters signifikant langsamer wachsen und deutlich später die Geschlechtsreife erreichen als ihre Artgenossen, die während des Frühlings und Sommers geboren werden, und die sich bereits im Jahr ihrer Geburt wieder reproduzieren.

Auch die Individuendichte beeinflusst das Wachstum der Juvenilen bzw. Subadulten und nachweislich das Erreichen der Geschlechtsreife. Leips et al. (2000) stellten fest, dass junge Weibchen aus Populationen mit einer geringen Dichte die Geschlechtsreife 10 bis 14 Tage früher erreichen als die Männchen. Auch Bell (1980, zitiert nach Ala-Honkola et al. 2009) beschrieb, dass die Weibchen grundsätzlich früher als die gleichaltrigen Männchen geschlechtsreif werden. Leips et al. (2000) wiesen allerdings auch darauf hin, dass Weibchen verschiedener Poeciliinen-Arten grundsätzlich schneller auf Veränderungen reagieren bzw. eine höhere ökologische Plastizität aufweisen als ihre männlichen Artgenossen (Trexler et al. 1990, zitiert nach Leips et al. 2000). Demzufolge passen sie das Erreichen der Geschlechtsreife auch der Individuendichte innerhalb ihrer Population an. Ergänzend dazu beschreiben die Autoren, dass heranwachsende Weibchen häufiger bis zum Erreichen der Geschlechtsreife überleben als die Männchen. Diese Differenzen zwischen Männchen und Weibchen könnten auf angeborene Unterschiede in der Überlebensfähigkeit zurückzuführen sein, oder aber auf das insgesamt etwas schnellere Wachstum der Weibchen (LEIPS et al. 2000), obschon die Männchen etwas größer als ihre weiblichen Wurfgeschwister geboren werden (ALA-HONKOLA et al. 2009).

6.4.4 Geschlechtsdimorphismus

Das Einsetzen des Geschlechtsdimorphismus wird von verschiedenen Autoren unterschiedlich beschrieben. Leider wird in den Darstellungen nur selten die Wassertemperatur erwähnt, die meinen obigen Beschreibungen zufolge zweifelsohne ein wesentlicher Faktor für das Wachstum, den Zeitpunkt des Einsetzens des Geschlechtsdimorphismus sowie das Erreichen der Geschlechtsreife und die Aufnahme der reproduktiven Tätigkeiten sein kann. Weitere wichtige Faktoren, die das Erreichen der Geschlechtsreife maßgeblich mitbestimmen, sind die Individuendichte innerhalb einer Population sowie deren Verwandtschaftsgrade (Inzucht).

Alle Juvenilen weisen in den ersten Lebenstagen, teils Lebenswochen, einen leicht rundlichen Bauch auf. Mit dem Einsetzen des Geschlechtsdimorphismus wird der Rumpf der Männchen schmaler, während der der Weibchen eher noch etwas kräftiger wird. Neben der Veränderung der Körperform ist vor allem die Modifikation der Afterflosse der heranwachsenden Männchen das wichtigste Merkmal des einsetzenden Geschlechtsdimorphismus. Häufig wachsen Männchen und Weibchen noch einige Tage gleich, doch dann bleiben die Männchen im Wachstum etwas zurück und die Weibchen werden größer als ihre männlichen Geschwister. In manchen Fällen besteht allerdings ein Größenunterschied zwischen den Geschlechtern, ohne dass bereits eine spitzer werdende Afterflosse erkennbar ist. Während der Modifikation der Afterflosse zum Gonopodium wirkt das Begattungsorgan zeitweilig unproportional lang zur Totallänge des noch heranwachsenden Fisches.

WACHSMUTH (1952) beschrieb, dass sich bereits im Alter von »etwa 14 Tagen« die Afterflosse heranreifender Männchen zum Gonopodium umbildet. Das kann ich aus eigener Erfahrung nicht ganz bestätigen. Nach meinen Beobachtungen in der warmen Jahreszeit sind die ersten Anzeichen des einsetzenden Geschlechtsdimorphismus in aller Regel während der dritten, spätestens der vierten Lebenswoche erkennbar. In seltenen Fällen ist bei einigen wenigen Männchen bereits im Alter von 17 bis 18 Tagen die beginnende Modifikation der Afterflosse zum Gonopodium erkennbar. Diese Beobachtungen habe ich bei Tieren gemacht, die bei einer durchschnittlichen Wassertemperatur von 22 °C gehalten wurden. HARTIG-BEECKEN (1984) berichtete, dass die Männchen bei einer Wassertemperatur

Fortpflanzung und Ontogenese

Abb. 69 (oben links): Subadultes Männchen. Die Analis ist im vorderen Bereich hellblau gefärbt, bevor sie sich zum Begattungsorgan modifiziert. Der Bauch verjüngt sich allmählich. Man beachte auch die kräftig gefärbte Rückenflosse. Foto: ELKE WEIAND.

Abb. 70 (oben rechts): Subadultes Männchen. Man erkennt die Umwandlung der Analis zum Begattungsorgan. Bei diesem Tier ist zu sehen, dass mit dem Geschlechtsdimorphismus auch die Aufhellung der Grundfärbung einhergeht. Foto: ELKE WEIAND.

Abb. 71 (unten links): Dasselbe Männchen wie in Abb. 70 einige Tage älter. Die Ausbildung des Gonopodiums ist vorangeschritten und das Tier ist weiter aufgehellt. Foto: ELKE WEIAND.

Abb. 72 (unten rechts): Ein Weibchen, das beinahe komplett aufgehellt ist. Foto: ELKE WEIAND.

von 23 °C und recht proteinhaltigem Futter im Alter von vier Wochen das Gonopodium ausbilden; nach einer weiteren Woche sollen sie bereits geschlechtsreif sein. An dieser Stelle möchte ich postulieren, dass der Autor vermutlich Begattungsversuche beobachtet hatte, ob es allerdings dabei tatsächlich zum Spermientransfer gekommen ist, wage ich angesichts des doch recht jungen Alters der Männchen zu bezweifeln, zumal sich auch noch nicht geschlechtsreife Männchen bereits im Begatten der Weibchen üben. Derselbe Autor schilderte ferner, dass die Weibchen im Alter von zehn Wochen geschlechtsreif waren. In jedem Fall werden die Weibchen in diesem Alter bereits sehr intensiv von den Männchen zu begatten versucht. Laut LEIPS (1997) erreichen die Weibchen bereits im Alter von fünf Wochen ihre Geschlechtsreife, die Männchen benötigen dazu ein bis zwei Wochen länger.

Unabhängig vom Zeitpunkt des einsetzenden Geschlechtsdimorphismus, geht dieser einher mit der Veränderung der Färbung; die bei Jungtieren deutliche Querbänderung verblasst ein wenig und bei manchen Zwergkärpflingen lässt sich insgesamt ein partielles oder vollständiges Verblassen der dunklen Farben beobachten, sodass diese Tiere xanthoristisch wirken (s. a. Kap. 3.1).

6.4.5 Geschlechtsreife

ROGNER (1990) stellte die erste Reproduktion bei zehn Wochen alten Zwergkärpflingen fest. Laut RÖSSEL (1988) erreichen die jungen Zwergkärpflinge ihre Geschlechtsreife im Alter von drei bis vier Monaten und sind nach zwei weiteren Monaten »ausgewachsen« – eine gute Ernährung mit genügend Artemien vorausgesetzt. Nach meinen eigenen Beobachtungen folge ich eher RÖSSELS Darstellungen, denn bei durchschnittlichen Wassertemperaturen von rund 23 °C werfen die heranwachsenden Weibchen während der warmen Jahreszeit, also während der Fortpflanzungszeit, zwischen dem dritten und vierten Lebensmonat erstmalig. Im Winter verschiebt sich dies in Richtung Frühling und die erstmalige Reproduktion ist nicht vom Alter abhängig, sondern von der Jahreszeit. HOFFMANN (1984) stellte eine erste Reproduktion bei seinen ca. drei Monate alten Zwergkärpflingen fest, die bei einer Wassertemperatur von 22 °C aufgewachsen waren. In diesem Zusammenhang sind die Reproduktionsdaten sehr interessant, denn von den zwei Pärchen, die sich im Alter von drei Monaten erstmalig fortpflanzten, konnte der Autor in den weiteren fünf Monaten 465 (!) Jungfische erzielen, wobei die ersten Nachkommen ihrerseits sich bereits wieder vermehrten. Auch STEIN (1962) konnte einen beachtenswerten Bestandszuwachs erzielen: Aus der Ausgangspopulation von vier Männchen und zwei Weibchen entwickelte sich innerhalb von neun Monaten ein Gesamtbestand von 247 Tieren. Allerdings gehen aus seinen Aufzeichnungen keine in Bezug auf die Ontogenese verwertbaren Daten hervor.

Doch zurück zum Erreichen der Geschlechtsreife. FRASER & RENTON (1940, zitiert nach SCHRÖDER et al. 2009) machten keine Zeitangaben, sondern beschrieben, dass sowohl die Männchen als auch die Weibchen bei einer Länge zwischen 12 und 14 mm geschlechtsreif werden, und eine Endgröße zwischen 18 mm (Männchen) und 36 mm (Weibchen) erreichen können. Laut ALA-HONKOLA et al. (2009) benötigen junge Männchen aus Inzuchtstämmen durchschnittlich zwei Wochen länger zum Erreichen der Geschlechtsreife als gleichaltrige Männchen aus nicht ingezüchteten Populationen. Bei den heranwachsenden Weibchen besteht immerhin ein Unterschied von vier Tagen. Die Autoren bewerten das verlangsamte Wachstum – vor allem der Männchen – als Auswirkung einer Inzuchtdepression.

Die Männchen von *Heterandria formosa* und auch vieler (aller?) anderen Arten Lebendgebärender Zahnkarpfen wachsen nach dem Erreichen der Geschlechtsreife deutlich langsamer als zuvor und als die Weibchen (SNELSON 1989). Im Vergleich von Weibchen aus Inzuchtstämmen mit denen anderer Populationen sind Erstere zum Zeitpunkt des Erreichens der Geschlechtsreife tatsächlich größer als ihre Artgenossinnen. Allerdings ist dies wohl darauf zurückzuführen, dass diese Weibchen beim Erreichen der Geschlechtsreife im Durchschnitt bereits vier Tage älter sind. Je später die Weibchen geschlechtsreif werden, umso größer sind sie dann (ALA HONKOLA et al. 2009).

Zusammenfassend halte ich fest, dass die subadulten Zwergkärpflinge laut den Beobachtungen diverser Autoren zu verschiedenen Zeitpunkten die Geschlechtsreife erreichen und sich dann schnell fortpflanzen. Die dokumentierten Unterschiede werden auf verschiedene Lebensbedingungen und wahrscheinlich auch auf in den Populationen genetisch fixierte Ontogeneseverläufe zurückzuführen sein.

6.4.6 Wachstum der Adulti

HAAKE & DEAN (1983, zitiert nach SNELSON 1989) zufolge wachsen die Zwergkärpflinge auch nach der Aufnahme ihrer reproduktiven Tätigkeit weiter und das entspricht auch dem, was FRASER & RENTON (1940) bereits über das Erreichen der Geschlechtsreife einerseits und die Endgröße andererseits geschrieben haben. Die weitere Zunahme des Körpervolumens ist nach eigenen Beobachtungen bei den Weibchen besonders gut festzustellen, die bei einer Standardlänge von teils deutlich unter 20 mm die ersten Nachkommen werfen und dann noch einige Millimeter länger und insgesamt deutlich kräftiger werden. Aber auch bei den Männchen lässt sich erkennen, dass diese nach ihren ersten Kopulationsversuchen noch ein wenig Körperlänge zulegen, wenngleich die Relation zu den Weibchen deutlich niedriger ist. Laut HAAKE & DEAN beträgt das Wachstum der Männchen nach dem Erreichen der Geschlechtsreife etwa 20–50 % des Wachstums der Weibchen.

6.4.7 Lebenserwartung, Altern und Tod

Anhand der Otolithen einiger Zwergkärpflinge aus den Everglades konnten HAAKE & DEAN (1983) nachweisen, dass die Männchen der Zwergkärpflinge und von *Gambusia affinis* (vermutlich *G. holbrooki*) weniger alt werden als ihre weiblichen Artgenossen in natürlichen Populationen. Möglicherweise ist die Lebenserwartung deshalb geringer, weil den Männchen stärker nachgestellt wird. Auch die intrasexuelle Konkurrenz könnte ein Grund dafür sein. LEIPS et al. (2000) stellten fest, dass die Sterblichkeit adulter Zwergkärpflinge ähnlich ist, in einem Experiment mit geringer Populationsdichte starben allerdings mehr Weibchen.

Bei den Lebendgebärenden Zahnkarpfen kommt es bei alternden Weibchen vor ihrem Tod zu einer infertilen Phase, in der sie häufig abnehmen, ausmergeln und schließlich sterben (CONSTANZ 1989). Das ist auch bei den Zwergkärpflingsweibchen zu beobachten. Die meisten Weibchen vermehren sich über zwei Jahre, nur sehr wenige Tiere auch über drei Jahre. In meinen Aquarien setzt alljährlich im Spätherbst bei vielen älteren Weibchen zunächst ein deutlicher Gewichtsverlust und dann das spätere Sterben ein. Zwergkärpflingsweibchen können durchaus zwei Fortpflanzungsperioden haben, nach der zweiten sterben jedoch viele Weibchen im darauffolgenden Herbst oder Winter (KEMPKES 2015). Mit drei Jahren Lebensalter erreichen die allermeisten Tiere offenbar das Maximum, gleiches gilt auch für die Männchen, die in der Regel sogar etwas früher sterben als ihre Artgenossinnen, was ja von HAAKE & DEAN (1983) auch aus dem Freiland beschrieben wurde. In domestizierten Stämmen lässt sich häufig beobachten, dass ältere Weibchen mit zunehmendem Alter hochrückiger werden. In den meisten Fällen vermehren sich die hochrückigen Weibchen nicht mehr. Bei manchen dieser Tiere lässt sich auch das Einreißen der Schwanzflosse feststellen. Auch manches ältere Männchen neigt zu einer gewissen Hochrückigkeit, allerdings lässt sich das bei Weitem nicht bei allen Tieren beobachten.

Anhand eigener Beobachtungen, die ich allerdings nicht mit umfassenden Zahlen belegen kann, postuliere ich, dass die Lebenserwartung bei unterschiedlichen Temperaturen verschieden ist. Zwergkärpflinge, die durchgehend bei höheren Temperaturen gehalten werden, haben eine geringere Lebenserwartung als ihre Artgenossen, die bei wechselnden Temperaturen leben (Tag-Nacht-Rhythmus, jahreszeitliche Unterschiede). Im Rahmen meiner Aufzeichnungen der Geburtsintervalle (s. a. Tabellen 15–25) bei verschiedenen Wassertemperaturen wurde dies durch das vergleichsweise frühe Ableben der Weibchen, die bei durchschnittlich 26 °C gehalten wurden, deutlich, während deren Artgenossinnen, die bei durchschnittlich

22,5 °C gehalten wurden, deutlich älter wurden und sich auch im kommenden Frühjahr wieder vermehrten. Das frühere Sterben bei höheren Wassertemperaturen lässt sich recht einfach anhand des schnelleren Wachstums, des höheren Stoffwechsels und der zumeist früheren Reproduktion erklären (s. a. Kap 6.2.1).

FORSTER-BOUIN (1989) stellte unter experimentellen Bedingungen fest, dass Jungfische, deren Mütter bei 21 °C gehalten wurden, eine deutlich höhere Empfindlichkeit gegenüber höheren Temperaturen hatten, als ihre Altersgenossen, deren Mütter bei 29 °C lebten. Hier ließen sich auch Unterschiede zwischen den Lokalformen feststellen, denn es wurden Tiere unterschiedlicher Herkunft (Fließgewässer, Teich) gewählt.

7 Zwergkärpflinge im Aquarium

»Wo die Natur nicht will, da ist alle Arbeit umsonst.«

Lucius Annaeus Seneca

Angesichts des im Vergleich zu vielen tropischen Fischen eher schlichten Farbkleides gehören die Zwergkärpflinge nicht zu den bedeutenden Aquarienfischarten. Lediglich in größeren oder gut sortierten Zoofachgeschäften lassen sich Zwergkärpflinge erwerben. Zwergkärpflinge sind und bleiben eher Fische für Spezialisten, obgleich sie keine besonders schwierig zu erfüllenden Ansprüche an die Lebensbedingungen im Aquarium stellen. Lediglich durch den Boom bei den Nano-Aquarien sind sie ein wenig mehr in den Fokus der Aquarianer gerückt. Allerdings besetzen die meisten Fischfreunde ihre kleinen Aquarien dann doch eher mit etwas bunteren Bewohnern. Zusammenfassend lässt sich festhalten, dass diese Art im Vergleich zu anderen Lebendgebärenden Zahnkarpfen, wie den plakativ gefärbten Zuchtformen der Guppys, Mollys, Schwertträger und Platys, eine unbedeutende Rolle in der Aquaristik hat. Mir ist auch nicht bekannt, dass in kommerziellen Zuchtfarmen Zwergkärpflinge für den Handel vermehrt würden. Wenn diese Fische in Zoofachgeschäften angeboten werden, so dürfte es sich dabei um Nachzuchten aus den Aquarien eines Liebhabers handeln, was für den erwerbenden Aquarianer durchaus ein großer Vorteil ist, da die Tiere keine langen Reisen mit eventuellen Zwischenhälterungen hinter sich haben. Die Zwergkärpflinge aus der Zucht des Fischliebhabers »um die Ecke« müssen sich auch nicht an andere Wasserparameter gewöhnen und sind demzufolge meist deutlich vitaler als andere Fische im Sortiment des Händlers, die häufig aus südostasiatischen Farmen stammen.

In den verschiedenen europäischen Vereinigungen der Freunde Lebendgebärender Zahnkarpfen sind allerdings doch recht viele Züchter organisiert, die sich mit Zwergkärpflingen beschäftigten; dies ist den Bestandslisten eindeutig zu entnehmen. Und offensichtlich begeistern sich zusehends mehr Aquarianer für die Zwergkärpflinge; eine Entwicklung, die sicherlich – wie oben bereits kurz erwähnt – ein Stück weit auf die »in Mode« gekommenen Nano-Aquarien zurückzuführen ist.

Dass die Begeisterung für diese Art auch schon mal deutlich geringer war, lässt sich dem Artikel von SCHULTHEISS (1952) entnehmen: 40 Jahre nach der Ersteinfuhr in Deutschland wurde der Zwergkärpfling »mit Unrecht ganz übersehen und vergessen«. Weiter schrieb er: »Selten trifft man diesen ganz unkannibalischen Zwergkärpfling (2–3,5 cm) noch in den Becken der Liebhaber und der Zoogeschäfte.« Auch einige Jahrzehnte später sah es nicht wesentlich anders aus. SCHOTENRÖHR (1982) merkte an, dass »... dieses hübsche Fischchen kaum noch im zoologischen Fachhandel zu sehen ist«. Auch ROGNER (1990) beklagte sich: »Leider spielt der Zwergkärpfling in der Aquaristik – wie viele andere interessante Fischarten – nur eine untergeordnete Rolle.« Des Weiteren merkte der Autor an, dass der Zwergkärpfling auch in den USA als Aquarienfisch »keinerlei Bedeutung« habe und: »Vielen amerikanischen Aquarianern ist kaum bekannt, dass in ihren Heimatgewässern eine Fülle interessanter Arten lebt, die für die Haltung im Aquarium bestens geeignet sind.« Mein Besuch in einem Aquariengeschäft in Miami verlief ebenfalls erfolglos; hier fand ich ausnahmslos »gängige« Aquarienfischarten, aber keine Zwergkärpflinge. Und auch meine Gespräche mit Anglern an den Ufern verschiedener Gewässer im Süden Floridas erbrachte ähnliche Erkenntnisse: Allen waren die Gambusen sehr wohl bekannt, doch die versteckter lebenden Zwergkärpflinge kannte kaum jemand. Lediglich ein Angler erkannte den »Least Killifish« auf einem Foto, das ich ihm gezeigt hatte.

7.1 Sind Zwergkärpflinge domestiziert?

Der Hamburger Importeur CARL SIGGELKOW, dem auch schon 1908 die Ersteinfuhr von *Poecilia reticulata* glückte, brachte im Jahr 1912 die ersten lebenden Zwergkärpflinge nach Deutschland; dabei handelte es sich um zehn teils begattete Weibchen aus Savannah im Bundesstaat Georgia (u. a. WEINHOLD 1924, SCHREITMÜLLER 1925, JACOBS 1969). STOLZENHAIN (1923) nannte zwar als Jahr der Ersteinfuhr 1906, da jedoch nach meinen Recherchen alle anderen Literaturquellen übereinstimmend 1912 als das Jahr der Ersteinfuhr nennen, gehe ich davon aus, dass 1912 das tatsächliche Jahr der Ersteinfuhr ist, zumal auch die ersten Liebhaberberichte über die Zwergkärpflinge aus diesem Zeitraum stammen (ARNOLD 1912, RACHOW 1912a, b). ARNOLDS Artikel stammt vom 17. September 1912 und er schilderte seinen Besuch bei CARL SIGGELKOW im Februar desselben Jahres, als Herr SIGGELKOW Herrn ARNOLD seine »neueste Errungenschaft« zeigte; auch das kann als Beweis für die Richtigkeit betrachtet werden.

Abb. 73: Diese Grafik ist die vermutlich erste Zeichnung von *Heterandria formosa* nach der Ersteinfuhr nach Deutschland im selben Jahr und zeigt ein adultes Weibchen.

Abb. 74: Hier werden erstmalig Männchen und Weibchen grafisch dargestellt.

Man beachte in Abb. 73 und 74 die seinerzeit verwendete wissenschaftliche Bezeichnung der Art.

Abb. 75: Eine besonders schöne Grafik stammt von R. Böhnke im Artikel von Walter Sachs aus dem Jahre 1917.

In Frankreich wurden die ersten Zwergkärpflinge ebenfalls 1912 eingeführt; die Tiere stammten aus Caroline im Süden Floridas (BECK 1950). Ein Jahr später erfolgte die Ersteinfuhr nach Dänemark; der Fischzüchter HENRY HANSEN kaufte in Dresden Zwergkärpflinge, die aus einem Import aus dem Jahr 1912 stammten, und brachte sie 1913 nach Kopenhagen (pers. Mitteilung THUE GRUM-SCHWENSEN). Aus anderen europäischen Ländern ist der Erstimport nicht dokumentiert oder die Dokumente sind nicht mehr aufzufinden. Wann der Zwergkärpfling in den USA oder in Kanada eine gewisse aquaristische Bedeutung erlangte, habe ich trotz umfassender Recherchearbeiten nicht herausfinden können. Gegenwärtig gibt es dort eine recht aktive Aquarianer-Vereinigung, die North American Native Fishes Association (NANFA), deren Mitglieder sich ausschließlich mit heimischen Fischarten beschäftigen (NUNZIATA & SKIDMORE 2009).

Anhand der Nachweise aus den 1910er-Jahren lässt sich festhalten, dass der Zwergkärpfling seit mittlerweile mehr als einhundert Jahren in Menschenobhut lebt. Die Frage nach der Domestikation, also der Haustierwerdung, ist dagegen schon etwas schwieriger zu beantworten, und selbst bei verwandten Arten wie dem Guppy (*Poecilia reticulata*), der in zahllosen Zuchtformen gehalten wird, gibt es manche Autoren, die diese Art, bezogen auf den Domestikationsprozess, als »Grenzfall« betrachten (REHKÄMPER et al. 2000). Folgt man dagegen der Definition von HERRE & RÖHRS (1990), so lässt sich *Heterandria formosa* recht eindeutig den »Haustieren« zurechnen. Haustiere müssen im Umfeld des Menschen leben, der Mensch bestimmt die Wahl der Sexualpartner und dadurch kommt es in der Regel zu einer Abnahme der genetischen Vielfalt. All diese Faktoren sind gegeben, und damit lässt sich meines Erachtens festhalten, dass die seit Langem bei uns lebenden Stämme durchaus als domestiziert betrachtet werden können, während die jüngeren Importe erst noch die Domestikationsprozesse durchlaufen müssen. Auch die Zunahme der Körpervolumina, vor allem adulter Weibchen, sowie die im Vergleich zu »wilden« Weibchen größere Fertilität sind weitere Indizien für einen fortgeschrittenen Domestikationsprozess innerhalb der seit vielen Jahren oder gar Jahrzehnten in den Aquarien lebenden Stämme. Auch nach meiner Expedition in den Süden Floridas möchte ich postulieren, dass die seit Längerem in unseren Aquarien gehaltenen Stämme durchaus Domestikationsprozesse durchlaufen haben und noch immer durchlaufen; die morphologischen und ethologischen Vergleiche zwischen Wild- und Aquarienstämmen bekräftigen dies. Leider lässt sich kaum etwas Verbindliches darüber sagen, innerhalb welchen Zeitraumes diese Domestikationsprozesse durchlaufen wurden, zumal auch recht regelmäßig neue Wildimporte aus den südöstlichen USA erfolgten bzw. teilweise immer noch erfolgen, auch wenn sie zum Erhalt der Aquarienbestände keineswegs vonnöten wären.

Der wesentliche Unterschied zwischen den domestizierten Aquarientieren und der Wildform mitsamt ihren diversen geografischen Variationen bzw. Lokalformen (s. a. Kap. 4.1) ist der unterschiedliche Habitus. Während ich den Gewässern im natürlichen Verbreitungsgebiet mit adulten Weibchen zwischen 18 und 26 mm doch recht kleine Tiere entnahm, lassen sich in verschiedenen Aquarienpopulationen durchaus Weibchen finden, die teilweise sogar knapp über 50 mm Standardlänge erreichen (s. a. Kap. 3.1), wenngleich eine Standardlänge zwischen 38 und 45 mm als Durchschnitt für adulte Weibchen aus domestizierten Stämmen betrachtet werden kann. Die Größenzunahme (der Weibchen) ist ein wichtiges Indiz für eine fortschreitende Domestikation, denn sie ist mit großer Wahrscheinlichkeit eine Anpassung an veränderte Umweltbedingungen. Während den Zwergkärpflingen in den natürlichen Gewässern verschiedene Fressfeinde nachstellen, und zudem andere syntop vorkommende Arten (z. B. die omnipräsenten *Gambusia holbrooki*) als Nahrungskonkurrenten und auch als Prädatoren auftreten, müssen sich die Zwergkärpflinge in den geschützten Aquarien zumeist keiner Fressfeinde oder Nahrungskonkurrenten erwehren. Sie erhalten regelmäßige Futtergaben und leben in sauberem Wasser unter weitgehend konstanten Bedingungen.

Die Zunahme der Körpervolumina, vornehmlich der Weibchen – bei den Männchen ist dies nicht signifikant feststellbar –, geht einher mit einer erhöhten Reproduktion. Die Auswertung der Wurfdaten (s. a. Kapitel 6.3) verdeutlicht dies, vor allem im Vergleich zwischen Aquarienstämmen und den Wildfangnachzuchten; Erstgenannte sind signifikant fertiler, was sicherlich auch auf die Körpergröße der domestizierten Weibchen zurückzuführen ist.

Abb. 76: Die helle Farbmorphe ist kein Anzeichen für eine Domestikation, auch wenn dieses komplett aufgehellte Tier wie eine Zuchtform wirkt. Helle Tiere treten auch unter Wildfangnachzuchten auf. Foto: ELKE WEIAND.

Das Auftreten der hellen Farbmorphe bewerte ich dagegen nicht als eine Auswirkung des Domestikationsprozesses, denn diese Farbmorphe ist auch in den ersten Generationen von Wildfangnachkommen aufgetreten (eigene Beobachtungen, s. a. Kap. 3.1). Manche Aquarianer haben dann gezielt mit den hellen Tieren heterozygot weitergezüchtet. In diesem Fall ist allerdings eine weitere Voraussetzung für die Domestikation der Zwergkärpflinge erfüllt, nämlich die künstliche Selektion.

Auf den Ausstellungen der Vereinigungen der Züchter lebendgebärender Aquarienfische werden Zwergkärpflinge ebenfalls präsentiert und manchmal auch bewertet. Dabei werden entweder Prädikate vergeben oder sie werden nach einem Standard für Wildformen bewertet.

7.2 Haltung, Pflege und Vermehrung

Wie bereits erwähnt, sind Zwergkärpflinge nach meinen Erfahrungen und denen vieler anderer Autoren (u. a. STEIN 1962, SCHOTENRÖHR 1982, ROGNER 1990, STALLKNECHT 2000 und viele weitere) recht einfach zu halten, da sie als Pfleglinge im Aquarium keine besonderen Ansprüche an den Halter stellen. Somit sind sie auch unerfahrenen Aquarianern durchaus guten Gewissens zu empfehlen, sofern diese eine dauerhafte Versorgung der Zwergkärpflinge mit kleinpartikulärem Lebendfutter gewährleisten können.

In der gängigen Literatur, also vor allem der aquaristischen Literatur, wird immer wieder herausgestellt, dass Zwergkärpflinge durchaus auch in kleineren Aquarien zu halten seien. Das ist zwar prinzipiell richtig, aber für die dauerhafte Haltung einer Aquarienpopulation ist eine bestimmte Bestandsgröße eine wichtige Voraussetzung, und die wird ausschließlich in größeren Aquarien erreicht. Daher lehne ich die Empfehlung, Zwergkärpflinge in sogenannten Nano-Aquarien zu halten, entschieden ab; schließlich soll eine langfristige Bestandssicherung das Ziel jeder Haltung von Fischen in Aquarien sein (s. a. Kap 7.2.6). Deshalb erachte ich Aquarien mit einer Kantenlänge von 60 cm und einem Volumen von 50 Litern als das Minimum für eine dauerhafte Haltung. Auch aus einem anderen Grund sind größere Aquarien empfehlenswert: Nur in Aquarien mit ausreichend viel Platz können die Zwergkärpflinge ihr gesamtes Verhaltensrepertoire einschließlich des Revierverhaltens ausleben. Dazu gehören in den domestizierten Stämmen ebenfalls die teilweise intensiv ausgetragenen agonistischen Handlungen adulter Weibchen (s. a. Kap. 5.3). Damit sich die Kontrahentinnen aus dem Weg gehen können bzw. das unterlegene Tier dem anderen ausweichen kann, ist eine entsprechende Aquariengröße sinnvoll. Weitaus wichtiger als die Literzahl ist die Grundfläche des Aquariums. Je größer, umso besser, da die Zwergkärpflinge ohnehin eher an der Oberfläche orientiert leben, wenngleich sie natürlich auch die mittleren und tieferen Wasserschichten aufsuchen, vor allem während der Nahrungsaufnahme. Meine 120-l-Aquarien haben eine Grundfläche von 80 cm Breite und 50 cm Tiefe, die Höhe beträgt dagegen nur 30 cm. Nach meinen Erfahrungen sind das optimale Maße zur Haltung größerer Gruppen dieser Art. Auch wenn die Zwergkärpflinge eher nicht zum Springen neigen, so erweist sich eine gläserne Abdeckscheibe doch zuweilen als sinnvoll. Zudem schützt sie vor dem Eintrag von Staubpartikeln und reduziert den Wasserverlust durch Verdunstung.

7.2.1 Wasser

Nach meinen Beobachtungen in einem kleinen Teil des recht großen natürlichen Verbreitungsgebietes von *Heterandria formosa* und den Erfahrungen, die ich in vielen Jahren der Haltung in Aquarien und im Gartenteich gewinnen konnte, halte ich diese Art für recht anpassungsfähig. Die Zwergkärpflinge kommen mit verschiedenen Wasserwerten gut zurecht und können sich vergleichsweise schnell auf unbekannte Parameter einstellen.

7.2.1.1 Wassertemperatur

Die Wassertemperatur ist für die erfolgreiche Haltung von Zwergkärpflingen ein interessanter Faktor. Dabei ist es in höchstem Maße bemerkenswert, dass in der Aquarienliteratur doch sehr unterschiedliche Ansichten zu den »optimalen« Temperaturbereichen wiedergegeben werden.

Bevor ich darauf näher eingehe, möchte ich zunächst auf die vorliegenden Werte aus den natürlichen Verbreitungsgebieten der Zwergkärpflinge in Kapitel 4.1 verweisen (s. a. Tabelle 4). Die Messungen im Freiland verdeutlichen, dass bezüglich dieses Parameters eine gewisse Toleranz besteht. Es sei an dieser Stelle auch daran erinnert, dass es – auch im (sub)tropischen Florida! – während des Winters mitunter zu Nachtfrösten kommt, und dass die Zwergkärpflinge einer saisonalen Fortpflanzung nachgehen. Im Januar 2014 lag die Temperatur in Florida selbst tagsüber unter dem Gefrierpunkt! Doch zurück zu den unterschiedlichen Empfehlungen verschiedener Autoren bezüglich der Wassertemperaturen. Als Extrem lassen sich Dachsels (1983) Empfehlungen mit »minimal 9–12 °C, ansonsten 16 °C« ausmachen, desweiteren ist vor allem in der älteren Literatur eine Tendenz zu niedrigeren Temperaturen feststellbar, wenngleich bereits Sachs (1972) den Zwergkärpfling eher zu einem »klassischen Warmwasserfisch« erklärt. Große Temperaturspannen finden sich auch bei Plöger-Brembach (1982) mit 15–30 °C sowie bei Müller (1983). Zusammenfassend lässt sich festhalten, dass es in der Aquaristik-Literatur eine enorme Spannbreite bezüglich des »optimalen« Temperaturspektrums für den Zwergkärpfling gibt. Unabhängig davon, dass diese Art nach eigenen Erfahrungen und Beobachtungen (im Freiland und Aquarium) eine enorme ökologische Plastizität aufweist, müssen zum Ermitteln des vermeintlich optimalen Temperaturspektrums die Werte aus dem Freiland herangezogen werden. So verdeutlichen beispielsweise auch LUNDKVISTS (2010) Messungen im Freiland (s. a. Kap. 4.1), mit Werten von 23–24 °C, dass Zwergkärpflinge nicht ausschließlich als Pfleglinge für das ungeheizte Zimmeraquarium zu betrachten sind, sondern dass auch höhere Temperaturen, die sich mithilfe eines über einen Thermostat geregelten Aquarienheizers einstellen lassen, durchaus zum Wohlbefinden der Tiere beitragen. All diese Faktoren müssen bei der langjährigen Haltung im Aquarium berücksichtigt werden.

Ich möchte, ausgehend von meinen in Florida gemessenen Temperaturwerten und meinen Erfahrungen in der Aquarienhaltung, abschließend folgende allgemeine Empfehlung geben: Tagsüber sind höhere Temperaturen zwischen 23 und maximal 26 °C geeignet, nachts sollte die Temperatur deutlich fallen und zwischen 21 und minimal 19 °C betragen. Eine saisonal kühlere Haltung zwischen November und Februar mit Minimalwerten von bis zu 17 °C (nachts) und Tageshöchstwerten von bis zu 22 °C halte ich ebenfalls für angemessen. Wenn dann im März die Tage spürbar wärmer (Zimmertemperatur) und auch länger (Tageslicht) werden, kann die Temperatur wieder künstlich erhöht werden (Aquarienheizer), und mehrere Wasserwechsel fördern dann ganz entscheidend den Fortpflanzungstrieb der »Zwerge«.

Tab. 29: Empfohlene Wassertemperaturen für die Haltung von Zwergkärpflingen nach verschiedenen Autoren.

Autor und Jahr	Empfohlene Wassertemperatur
WACHSMUTH (1952)	20–22 °C
DZWILLO (1961)	nicht unter 20 °C
STEIN (1962)	>16 °C
JACOBS (1969)	20–24 °C, vertragen auch 16–18 °C
SACHS (1972)	24–30 °C
STALLKNECHT (1976a)	16 bis fast 30 °C
SCHOTENRÖHR (1976, 1980)	20–25 °C
GÄRTNER (1981)	22–25 °C
PLÖGER-BREMBACH (1982)	15–30 °C
DACHSEL (1983)	minimal 9–12 °C, ansonsten 16 °C
MÜLLER (1983)	17–30 °C

Autor und Jahr	Empfohlene Wassertemperatur
Rössel (1988)	22–25 °C
Rogner (1990)	minimal 16–17°C bis 20–23°C
Kempkes & Schäfer (1998)	maximal 24 °C, im Winter 2–3 Monate bei 16–18 °C
Kempkes (1999)	18–22 °C
Osche (2000)	18–28 °C
Stallknecht (2000)	maximal 25 °C
Kempkes (2006)	17–23 °C
Kochsiek (2011)	18–25 °C

Grundsätzlich müssen nach meinen Erfahrungen 16 °C als Minimum betrachtet werden. Dauerhaft niedrige Temperaturen werden von den Zwergkärpflingen nicht gut vertragen; bei Werten unter 16 °C zeigt sich ihr Unwohlsein in einer leicht schaukelnden Bewegung des gesamten Körpers. Bereits Schreitmüller (1924) beschrieb, dass »zu kühl gehaltene Zwergkärpfling« häufig von der »bekannten Schaukelkrankheit befallen« werden und es »meist zu Frühgeburt und Leichen« komme. Es lassen sich bei derartig niedrigen Temperaturen auch keine nennenswerten Fortpflanzungsaktivitäten feststellen. Sobald die Temperatur dann aber um zwei, drei Grad erhöht wird, ändert sich das Verhalten der Tiere und sie lassen ihr arttypisches Verhalten wieder erkennen. Diese Empfehlungen bezüglich der Wassertemperaturen tagsüber und nachts sowie der Jahreszeiten beziehen sich allgemein auf die Haltung domestizierter Stämme bzw. bereits an die Aquarienhaltung angepasster Populationen. In einzelnen Fällen kann sich bei Wildpopulationen in den ersten Generationen eine Orientierung an den gewohnten Werten aus dem Ursprungshabitat als sinnvoll erweisen. Nach meinen Erfahrungen mit Wildstämmen aus Florida und South Carolina passen sich die Fische jedoch überaus schnell an, d. h., dass bereits in der F1-Generation keinerlei Schwierigkeiten bei den Tieren erkennbar sind; selbst die Wildfänge haben sich zumeist nach wenigen Tagen akklimatisiert.

Nach meinen Recherchen finden sich in der Literatur keine Hinweise darauf, dass *Heterandria formosa* bei höheren Temperaturen zu einer erhöhten Krankheitsanfälligkeit neigen, so wie dies etwa bei anderen Arten der Poeciliinae (z. B. *Phalloceros caudimaculatus*), die nicht aus tropischen Regionen stammen, zu beobachten ist. Auch meine eigenen Erfahrungen negieren dies; bei einer dauerhaften Haltung leicht über 26 °C waren keinerlei Anzeichen einer erhöhten Anfälligkeit gegenüber Krankheitserregern erkennbar. Allerdings lassen die Ergebnisse in Tabelle 25 (Kap. 6.3) eine gewisse Tendenz zu einer höheren Mortalität der Weibchen unter dauerhaft hohen

Temperaturen erkennen, wenngleich die Anzahl der Weibchen selbstverständlich für eine statistisch belastbare Aussage nicht annähernd ausreicht. Dennoch scheint bei niedrigeren Temperaturen die Lebenserwartung höher zu sein. Es müssten Langzeituntersuchungen klären, ob die Lebenserwartung durch dauerhaft höhere Wassertemperaturen negativ beeinflusst wird (s. a. Kap. 6.4).

Abschließend sei der Vollständigkeit halber erwähnt, dass ARNOLD (1989) experimentell die Temperatur kurzzeitig auf 2,1 °C hat abkühlen können, ohne die Zwergkärpflinge zu töten; bei 4 °C blieben die Tiere sogar schwimmfähig! Unabhängig von der ethischen Vertretbarkeit solcher Versuche und ihrer wissenschaftlichen Aussagekraft verdeutlichen die Daten, dass die Zwergkärpflinge weitaus kälteresistenter sind als die allermeisten anderen Arten der Lebendgebärenden Zahnkarpfen. Dennoch wiederhole ich meine Aussage, dass nach meinen Beobachtungen Temperaturen unterhalb von 16 °C dauerhaft nicht gut vertragen werden.

Die Zwergkärpflinge sind allerdings nicht nur hinsichtlich unterschiedlicher bzw. stark schwankender Wassertemperaturen tolerant, Ähnliches lässt sich auch auf andere Parameter übertragen. Es handelt sich bei *Heterandria formosa* um eine euryöke Art, die nach meinem Dafürhalten eine enorme ökologische Plastizität aufweist. Bevor ich im Folgenden näher auf weitere Wasserwerte eingehe, möchte ich die Anpassungsfähigkeit und die Widerstandsfähigkeit anhand eines Beispiels näher verdeutlichen. Bei den Befischungen der in Florida aufgesuchten Biotope gingen immer auch einige Gambusen (*Gambusia holbrooki*) mit ins Netz. Diese Tiere setze ich gemeinsam mit den Zwergkärpflingen in meine Beobachtungsgläser oder die Fotoküvette. Nach zwei, drei Minuten begannen die Gambusen, die Flossen zu klemmen, und nur wenig später konnte ich anhand der schaukelnden Schwimmbewegungen das Unwohlsein der Tiere erkennen. Einige Gambusen versuchten auch, durch Herausspringen aus dem Gefäß der stressigen Situation zu entkommen. Den Zwergkärpflingen merkte ich dagegen nichts an. Sie schaukelten nicht, klemmten nicht die Flossen und versuchten auch nicht, aus dem Behältnis zu springen; einige Männchen unternahmen gar während der kurzfristigen »Gefangenschaft« Kopulationsversuche. Auch während der Transporte hatte ich unter den Zwergkärpflingen niemals Ausfälle zu beklagen. Diese Winzlinge sind hart im Nehmen! Das darf allerdings niemanden dazu verleiten, die Pflege der Tiere zu vernachlässigen!

7.2.1.2 Wasserchemie

Auch anhand der Toleranz gegenüber Wasserwerten wie Gesamthärte, Karbonathärte und pH-Wert lässt sich die ökologische Plastizität dieser Art deutlich erkennen. Anders als zu den Wassertemperaturen machen nur wenige Verfasser nähere Angaben zu den anderen Parametern. GÄRTNER (1981) schrieb bezüglich des Wassers: »keine besonderen Anforderungen«. MEYER et al. (1985) vermerkten zwar nichts über die Ansprüche an die Wasserwerte im Aquarium, stellten aber dar, dass der Zwergkärpfling im »Süß- und Brackwasser vorkomme« und dass »die Gewässer meistens sauerstoffarm und gewöhnlich reich an Mikroorganismen« seien. STALLKNECHT (1976a) merkte an, dass Zwergkärpflinge »hartes und weiches Wasser vertragen, wenn auch mit gewissen Eingewöhnungszeiten, nur sollte ein pH-Wert von 6,5 möglichst nicht unterschritten werden«. Derselbe Autor (STALLKNECHT 2000) beschrieb den Zwergkärpfling als »anspruchslose Art, die körperlich zart erscheint, aber physiologisch sehr robust ist …«. Ausgehend von den in Florida gemachten Beobachtungen, den eigenen Erfahrungen aus der Haltung im Aquarium und den Darstellungen anderer Autoren, gebe ich folgende Empfehlungen zu den Wasserwerten für die Pflege der Zwergkärpflinge im Aquarium. In der Natur kommen die Zwergkärpflinge tatsächlich überwiegend in flacheren, verkrauteten Gewässern vor (s. a. Kapitel 4.1). Meine Messungen haben ergeben, dass sie in hartem, teils sehr hartem Wasser vorkommen. Der pH-Wert lag immer im alkalischen Bereich, manchmal mehr, manchmal weniger (7,1–8,6). Im Brackwasser habe ich die Tiere nicht gefunden, doch berichtete DE GREEF (pers. Mitteilung) vom natürlichen Vorkommen einiger Populationen im Brackwasser, und auch MEYER et al. (1985) beschrieben dies. Auch daraus lässt sich eine gewisse ökologische Plastizität dieser Art erkennen. In jedem Fall lässt sich daraus ableiten, dass Zwergkärpflinge vorzugsweise in härterem, alkalischem Wasser zu halten sind, auch wenn sie in der Natur ebenfalls in weichem und saurem Wasser gefunden wurden (s. a. Kap. 4.1.1). Ich habe keine praktischen Erfahrungen mit der Haltung von Zwergkärpflingen in weicherem Wasser, allerdings empfehle ich, wenn nur weicheres Wasser zur Verfügung steht, dieses ggf. ein wenig aufzuhärten.

7.2.1.3 Wasserpflege

Verschiedene Autoren (u. a. STALLKNECHT 2000) beschrieben, dass der Zwergkärpfling ohne Weiteres in Aquarien ohne Durchlüftung gehalten werden könne. Dem kann ich nach eigenen jahrzehntelangen Erfahrungen mit dieser Art ohne Einschränkungen zustimmen. Allerdings habe ich die Art zumeist in größeren Aquarien (120 l, 200 l) gehalten. Aber auch die zeitweilige Haltung in Aquarien zwischen 12 l und 45 l war und ist ohne Belüftung gut möglich, sofern das Wasser nicht zu warm ist (nicht über 26 °C). Trotz aller Anpassungsfähigkeit und einer sich daraus möglicherweise abzuleitenden relativen Anspruchslosigkeit an die Haltungsbedingungen, darf die Wasserpflege keineswegs vernachlässigt werden. Eine Haltung ohne Belüftung und Filterung ist problemlos möglich, setzt jedoch regelmäßige Teilwasserwechsel und eine »maßvolle« Besatzdichte voraus. Je größer das Aquarium ist, umso mehr Tiere können darin gehalten werden. In einem 54-l-Aquarium (60 × 30 × 30 cm) lassen sich gut sechs bis acht adulte Weibchen und eine ähnliche Anzahl Männchen halten; auch die sich bald einstellenden Nachkommen haben dann noch ausreichend Platz. Dagegen kann in einem Becken mit der doppelten Wassermenge durchaus die dreifache Anzahl an Tieren gehalten werden. In einem meiner 120-l-Aquarium schwimmen weit über 200 Zwergkärpflinge, ohne dass es zu einer offensichtlichen Überbevölkerung kommt. Die Reviere der Männchen sind dann zwar kleiner, aber die intrasexuellen Aggressionen verteilen sich besser auf mehr Individuen. Bei kleineren Aquarien oder Becken, in denen die Zwergkärpflinge in einer hohen Individuendichte leben, muss der Teilwasserwechsel öfter durchgeführt werden. Verschiedene Autoren (u. a. VOGEL 2013) sprechen sich grundsätzlich, d. h. in der Haltung aller »gängigen« Aquarienfischarten des Süßwassers, für einen wöchentlichen Teilwasserwechsel von über 50 % aus, damit u. a. die Stoffwechselendprodukte der Fische herausgeholt werden und aus dem Wasser mehr Nitrat entfernt wird, als darin entsteht. Ausgehend von meinen Erfahrungen rate ich ebenfalls dazu, wöchentlich wenigstens einen Teilwasserwechsel von 50 % durchzuführen. Anstatt eines einmaligen größeren Teilwasserwechsels pro Woche von maximal 50 % des Aquarieninhaltes ist es auch möglich, an zwei oder mehr Tagen pro Woche geringere Mengen zwischen 20 und 30 % auszutauschen. Selbstverständlich sind auch mehrere größere Teilwasserwechsel von rund der Hälfte des Aquarieninhaltes möglich.

Für das Absaugen des Wassers aus dem Aquarium verwendet man einen möglichst dünnen Schlauch mit geringer Sogwirkung, um das versehentliche Entfernen der winzigen Jungfische zu vermeiden. Auch durch einen über das Schlauchende gestülpten Schwamm lässt sich ein zusätzlicher Schutz vor dem Absaugen von Juvenilen (und auch älteren Tieren) schaffen, wobei durch diese technische Absicherung das Entfernen des sich auf dem Bodengrund des Aquariums befindenden Mulms nicht durchführbar ist. Der Mulm muss also separat entfernt werden und dabei können Jungfische, die sich auch gerne gut getarnt darin aufhalten, sowie auch ältere Tiere versehentlich mit abgesaugt werden. Hierzu sei angemerkt, dass ich zur Stabilisierung des Aquariummilieus immer einen Teil des Mulms im

Becken belasse. Grundsätzlich muss also vor dem Weggießen des Altwassers aus dem Eimer, trotz aller Vorsichtmaßnahmen, gründlich nach abgesaugten Jung- und auch Altfischen gesucht werden! Wegen der Tarnfärbung und der unauffälligen Schwimmweise entdeckt man sie häufig erst, nachdem sich der Mulm am Grund des Eimers abgesetzt und das Wasser sich beruhigt hat. Ein zur Farbe der Zwergkärpflinge kontrastierend gefärbter, heller Eimer hilft dabei, da sich die darin befindenden Fische dann leichter erkennen lassen. Am besten wird das Altwasser während des Weggießens durch einen Kescher mit ganz feinmaschigem Material gegeben, um zu verhindern, dass die Fische in den Abfluss gelangen.

Das Frischwasser darf durchaus einige Grade kühler sein als das Wasser im Aquarium; eine vorübergehende Absenkung der Wassertemperatur um 2 oder 3 °C wird von den Zwergkärpflingen gut verkraftet und scheint gar »belebend« zu wirken. Nach meinen Erfahrungen ist das Hinzufügen eines Wasseraufbereitungsmittels für Aquarienwasser nicht nötig; es kann aber Regionen geben, in denen das Wasser mit einer geringeren Qualität oder mit Belastungen (Schwermetalle) aus der Leitung kommt; dann kann sich der Einsatz eines Wasseraufbereitungsmittels als notwendig erweisen. Die Wasserwerte sind beim jeweiligen Wasserversorger zu erfragen.

Im Zusammenhang mit dem Teilwasserwechsel ist es noch wichtig darauf hinzuweisen, dass unmittelbar davor und danach keine Tiere umgesetzt werden dürfen, da es dabei zur Bläschenbildung an der Schleimhaut kommen kann, was den Tieren sichtbares Unbehagen bereitet.

Die Filterung des Wassers, sofern sie tatsächlich notwendig ist, erfolgt wegen der kleinen Jungfische sinnvollerweise nur über Schwammfilter, bei denen das Wasser nicht mithilfe eines Motors aus dem Aquarium gesaugt wird, da das bei einer entsprechenden Saugkraft des Motorfilters zu großen Verlusten unter den jungen Zwergkärpflingen führen würde. Die Schwammfilter werden stattdessen meist über eine Membranpumpe als Belüfter betrieben. Sie haben, wie andere mit Membranpumpen betriebene Filter auch, den Vorteil, dass sie keine Motorgeräusche erzeugen, die die Fische möglicherweise stören und in ihrem Wohlbefinden beeinträchtigen könnten. Ein weiterer Vorteil eines solchen »hüllenlosen« Filters ist der, dass keine Jungfische in einen Innenraum gesaugt werden können, aus dem sie sich nicht ohne die Hilfe des Aquarianers befreien können und in denen sie zumeist einen qualvollen Tod erleiden. DORN (2004) verwendete einen sogenannten »Hamburger Mattenfilter«, bei dem ebenfalls keine Jungfische gefährdet sind. Ein solcher Filter eignet sich meines Erachtens allerdings nur für größere Aquarien ab 100 cm Kantenlänge, da er doch verhältnismäßig viel Platz einnimmt und damit Lebensraum kostet. Wird dennoch ein motorbetriebener Filter für die Filterung und Umwälzung des

Wassers gewählt, so muss der Aquarianer dafür Sorge tragen, dass keine Fische in die Filterkammern gelangen können. Zudem muss grundsätzlich verhindert werden, dass das Wasser durch die Filterung zu stark bewegt wird, denn Zwergkärpflinge sind wahrlich keine rheophilen Fische! Bei zu starker Wasserbewegung, etwa durch den Filterausströmer oder auch Ausströmersteine, ziehen sich die Zwergkärpflinge in die ruhigeren, verkrauteten Aquarienbereiche zurück.

7.2.2 Einrichtung des Aquariums

Zwergkärpflinge halten sich in ihren natürlichen Lebensräumen überwiegend in der verkrauteten Vegetation auf; diesem Umstand muss man auch bei der Gestaltung des Aquariums Rechnung tragen, indem man vor allem Schwimmpflanzen wie Nixkraut (*Najas guadalupensis*) und Javamoos (*Taxiphyllum barbieri*) in das Becken einbringt. Auch das Teichlebermoos (*Riccia fluitans*) ist als an der Wasseroberfläche treibende Schwimmpflanze hervorragend geeignet. BUDESHEIM (pers. Mitteilung) hielt verschiedene schnellwachsende *Ceratopteris*-Arten (Hornfarne, Schwimmpflanzen) für empfehlenswert, da sie eine dichte, feinfiedrige, die Jungfische schützende Vegetation bilden. Außer den Schwimmpflanzen sind auch Stängelpflanzen in das Aquarium einzubringen, denn vor allem die territorialen Männchen nutzen Pflanzenstängel als markante Orientierungs- und Mittelpunkte ihrer kleinen Reviere (s. a. Kap. 5.3.1). WACHSMUTH (1952) empfahl *Myriophyllum* sp., das sogenannte Tausendblatt, zur Bepflanzung des Zwergkärpfling-Aquariums. Zudem äußerte er die Ansicht, dass Zwergkärpflinge »eifrige Algenfresser« seien und dass zu ihrem Wohlbefinden Algen »unerlässlich« seien. Ich betrachte Algenrasen ebenfalls als unersetzliche Nahrungsquelle für die neonatalen Zwergkärpflinge, die dort in ihren ersten Lebenstagen zahllose Kleinstorganismen vorfinden, von denen sie sich weitgehend ernähren (KEMPKES 2006), was auch durch Freilandbeobachtungen bestätigt wird (HUNT 1953, DEWAYNE REIMER 1970) (s. a. Kap. 4.3). Außer den Grünalgen sind am besten alle anderen Algen aus dem Aquarium zu entfernen. Beim Beseitigen eventuell vorhandener Fadenalgen muss sehr vorsichtig vorgegangen werden, denn es kann durchaus sein, dass sich darin Jungfische verfangen. Auch beim Entfernen von Wasserpflanzen muss man sehr vorsichtig vorgehen, denn nicht selten befinden sich vor allem jüngere Zwergkärpflinge zwischen den Büscheln und werden somit unbeabsichtigt aus dem Aquarium entfernt.

Nach eigenen Erfahrungen empfehle ich Kies unterschiedlicher Körnung als Bodengrund. Einerseits ist ein Bodengrund bestehend aus Kies ein effizienter Jungfischschutz. Die nach ihrer Geburt zunächst nach unten sinkenden Jungfische bleiben eine Weile dort liegen, bevor sie sich in höhere Wasserschichten bis hin zur Wasseroberfläche vorwagen. Auch in den folgenden Stunden, manchmal Tagen nach der Geburt halten sie sich bevorzugt in der Nähe des Bodengrundes auf. Zwischen den Steinchen sind die Neonatalen relativ sicher und auch ihre tarnende Färbung kommt den Jungfischen zwischen den Kieseln zugute.

Andererseits kommt dem Bodengrund auch eine wichtige Rolle als filterndes Material zu; vor allem in Aquarien, die ohne technische Filterung betrieben werden. Zudem ist er für die Wurzeln der Stängelpflanzen ein natürliches Substrat. Sofern auf Bodengrund verzichtet wird, bspw. um den Mulm besser absaugen zu können, ist eine dunkle Aquarienunterlage (Hartschaumplatte oder Ähnliches) sinnvoll, da ein dunkler Untergrund den Fischen mehr Sicherheit gibt als ein heller, möglicherweise gar reflektierender Boden.

Auf Steine, Wurzeln und anderes dekoratives Material wird zugunsten von mehr Schwimmraum am besten verzichtet. Als Versteckmöglichkeit ist eine dichte Vegetation mit feinfiedrigen Pflanzen, wie den beispielhaft erwähnten, optimal.

Das Aquarium ist grundsätzlich so aufzustellen, dass die stärkste Lichtquelle von oben auf die Wasseroberfläche leuchtet. Besonders hübsch wirken die Zwergkärpflinge, wenn natürliches Tageslicht von oben auf die Tiere scheint. In meinem Fischhaus habe ich drei Aquarien unter einem Dachflächenfenster platziert, sodass das Sonnenlicht einen Großteil des Tages in die Aquarien strahlt. An sonnigen Tagen halten sich die Fische direkt unterhalb der Wasseroberfläche auf und »sonnen« sich (sie halten sich nicht wegen Sauerstoffmangels dort auf!). Auch PAEPKE schildert ein solches Verhalten bei seinen Zwergkärpflingen, die dieses Verhalten unter einer Leuchtstoffröhre zeigten (briefl. Mitteilung). Um einen einigermaßen konstanten Tag-Nacht-Rhythmus zu gewährleisten, ist das zusätzliche Installieren von Kunstlicht unumgänglich; die Beleuchtung wird am besten durch eine Zeitschaltuhr geregelt. Ein Dimmer kann morgens für einen weitgehend »natürlichen« Tagesbeginn und abends für einen »Sonnenuntergang« sorgen, sodass die Beleuchtung nicht abrupt beginnt bzw. endet; das ist für die Fische schonender. Während bei vielen tropischen Fischen ein konstanter Tag-Nacht-Rhythmus von 12 Stunden Helligkeit und 12 Stunden Dunkelheit weitgehend den natürlichen Gegebenheiten ihrer Heimat entspricht, ist dies bei den Zwergkärpflingen etwas anders. So sind bspw. in Florida die Tage im Juni durchschnittlich mit ca. 13 Stunden und 43 Minuten am längsten, während im Dezember die Zeit zwischen Sonnenaufgang und -untergang nur rund 10,5 Stunden beträgt (s. a. Kap. 4.1.1). Es empfiehlt sich, diesen Rhythmus auch beim Einstellen der Zeitschaltuhren annähernd zu berücksichtigen.

7.2.3 Ernährung

Entsprechend der geringen Größe der Fische und auch des Mauls ist kleinpartikuläres Futter ein Muss! Vor allem bei der Ernährung der neonatalen und heranwachsenden Zwergkärpflinge ist winziges Lebendfutter ganz entscheidend für den weiteren Verlauf der Entwicklung. Die Rolle des Aquarianers ist dabei gar nicht so wichtig, denn die neonatalen Zwergkärpflinge sind in den ersten Lebenstagen und -wochen durchaus in der Lage, durch das Aufnehmen von Mikroorganismen in der Vegetation selbst für ihre Ernährung zu sorgen; ja, die Ernährung mit Zooplankton ist die natürlichste Form der Nahrungsaufnahme und Grundvoraussetzung für eine gesunde Entwicklung juveniler Zwergkärpflinge (DeWayne Reimer 1970). Auch andere Autoren berichten aus dem Freiland von der Bedeutung von Zooplankton für die Ernährung des Zwergkärpflings (Belk & Lydaerd 1994; Schaefer et al. 1994). Eine zusätzliche Ernährung mit sogenanntem »Flüssigfutter« (im Zoofachhandel erhältlich) ist nach meinen Erfahrungen nicht notwendig, zumal die Jungfische während der Fütterungen des übrigen Bestandes schnell auf die regelmäßigen Futtergaben konditioniert werden und auch mit den meisten Futtersorten, trotz ihrer geringen Größe, fertig werden. Frischgeschlüpfte *Artemia*-Nauplien sind das Basisfutter für die ganzjährige Ernährung der Zwergkärpflinge aller Altersgruppen; auch neonatale Zwergkärpflinge jagen bereits vereinzelt den kleinen Salinenkrebschen nach. Allerdings stellen – wie bereits beschrieben – Infusorien und Aufwuchs in den ersten Lebenstagen die wichtigste Nahrungsquelle dar. An Fastentagen finden sich durchaus auch ältere Zwergkärpflinge an diesen Nahrungsquellen ein. Dem trägt man bei der Aquarienpflege dadurch Rechnung, dass manche Bereiche veralgen dürfen. Dorn (2004) nannte als Aufzuchtfutter frisch geschlüpfte *Artemia*-Nauplien und »TetraMin® Baby«. Sobald die juvenilen Zwergkärpflinge eine Gesamtlänge von 10 mm erreicht hatten, fütterte er gefrorene *Cyclops*, »TetraMin® Mini«, »Sera® FD Cyclops« und entkapsulierte *Artemia*-Zysten. Hatten die Jungfische eine Gesamtlänge von 15 mm, so wurde wöchentlich ein Fastentag eingehalten. Auch nach meinen Erfahrungen schadet dies den Jungfischen keineswegs. Bei meinen altersheterogenen Gruppen, in denen sich also auch Jungfische jeglichen Alters befinden, füttere ich auch an einem festen Tag in der Woche nicht. Dabei ist zu beobachten, dass dies selbst den neonatalen Zwergkärpflingen keineswegs schadet, denn diese finden am Bodengrund, an den Aquarienscheiben sowie zwischen der Vegetation ausreichend Aufwuchs.

Allerdings dürfen vor allem neonatale, aber auch juvenile Zwergkärpflinge bis zu einem Alter von etwa vier Wochen nicht mehrere Tage hintereinander ohne Fütterung bleiben. In den meisten dicht besetzten Aquarien reicht der Aufwuchs dann als Nahrungsquelle nicht mehr aus und Fütterungsdefizite können sich dauerhaft negativ im Wachstum bemerkbar machen. Ebenso wie DORN (2004) beschrieben auch andere Autoren das erfolgreiche Verfüttern von Trockenfutter (u. a. STEIN 1962; SCHOTENRÖHR 1978, 1982; ROGNER 1990; RÖSSEL 1988). Letztgenannter Autor berichtete aber auch darüber, dass bei einer ausschließlichen Verfütterung von Trockenfutter der Bestand ausstarb, trotz gelegentlicher Nachkommen, die sich aber nicht hielten. Er folgerte daraus, dass die Haltung von Zwergkärpflingen ohne Lebendfutter nicht möglich sei. Dem kann ich aus eigenen Erfahrungen ausdrücklich zustimmen. Allerdings teile ich nicht die Erfahrungen anderer Halter, die über das erfolgreiche, regelmäßige Verfüttern von Trockenfutter berichteten, denn dieses haben vieler meiner Zwergkärpflinge eher zögernd oder kaum angerührt (je nach Population!). Lediglich in Gegenwart anderer Fischarten – in meinen Aquarien überwiegend Guppys – zeigen die Zwergkärpflinge, offensichtlich durch den Futterneid angeregt, ein wenig Interesse am Flockenfutter. Dagegen hat REIZE (persönliche Mitteilung) gute Erfahrungen mit dem Verfüttern von Flockenfutter gemacht. Ihm gelang es, seine Zwergkärpflinge an die regelmäßigen Flockenfuttergaben zu gewöhnen. Die Tiere seines Stammes nehmen das künstliche Futter gut an; das konnte ich nach der Übernahme des Stammes in separater Haltung ebenfalls beobachten. Es scheint hier gewissermaßen zu einer Konditionierung auf das Trockenfutter gekommen zu sein. Das weit verbreitete Flockenfutter oder anderes industriell erzeugtes Fischfutter ist für die Ernährung der Zwergkärpflinge meines Erachtens dennoch allenfalls eingeschränkt geeignet, denn es wird von den Tieren vieler Populationen weitgehend verschmäht. Zwar nehmen sie das an der Wasseroberfläche treibende Futter gelegentlich ins Maul und kauen darauf herum, doch das meiste wird nach wenigen Augenblicken wieder ausgespuckt. Ähnlich verhalten sich die Zwergkärpflinge auch gegenüber dekapsulierten *Artemia*-Zysten und CyclopsEeze®. Auch diese Futtersorten werden vermutlich eher aus einer gewissen Neugier aufgenommen und getestet; nicht selten wird es aber wieder ausgespuckt. Offenbar fehlen die Bewegungen der Beutetiere als auslösende Stimuli zum Nahrungserwerb. Lediglich dann, wenn die Zwergkärpflinge dieses Futter bereits als Jungfische angeboten bekommen haben, wird es als Alternative zu Lebendfutter akzeptiert. Es fehlt allerdings dennoch der Jagdreiz, und Lebendfutter wird immer gegenüber anderem Futter signifikant bevorzugt. Deshalb werde ich im Folgenden auch weitere gut geeignete Lebendfutterarten vorstellen. Es sei noch darauf hingewiesen, dass Trockenfutter und anderes Kunstfutter häufig zu hochwertig ist und bei regelmäßiger Verfütterung zum Verfetten der Fische beitragen kann.

Während der wärmeren Jahreszeiten (ca. April–Oktober, regional unterschiedlich) wird zur Abwechslung möglichst sogenanntes Tümpelfutter gegeben. Da Tümpel und Teiche in unserer Landschaft mittlerweile leider selten geworden sind und demzufolge berechtigterweise unter Naturschutz stehen, kann man das Tümpelfutter durch das Aufstellen von Regentonnen oder vergleichbaren Gefäßen im Garten selbst »kultivieren«. In meinen Regentonnen lasse ich seit vielen Jahren Wasserflöhe (*Daphnia* sp.) und Hüpferlinge (*Cyclops* sp.) sich vermehren; zudem siedeln sich alljährlich auch schwarze Mückenlarven (*Culex pipiens*) dort an, deren weibliche Imagines (Stechmücken) ich durch die Hinzugabe von Brennnesseltrieben zu dem künstlichen Gewässer locke. Gegenüber der Entnahme von Hüpferlingen und Wasserflöhen aus natürlichen Gewässern besteht ein nicht zu unterschätzender Vorteil, denn aus den Regentonnen werden nur selten Fischschädlinge wie Karpfenlaus (*Argulus foliaceus*) oder Süßwasserpolyp (*Hydra vulgaris*) eingeschleppt. Erstgenannte sind wegen der eher theoretischen Gefahren des Einschleppens aus den Gefäßen zu vernachlässigen, die *Hydra* ist dagegen besonders für junge, heranwachsende Zwergkärpflinge ein gefährlicher Fressfeind, der mit seinen langen Fangarmen auch die langsam schwimmenden Jungfische erreichen kann (GÄRTNER 1981). Zudem fressen *Hydra* auch Salinenkrebse, sodass sie im selben Aquarium auch als Nahrungskonkurrenten fungieren. Sowohl die Wasserflöhe als auch die Hüpferlinge werden gerne von allen Zwergkärpflingen gefressen. Selbst junge Zwergkärpflinge wagen sich an die Krebschen heran und werden mit ihnen – ein entsprechend kleines Beutetier vorausgesetzt – auch fertig. Die schwarzen Mückenlarven sind dagegen schon wehrhaftere Beutetiere, die vor allem für größere, trächtige Weibchen ein hervorragendes Futter sind. Die Weibchen überwältigen die Mückenlarven nach einiger Zeit – ein Kampf kann sich zuweilen über mehrere Minuten hinziehen – und auch manchem erfahreneren Männchen gelingt die Jagd nach einer kleineren Larve. Eher negative Erfahrungen habe ich mit dem Verfüttern weißer Mückenlarven (*Chaoborus* sp.) sammeln müssen; lediglich die adulten Zwergkärpflingsweibchen sind in der Lage, die großen Mückenlarven zu überwältigen. Sie schwimmen die Insektenlarven eher zögerlich an. Für Subadulti und Männchen kommt dieses Futter aufgrund seiner Größe nicht infrage, Gleiches gilt auch für rote Mückenlarven (*Chironomus plumosus*).

REIZE (briefl. Mitteilung) reichte seinen Zwergkärpflingen auch regelmäßig Fruchtfliegen (*Drosophila melanogaster*), wobei nur die größeren Weibchen dieses Futter von der Wasseroberfläche aufnehmen (s. a. Kap. 5.2.2). Allerdings musste er diese vorher regelrecht an dieses Futter gewöhnen. Nur

Abb. 77: Ein adultes Weibchen erbeutet eine Imago von *Drosophila melanogaster*. Für größere Weibchen ist dies ein gutes Futter. Foto: INGO BOTHO REIZE.

dadurch, dass sie sahen, wie die mit ihnen vergesellschafteten Guppys die kleinen Insekten von der Wasseroberfläche nahmen, betrachteten sie die Fruchtfliegen offenbar ebenfalls als Futter. Männchen, Subadulti und Juvenile sind angesichts der Größe der Fliegen mit diesen Beutetieren überfordert (eigene Beobachtungen). Sie knabbern zwar kurz daran, erkennen allerdings bald, dass die Fliegen deutlich zu groß sind. REIZE stellte fest, dass es zu einer Konditionierung der Weibchen auf die Fruchtfliegen kam und dass sie vor allem dann auf die Beute reagierten, sobald mehrere Fliegen gleichzeitig auf die Wasseroberfläche gegeben wurden. Dieser Stimulus schien das Fressen zu verstärken (s. a. Abb. 77).

RÖSSEL (1988) verfütterte Essigälchen und Mikrowürmchen an seine Zwergkärpflinge. Den Ausführungen des Autors zufolge gelang damit die Haltung der Zwergkärpflinge besser als mit der ausschließlichen Fütterung von Flockenfutter, die ja, wie erwähnt, scheiterte. Allerdings wuchsen die ausschließlich mit Mikrowürmchen gefütterten Jungfische »sehr schlecht«, was sich erst änderte, als der Autor zusätzlich *Artemia*-Nauplien verfütterte. Er stellte darüber hinaus allerdings auch fest, dass juvenile Zwergkärpflinge besser wuchsen, wenn sie sowohl Mikrowürmchen als auch Salinenkrebse erhielten; das Wachstum erfolgte also schneller als bei einer einseitigen Ernährung mit *Artemia salina*. Daraus lässt sich die Notwendigkeit einer abwechslungsreichen Fütterung durchaus ableiten. Ich halte Mikrowürmchen schlechterdings für ein nur eingeschränkt geeignetes Fischfutter, denn die harte Kutikula bereitet etwa den Guppys sehr wohl Verdauungsprobleme. Ich gehe davon aus, dass es sich beim Zwergkärpfling ähnlich verhält. Zudem ist nicht ein schnelles, sondern ein gleichmäßiges und vor allem natürliches Wachstum anzustreben.

Andere Autoren (u. a. HARTIG-BEECKEN 1984; SCHOTENRÖHR 1978, 1982) verfütterten offenbar erfolgreich Bachröhrenwürmer (*Tubifex* sp.) an ihre

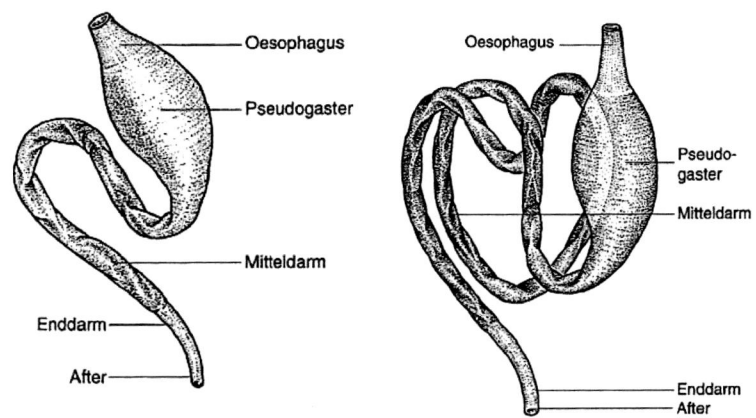

Abb. 78: Links: Verdauungstrakt von *Heterandria formosa*. Man beachte den vergleichsweise kurzen Mitteldarm. Rechts: Verdauungstrakt von *Poecilia reticulata* mit einem recht langen Mitteldarm zur guten Verwertung pflanzlicher Nahrung (aus BREMER 1997).

Zwergkärpflinge. RIEHL (1984) zerdrückte das Gehäuse kleinerer Wasserschnecken und die Zwergkärpflinge stürzten sich »wie Berserker« auf das dadurch frei gewordene Schneckenfleisch (s. a. Kap 5.3.1).

Zusammenfassend lässt sich festhalten, dass frisch geschlüpfte *Artemia*-Nauplien, kleinere Wasserflöhe (*Daphnia* sp.) sowie Hüpferlinge (*Cyclops* sp.) das beste Zusatzfutter für Zwergkärpflinge aller Altersgruppen sind. Schwarze Mückenlarven eignen sich zum Verfüttern aufgrund ihrer Größe und einer gewissen Wehrhaftigkeit nur für ältere, kräftige Weibchen. Alternativ dazu können auch die Eischiffchen und ganz kleine Larven der Stechmücken aus dem Wasser geholt und an alle Zwergkärpflinge verfüttert werden. Im Gegensatz zu Guppys überfressen sich Zwergkärpflinge nach meinen Beobachtungen nicht. Es sei darauf hingewiesen, dass die Ernährung des Muttertieres aufgrund der matrotrophen Viviparie einen nicht unerheblichen Einfluss auf die Versorgung der Embryonen hat; auch dies muss bei der Wahl des Futters und der Fütterungsintervalle berücksichtigt werden. Auch wissenschaftlich ist durch CHEONG et al. (1984) und andere Autoren (u. a. SCRIMSHAW 1944a) beschrieben worden, dass die Nachkommen gut genährter Muttertiere größer und kräftiger sind als die Jungfische schlecht genährter Weibchen.

Abschließend stelle ich dar, wie ich die Ernährung der Zwergkärpflinge in meinen Aquarien betreibe. Bei der Haltung meiner Wildfangpopulationen habe ich gute Erfahrungen damit gemacht, über das gesamte Jahr alle zwei Tage frischgeschlüpfte *Artemia*-Nauplien zu verfüttern. Ab März, in manchen Jahren auch erst ab April, bis weit in den Oktober hinein verfüttere ich an den anderen Tagen Hüpferlinge, Wasserflöhe und Mückenlarven aus den eigens dafür aufgestellten Regentonnen. Während der kalten Jahreszeit müssen sich die Zwergkärpflinge an den fütterungsfreien Tagen ihre Nahrung zwischen den großflächigen Grünalgenrasen erarbeiten. Da in dieser kühlen Zeit die Fortpflanzung weitgehend eingestellt wird, wirkt sich dies nicht negativ auf die Nachkommen aus, und ist als Teil eines naturähnlichen Nahrungserwerbs zu betrachten. Ab und zu biete ich ergänzend kleinpartikuläres Trockenfutter, dekapsulierte *Artemia*-Zysten oder CyclopsEeze® an, was dann von den Tieren auch gut gefressen wird. Die Zwergkärpflinge aus meinem domestizierten Stamm erhalten täglich zwei Mahlzeiten, da sie das offensichtlich brauchen.

Bei allen Tieren erfolgt an einem Tag in der Woche eine Futterpause.

Die Farbe und Konsistenz des Kotes ist übrigens ein wichtiger Indikator für den Gesundheits- und Ernährungszustand der Zwergkärpflinge. Bei einer gemischten Kost ist er rötlich-braun, nach dem Fressen der Salinenkrebse eher rot; in jedem Fall sollten die Ausscheidungen fest und keineswegs weißlich-wässrig sein, da dies ein Hinweis auf eine Erkrankung sein kann.

7.2.4 Vergesellschaftung

Da Zwergkärpflinge allgemein als recht »friedliche« Fische gelten, gehen viele Aquarianer davon aus, dass sie sich auch gut mit anderen Arten vergesellschaften lassen. STALLKNECHT (1976a) bezeichnete sie jedoch bemerkenswerterweise als »gesellschaftsbeckenuntauglichste Vertreter der Poeciliidae«. Schlechterdings sind die Zwergkärpflinge keineswegs so harmlos wie man aufgrund ihres »schmächtigen« Habitus meinen könnte. Freilich belästigen sie kaum die Weibchen anderer Arten, so wie dies die adulten Männchen manch anderer Arten der Poeciliinae zuweilen praktizieren, sondern die Zwergkärpflinge bekämpfen eher neu in ihr Aquarium gesetzte Fische mitunter sehr rabiat. JANICKI (1980) berichtete recht anschaulich, wie sich seine *Heterandria formosa* gegenüber den Tüpfelhechtlingen (*Pachypanchax playfairi*) im Gesellschaftsaquarium durchsetzten. Der Autor setzte rund 50 halbwüchsige Hechtlinge mit einer Länge von rund 15 mm in ein 60-l-Aquarium, in dem bereits ca. 50 Zwergkärpflinge lebten. Zwei Tage nach dem Zusammensetzen musste JANICKI mit ansehen, wie die letzten Tüpfelhechtlinge von den subadulten (!) und adulten Zwergkärpflingsweibchen getötet wurden; die getöteten Hechtlinge wurden allerdings nicht gefressen, denn dazu waren sie zu groß. Derselbe Autor schilderte ebenfalls, dass selbst bei einer Vergesellschaftung mit Zwergbuntbarschen vom Fischnachwuchs nur die jungen Zwergkärpflinge überlebten; von den fürsorglich verteidigten Zwergbuntbarschjungen überlebte jedoch keines (s. a. Kapitel 5.2.2).

Aus eigener Erfahrung kann ich allerdings festhalten, dass es durchaus Arten gibt, mit denen sich die Zwergkärpflinge einigermaßen vergesellschaften lassen, sofern das Aquarium entsprechend groß und zudem ausreichend dicht bepflanzt ist. Bei der gemeinsamen Haltung von Guppys und Zwergkärpflingen musste ich beobachten, dass die Jungfische der jeweils anderen Art gefressen wurden, allerdings blieben von beiden Arten jeweils ausreichend viele Jungfische übrig. Noch problematischer ist die gemeinsame Fütterung beider Arten, einfach deshalb, weil die Guppys viel schneller und weniger selektiv fressen als die Zwergkärpflinge. Selbst bei einem üppigen Nahrungsangebot können die Zwergkärpflinge manchmal zu wenig Futter abbekommen. Deutlich unproblematischer ist nach meinen Beobachtungen die Vergesellschaftung von *Poecilia* (*Micropoecilia*) *picta* und anderen Arten aus der Untergattung *Micropoecilia* mit *H. formosa*. Allerdings divergieren hier die Ansprüche an die Wassertemperaturen ebenso wie bei der Vergesellschaftung mit den Guppy-Arten, sodass ich nunmehr Zwergkärpfling ausschließlich in Artaquarien halte.

Zudem ist darauf zu achten, dass es eine gewisse »Balance« zwischen den vergesellschafteten Arten gibt und nicht irgendwann eine Art »Oberwasser gewinnt«.

Grundsätzlich müssen gemeinsam gehaltene Arten in ihren Ansprüchen an die Haltungsbedingungen zueinander passen. Aufgrund der im Vergleich zu den Anforderungen vieler anderer Aquarienfische an die Wassertemperaturen eher niedrigen Ansprüche der Zwergkärpflinge (nachts sowie im Winter durchschnittlich kühlere Haltung, s. a. Kap. 7.2.1), ist der Kreis möglicher »Gesellschafter« in einem Gesellschaftsaquarium eher klein und überschaubar. Die »gängigsten« tropischen Aquarienfischarten verlangen durchschnittliche Wassertemperaturen um 25 °C mit einer gewissen Konstanz; das ist für die dauerhafte Haltung von Zwergkärpflingen definitiv zu warm, zudem fehlen die saisonalen Unterschiede.

Bezüglich einer Vergesellschaftung mit anderen Fischarten lässt sich zusammenfassend festhalten, dass ein Artaquarium für die Zwergkärpflinge nach meinem Dafürhalten die beste Option für eine möglichst gute Haltung und Pflege ist.

Von vielen anderen Arten Lebendgebärender Zahnkarpfen ist bekannt, dass deren geschlechtsreife Männchen auch häufig artfremde Weibchen umwerben, teils gar zu begatten versuchen. Dies ist nicht nur im Gesellschaftsaquarium festgestellt worden, sondern auch im Freiland. Im Aquarium lässt sich bei adulten Zwergkärpflingsmännchen ein derartiges Verhalten nicht beobachten (ARNOLD 1974, eig. Beobachtungen), und auch im Freiland konnte ich keine Begattungsversuche etwa gegenüber Gambusen-Weibchen erkennen.

Mit den seit vielen Jahren »in die Mode gekommenen« Süßwassergarnelen (*Caridina* sp., *Neocaridina* sp.) lassen sich Zwergkärpflinge nach meinen Erfahrungen gut vergesellschaften. Von den jungen Garnelen bleiben jedoch eher wenige übrig, denn die Zwergkärpflinge erkennen diese alsbald als eine willkommene Ergänzung ihres Speiseplans. Das Jagen und Fressen junger Garnelen durch die diesbezüglich recht geschickten Zwergkärpflinge kann somit schnell dazu führen, dass eine vielleicht einst individuenstarke Aquarienpopulation allmählich an den Rand des Aussterbens gerät. Allerdings habe ich noch nicht erlebt, dass eine Garnelenpopulation gänzlich ausgerottet wurde; vermutlich ist dies auch eine Frage der Fütterung der Zwergkärpflinge. Erhalten diese regelmäßig anderes Lebendfutter, so bleiben immer ausreichend junge Garnelen übrig, die zum Erhalt des Bestandes beitragen.

Die Vergesellschaftung mit Schnecken ist zuweilen nicht ganz unproblematisch, denn die Zwergkärpflinge zupfen gerne an deren Fühlern. Vor allem empfindlichere Arten reagieren darauf mitunter recht sensibel. Aus diesem Grund halte ich in meinen Aquarien nur unempfindliche Arten, wie etwa Turmdeckel- (*Melanoides tuberculata*) oder Blasenschnecken (*Physella acuta*), gemeinsam mit Zwergkärpflingen.

7.2.5 Freilandhaltung

Verschiedene Autoren (u. a. AUER 2004, KEMPKES 2011) berichteten über die erfolgreiche Haltung der Zwergkärpflinge während des mitteleuropäischen Sommers im Gartenteich oder im Kübel. Das gute Gelingen des »Übersommerns« im Gartenteich ist vor allem darauf zurückzuführen, dass sie während der warmen Jahreszeit schwankende Temperaturen erfahren (nachts, tagsüber, unterschiedliches Wetter), reichlich Lebendfutter erbeuten und bei sonnigem Wetter dicht unterhalb der Wasseroberfläche »Sonnenbäder« nehmen können. Dort lassen sich die im Teich wieder ziemlich schnell vorsichtig, teils gar scheu werdenden Zwergkärpflinge recht gut beobachten, ansonsten sind sie im Teich eher schlecht bis gar nicht zu erkennen. Die Freiluftsaison kann sich von Mitte/Ende Mai bis in den September hinein erstrecken; die Zwergkärpflinge dürfen dabei keinen Nachtfrösten ausgesetzt werden. Von Region zu Region kann sich also die Zeit der Teichhaltung verschieben. Wichtig ist es auch, zu berücksichtigen, dass diese fremdländische Art nur in speziell dafür aufgestellten Behältnissen gehalten wird. Andere Teiche, in denen möglicherweise einheimische Insekten- und Amphibienarten vorkommen, dürfen nicht mit allochthonen Fischarten besetzt werden! Angesichts der geringen Körperlängen und der Tarnfarben, kann ich die Haltung von Zwergkärpflingen im Gartenteich nur eingeschränkt empfehlen, denn das Leeren des Teiches ist u. U. mit einigem zeitlichen Aufwand verbunden. Die Teichhaltung ist nur dann sinnvoll, wenn das Gefäß zum Ende der Freilandsaison komplett geleert werden kann und somit sichergestellt ist, dass sämtliche Zwergkärpflinge entfernt werden können. Ansonsten ist die Haltung in einem draußen stehenden Kübel aus den oben genannten Gründen selbstverständlich eine gute, ja recht reizvolle Alternative zur Haltung im Aquarium. Und während des Sommerurlaubs lassen sich die Tiere – auch bei längerer Abwesenheit des Halters – im Gegensatz zum »wohlbehüteten« Aquarium ohne Probleme draußen halten. Die Natur versorgt die Tiere mit allem, was sie benötigen, und im September lassen sich prächtige Zwergkärpflinge in einer guten Kondition abfischen.

Ich empfehle zur Haltung einen Kübel mit mindestens 100 Liter Fassungsvermögen und einer Mindesttiefe von 50 cm, damit es bei hochsommerlichen Temperaturen nicht zu einer Überhitzung des Wassers kommt. Eine dichte Vegetation gibt den Zwergkärpflingen die Möglichkeit, sich darin zurückzuziehen. Das Gefäß wird am besten an einer Stelle im Halbschatten eingegraben. Der Kübel muss durch mehrere sehr kleine Löcher einige Zentimeter unterhalb des Kübelrandes gegen ein Überlaufen nach kräftigeren Regengüssen geschützt sein, sodass es nicht zum Wegspülen von Zwergkärpflingen kommen kann. Größere Löcher werden mit Schwämmen gegen ein Wegspülen von Zwergkärpflingen gesichert.

Eine andere Gefahr geht bei der Teichhaltung von draußen lebenden Tieren aus, die den Zwergkärpflingen nachstellen. Das können beispielsweise streunende Katzen sein, aber auch Graureiher können durchaus die größeren Zwergkärpflingsweibchen als Nahrungsquelle für sich entdecken. In derartigen Fällen ist eine Absicherung des Kleinstgewässers durch ein Netz oder Ähnliches angebracht. Dass sich u. U. auch Insekten wie Libellenlarven und/oder Gelbrandkäfer ansiedeln, lässt sich nicht verhindern. Diese karnivoren, autochthonen und geschützten Tiere dürfen nicht bekämpft werden.

Eine Alternative zum Teich oder Kübel ist die Haltung der Zwergkärpflinge während des Sommers im Freilandaquarium. Das hat den Vorteil, dass die Fische besser zu beobachten sind. Allerdings veralgt es recht schnell; es muss jedoch ohnehin vor einer direkten Sonneneinstrahlung geschützt werden, damit das Wasser nicht zu warm wird. In jedem Fall ist die vorübergehende Haltung von Zwergkärpflingen im mitteleuropäischen Sommer eine gute Alternative zur ganzjährigen Haltung im Aquarium, sofern die wichtigsten Hinweise beachtet werden.

7.2.6 Vermehrung

Wenn im Aquarium Lebensbedingungen geschaffen werden, die den Zwergkärpflingen zusagen, werden sich auch schnell die ersten Nachkommen einstellen, sofern die Jahreszeit passt (s. a. Kap. 6.3.2, 6.3.3). Gelegentlich werden die Neugeborenen von den Adulti verfolgt oder gefressen – das scheint von Stamm zu Stamm unterschiedlich zu sein, sodass es offensichtlich auch genetisch veranlagt ist. Allerdings lassen sich auch individuelle Unterschiede zwischen den Weibchen feststellen – unabhängig von der Stammeszugehörigkeit!

Der beste Schutz für die neonatalen Zwergkärpflinge ist eine dichte Vegetation (s. a. Kap. 7.2.2) und ggf. ein Bodengrund unterschiedlicher Körnung. Andere Schutzmaßnahmen sind nach eigenen Erfahrungen mit verschiedenen Stämmen nicht notwendig. Die Unterbringung des hochträchtigen Weibchens in einem sogenannten »Ablaichkasten« ist schon aufgrund des Wurfrhythmus (längere Wurfperiode) nicht möglich, und darüber hinaus ist der Einsatz von Ablaichkästen grundsätzlich abzulehnen, da sie einem werfenden Weibchen viel zu wenig Raum lassen, das Weibchen auch wegen der Separierung von den Artgenossen unter Stress steht und der Wasseraustausch zu gering ist, sodass sich schnell die Wasserqualität in dem kleinen Behältnis verschlechtert. Wer tatsächlich kannibalische Adulti pflegt, kann zur Sicherheit die Neugeborenen abfangen und in ein separates Aufzuchtaquarium setzen. Da die Jungfische sich allerdings nur sehr langsam bewegen, muss man sich schon ein wenig bemühen, um sie zu entdecken. Am besten schaut man sowohl von unten als auch von oben gegen bzw. auf die Wasseroberfläche. Außerdem sind die neonatalen Zwergkärpflinge auch zwischen der Vegetation oder am Bodengrund zwischen Kieseln auszumachen.

Nach dem Absetzen eines oder mehrerer Jungfische nimmt der Leibesumfang der Weibchen etwas ab, sie wirken insgesamt etwas schlanker als zuvor, was sich allerdings in den darauf folgenden Tagen wieder ändert. Ein erfahrener Züchter erkennt dies auf den ersten Blick und kann ggf. die Jungfische aus dem Aquarium entfernen und in ein Aufzuchtaquarium setzen. Wie in Kapitel 5.2.2 bereits ausführlich thematisiert, ist das Verfolgen und Fressen der eigenen Nachkommen allerdings kein großes züchterisches Problem. Die Aufzucht der neonatalen Zwergkärpflinge muss normalerweise nicht in separaten Aquarien erfolgen, da den Jungfischen wenige Minuten bis Stunden nach ihrer Geburt überhaupt nicht mehr nachgestellt wird. Auch eine gemeinsame Aufzucht unterschiedlich alter Jungfische ist nach meinen Erfahrungen problemlos möglich, selbst dann, wenn neonatale Zwergkärpflinge zu Artgenossen gegeben werden, die bereits mehrere Wochen alt sind. Die Sorge mancher Aquarianer, dass die kleineren Jungfische weniger Nahrung abbekommen könnten, lässt sich leicht zerstreuen, denn selbst den Neonatalen gelingt es bereits kurz nach ihrer Geburt, frischgeschlüpfte *Artemia*-Nauplien zu erbeuten. Einen Großteil ihrer Nahrung erbeuten die Jungfische jedoch ohnehin zwischen der Vegetation (Aufwuchs, Infusorien). Das Aufwachsen in einer größeren, altersheterogenen Gruppe hat nach meinen Erfahrungen keinerlei negative Auswirkungen auf die Entwicklung der Jungfische.

Die Vermehrung erfolgt nicht sonderlich schnell, sodass eine Überbevölkerung eines Aquariums so rasch nicht zu befürchten ist. Ausgehend von einer Lebenserwartung zwischen zwei und drei Jahren, pendelt sich – ein entsprechend großes Aquarium vorausgesetzt – im Laufe mehrerer Jahre eine weitgehend stabile Populationsgröße ein.

Nach meinen Erfahrungen ist die Inzucht bei Zwergkärpflingen in den meisten Aquarienpopulationen kein sonderlich großes oder überhaupt kein Problem. Eine entsprechende Populationsgröße (und Aquariengröße!) vorausgesetzt, muss m. E. überhaupt nicht mit Tieren fremder, also nicht verwandter Stämme in die Ausgangspopulation eingekreuzt werden. Auch nach vielen Jahren ohne Einkreuzungen treten in Populationen ab 50 adulten Individuen beiderlei Geschlechts keine inzuchtbedingten Degenerationserscheinungen auf. Dies ist u. a. darauf zurückzuführen, dass sich die Tiere promiskuitiv paaren und somit die Nachkommen eines Weibchens von mehreren Männchen stammen. Ich vertrete ohnehin die Ansicht, dass bei der Zucht der verschiedenen Poeciliinen-Arten viel zu oft, zu früh und vor allem falsch in bestehende Populationen eingekreuzt wird. ALA-HONKOLA et al. (2009) kommen diesbezüglich zu anderen Erkenntnissen, nach ihren Beobachtungen hat strenge Inzucht innerhalb einer Zwergkärpflingspopulation drei bedeutende negative Auswirkungen: Insgesamt gebären Weibchen aus Inzuchtverbindungen weniger lebende Jungfische und sowohl die Männchen als auch die Weibchen benötigen zum Erreichen der Geschlechtsreife vergleichsweise länger. Die Autoren zitieren ferner STEARNS (1992), dem zufolge Veränderungen im Erreichen der Geschlechtsreife Auswirkungen auf deren Fitness und andere Merkmale der Life History haben. Schließlich zeigen die Männchen unter starken Inzuchteinflüssen auch ein quantitativ deutlich geringeres Balz- und Fortpflanzungsverhalten als andere Männchen; sie zeigen weniger oft das Stoßen mit dem Gonopodium nach einem Weibchen (ALA-HONKOLA et al. 2009). Darüber hinaus stellten die Autoren fest, dass erstgenannte Männchen im Vergleich zu ihren Artgenossen auch schnell passiver wurden. Bislang habe ich diese Beobachtungen allerdings nicht teilen können, auch nicht in Stämmen, die schon sehr lange isoliert, d. h. ohne jede Einkreuzung existieren. So habe ich einen Stamm von INGO REIZE übernommen, den dieser bereits seit 13 Jahren völlig separat hielt. Auch in meinem Aquarium hielt ich ihn völlig isoliert von anderen Stämmen, und im Vergleich zu den anderen Aquarienpopulationen ließen sich keine Unterschiede bezüglich der Fitness der Nachkommen, der Ontogenese oder der Fortpflanzungsaktivität der Männchen erkennen.

Nach eigenen Erfahrungen kann ich lediglich festhalten, dass in kleineren Aquarienpopulationen, die nur aus wenigen Individuen bestehen, sich eine Einkreuzung nach einigen Generationen als sinnvoll erweisen kann, aber nicht zwingend sein muss. Hier sind die Beobachtungsgabe und das Fingerspitzengefühl des Halters gefragt.

SCHRADER & TRAVIS (2008) sowie POLLUX et al. (2009) beschrieben, dass es bei Kreuzungen zwischen verschiedenen Populationen von *Heterandria formosa* zu einem hohen Prozentsatz an Fehlgeburten kommen kann (s. a. Kap. 6.3.2). Sie führen dies auf genetisch bedingte physiologische Unterschiede bzw. »Unverträglichkeiten« zurück; Gleiches ist auch schon bei anderen Poeciliinen beobachtet worden. In diesen Fällen werden die von »unpassenden« Männchen abstammenden Embryonen von den Müttern abgestoßen. Diese Erkenntnis verdeutlicht, dass voneinander isolierte Populationen derselben Art physiologisch bzw. genetisch doch recht unterschiedlich sein können. Daher kann ich abschließend nur dazu raten, die Population »rein« zu erhalten und eine möglichst hohe Individuenzahl zu erreichen. Ansonsten ist *Heterandria formosa* eine Art, die nach meinen Erfahrungen als relativ inzuchtresistent bezeichnet werden kann.

Zur Bestandserhaltung der Population sind nur wenige züchterische Eingriffe vonnöten. Das Wichtigste ist auf jeden Fall das Sicherstellen guter Lebensbedingungen. Darüber hinaus stehen vereinzelte selektive Eingriffe an, die sich allerdings nur auf schwächliche und kranke Fische beziehen. In jedem Fall muss der Züchter die Gesamtentwicklung des Bestandes jederzeit im Blick haben, denn einigen Liebhabern ist es bereits passiert, dass ihr Bestand plötzlich nur noch aus Männchen oder Weibchen bestand (STALLKNECHT 1976a). Während des Frühjahrs und Sommers, und bekanntlich bis weit in den Herbst hinein, vermehren sich die Zwergkärpflinge. Daher ist es sehr wichtig, dass mit dem beginnenden Winter ausreichend viele Subadulti beiderlei Geschlechts vorhanden sind, denn häufig verenden ältere Tiere in der kalten Jahreszeit. Die jüngeren Fische müssen im nahenden Frühjahr durch ihre Reproduktion zum Bestandserhalt bzw. zunächst zum Wiederaufbau der Aquarienpopulation beitragen. Deshalb muss jeder Aquarianer darauf achten, dass vor dem Ende der Reproduktionssaison ausreichend viele junge Zwergkärpflinge beiderlei Geschlechts vorhanden sind. Um einen Bestand ohne Einkreuzungen über viele Jahre dauerhaft zu erhalten, sind nach meinem Dafürhalten mindestens 30 Adulti jedes Geschlechts vonnöten. Das setzt ein entsprechend großes Aquarium voraus. Ich empfehle 80 × 50 × 30 cm (L × B × H), das sind 120 Liter Volumen.

7.2.7 Erwerb, Eingewöhnung und Umgang mit den Tieren

Der Erwerb von Zwergkärpflingen erfolgt am besten direkt beim Züchter, denn dann haben die Fische nicht eine oder mehrere Umgewöhnungen (oft in kurzer Zeit) hinter sich und man kann sich über die Haltungsbedingungen und andere Spezifika austauschen. Zumeist ist der Kauf beim Züchter auch die einzige Möglichkeit, denn nur in relativ wenigen Zoogeschäften werden Zwergkärpflinge angeboten. Zum Aufbau eines Stammes empfiehlt es sich, möglichst viele Jungfische zu erwerben, damit man die Aquarienpopulation von vornherein auf ein etwas breiteres »genetisches Fundament« stellt. Zudem gewöhnen sich juvenile Zwergkärpflinge im Alter von zwei, drei Wochen besser ein als neonatale oder adulte Artgenossen. Für eine größere Gruppe spricht auch die Tatsache, dass die Fische mehr Auswahl unter den potenziellen Geschlechtspartnern haben; bei einer Art, die einer promiskuitiven Fortpflanzung nachgeht, ist das sehr wichtig! Daraus ergibt sich gewissermaßen als positiver Nebeneffekt, dass innerhalb der Gruppe eine größere genetische Variabilität besteht.

Mehr Individuen haben zudem den Vorteil, dass sie sich untereinander beschäftigen, da der sonst in der Natur übliche Reiz der Nahrungssuche durch regelmäßige Futtergaben im Aquarium weitgehend fehlt. Auch die dabei zwangsläufig auftretenden intrasexuellen Aggressionen verteilen sich in Gruppen mit einer höheren Individuendichte besser. Das wird bspw. deutlich, wenn nur zwei adulte Männchen im selben Aquarium leben und dabei um wenige Weibchen konkurrieren. Nach eigenen Beobachtungen beschäftigen sich die Männchen mitunter mehr mit dem gegenseitigen Imponieren als mit dem Umwerben und Begatten der Weibchen.

Manchmal kann es sich – aus welchen Gründen auch immer – als notwendig erweisen, Zwergkärpflinge fangen zu müssen. Dies hat grundsätzlich in ruhiger Art zu erfolgen; keineswegs darf das Fangnetz hektisch durch das Aquarium gezogen werden. Adulte Zwergkärpflinge sind durchaus zu schnellen Fluchtbewegungen fähig, doch verhalten sie sich bei ruhigen Fangversuchen zumeist auch »gelassen«. Die Zwergkärpflinge ziehen sich in sie verängstigenden Situationen auch in die dichte Vegetation zurück. Während sich adulte Weibchen sehr einfach fangen lassen, gilt es insbesondere bei Männchen und Jungfischen, mit besonderer Vorsicht zu agieren. Beim Fangen von Männchen ist die Gefahr gegeben, dass sich das lange

Gonopodium in den Maschen des Keschers verhakt. Deshalb fange ich die Männchen mit größeren Netzen und hole die Männchen dann mit einem haushaltsüblichen Kaffeelot aus dem Aquarium, sodass die Tiere erst gar nicht das Wasser verlassen müssen und zudem nicht die Gefahr einer Verletzung des Begattungsorgans besteht. Ähnlich verfahre ich bei den winzigen Neugeborenen und auch bei bereits etwas älteren Jungfischen. Diese Fangmethode ist nach meinen Erfahrungen die schonendste. Gerade bei Jungfischen dürfen nur langsame Fangbewegungen ausgeführt werden, da die Winzlinge im Netz gelegentlich, meist eher selten, temporäre Schockreaktionen zeigen. Dabei drehen sie sich zur Seite und/oder lassen sich absinken. Ähnliches lässt sich auch beim Umsetzen in ein fremdes Aquarium beobachten, sofern dies nicht schonend erfolgt. Ein derartiges Schockverhalten ist meines Wissens bislang von keiner anderen Poeciliinae-Art beschrieben worden; lediglich von verschiedenen Hochlandkärpflingen (KEMPKES 2001) ist Vergleichbares bekannt.

Bei den neugeborenen oder wenige Tage alten Jungfischen besteht mitunter das Problem, diese Winzlinge zu entdecken, da sie sich kaum bewegen und zudem gut getarnt sind. Häufig halten sie sich zwischen der dichten Vegetation auf und sind dort nur schwer auszumachen. Manchmal kann es hilfreich sein, von unten gegen die Wasseroberfläche zu schauen, dabei fallen die Jungen ebenso auf wie auch beim Blick von oben auf die Wasseroberfläche.

Zum Transport werden die Tiere am besten einzeln in kleinen Beuteln verpackt, da es unter den stressigen Transportbedingungen auch zu gegenseitigen Verletzungen bis hin zu Tötungen jüngerer bzw. kleinerer Artgenossen kommen kann, wenngleich das nur sehr selten der Fall ist. Eine Einzelverpackung ist immer die sicherste Transportmöglichkeit. Der Transport der Fische erfolgt am besten in einer lichtundurchlässigen, isolierten Kiste, die weitgehend temperaturbeständig ist, sodass eine Unterkühlung oder Überhitzung des Transportwassers ausgeschlossen ist.

Beim Erwerb neuer Tiere, die in eine bestehende Gruppe integriert werden sollen, müssen sich die Neuankömmlinge zunächst einer Quarantäne unterziehen, d. h., in den ersten zwei, drei Wochen sind die neuen Tiere völlig separat zu halten. Treten in diesem Zeitraum keinerlei Krankheitssymptome auf, so können aus dem Altbestand einige wenige Tiere hinzugesetzt werden, sodass die Neuankömmlinge mit den spezifischen Parasiten des übrigen Bestandes konfrontiert werden. Sofern nach einer weiteren Woche weder an den neu erworbenen Tieren noch an den Fischen aus dem Altbestand irgendwelche negativen Veränderungen erkennbar sind, können die Fische in die übrige Population integriert werden. Zum Schluss dieses Unterkapitels möchte ich nochmals darauf hinweisen, alte Stämme und die Nachkommen von Wildfängen separat und »rein« zu halten. Eine Vermischung von Stämmen ist weder wünschenswert noch sinnvoll (s. a. Kap. 7.2.6).

7.2.8 Krankheitsvorbeugung und -behandlung

Heterandria formosa ist keine sonderlich empfindliche Fischart, im Gegenteil: Es handelt sich um äußerst robuste, weitgehend stressresistente Fische. Und da Stress nach meinen Erfahrungen die wichtigste Ursache für das Erkranken von Fischen ist, lässt sich für die Zwergkärpflinge festhalten, dass diese nur selten erkranken. Die beste Krankheitsvorsorge sind also möglichst gute Haltungs- und Lebensbedingungen im Aquarium. Sofern die zuvor gegebenen Hinweise beachtet und in die züchterische Praxis umgesetzt werden, dürften sich eigentlich keine Krankheiten im Bestand ergeben bzw. darin ausbreiten. Ich habe in meiner praktischen Beschäftigung mit den Zwergkärpflingen bislang glücklicherweise noch keine Erfahrungen mit kranken, zu behandelnden Tieren machen müssen. Auch andere Züchter berichten über eine bemerkenswerte Krankheitsresistenz dieser Fische. Dies darf allerdings niemanden dazu verleiten, die Haltung und Pflege der Zwergkärpflinge zu vernachlässigen! Sollten sich dennoch irgendwann Krankheitssymptome wie geklemmte Flossen oder schaukelnde Schwimmbewegungen einstellen, so kann der Einsatz eines hochwertigen Meersalzes (Zoofachhandel) durchaus die Symptome lindern und zur Heilung beitragen, zumal die Zwergkärpflinge eine große ökologische Anpassungsfähigkeit haben und ihr Vorkommen im Süß- und Brackwasser ihre Salinitätstoleranz unterstreicht. Sofern nur einzelne Tiere betroffen sind, werden diese separat in einem kleinen Aquarium behandelt. Dazu werden zunächst ein bis zwei Teelöffel Salz auf zehn Liter Wasser gegeben. Sollte diese Dosierung nicht ausreichen, so kann nach einem Tag immer wieder etwas nachdosiert werden (kleinere Dosen, etwa ein Viertel Teelöffel). Bei der Behandlung mit Salz ist auf das Schwimmverhalten der Tiere zu achten. Schaukelnde Bewegungen und/oder eine unnatürliche schnelle Atmung können auf eine überbeanspruchte Salinitätstoleranz hinweisen, und dann muss wieder etwas Wasser ausgetauscht werden. Die übrigen Tiere des Bestandes müssen in den folgenden Tagen und Wochen aufmerksam auf eventuell auftretende Symptome beobachtet werden. Beim Einsatz des Salzes in der Großgruppe sind allerdings zuvor die Wasserpflanzen aus dem Aquarium zu entfernen.

Eine vorübergehende Erhöhung der Wassertemperatur kann vielen fischpathogenen Keimen und anderen Krankheitserregern zusetzen, sodass sie geschwächt werden und ggf. absterben. Für die Dauer von ein, maximal drei Tagen kann die Temperatur auf 30 °C hochgefahren werden. Auch dabei sind die Tiere auf ihr Verhalten und ihre Symptome hin zu beobachten. Sollten die Tiere unnatürlich schnell atmen, so ist durch mehrere kleinere Teilwasserwechsel mit kaltem Wasser die Temperatur im Aquarium schonend abzusenken. Grundsätzlich empfiehlt sich nach jeder Krankheitsbehandlung ein ausführlicher Teilwasserwechsel von 30–40 % des Aquarieninhaltes. Mit einem UV-Klärer lässt sich der Keimdruck im Aquarienwasser deutlich minimieren. Allerdings sind Zwergkärpflinge wirklich Fische, die bestens in technikfreien Aquarien gehalten werden können und für die ein derartiger Aufwand nicht notwendig ist, sofern die Haltungsparameter sich allesamt an den Bedürfnissen der Tiere orientieren.

Abschließend sei auf die gängige Literatur über Fischkrankheiten verwiesen, die ggf. die Diagnose erleichtern und eine entsprechende Behandlung empfehlen.

8 Glossar

adult: Erwachsen, ausgewachsen.

agonistisches Verhalten: Alle Verhaltensweisen, die in Zusammenhang mit einem Konflikt stehen, z.b. Angriffs-, Flucht- und Beschwichtigungsverhalten.

allochthon: Gebietsfremd, außerhalb des natürlichen Areals vorkommend.

Anale: Afterflosse.

anthropogen: Durch Menschen beeinflusst oder verursacht.

autochthon: Heimisch, im aktuellen Verbreitungsgebiet entstanden.

Benthos: Sammelbegriff für alle am Gewässerboden lebenden Pflanzen (Phytobentos) und Tiere (Zoobenthos). Es wird unterschieden zwischen frei beweglichem (vagilem) und festsitzendem (sessilem) Benthos.

Biotop: Lebensraum einer Lebensgemeinschaft (Biozönose), meist durch typische Pflanzen und Tiere charakterisiert.

caudal: Zum Schwanz hin, schwanzwärts.

Caudalis: Schwanzflosse.

Domestikation: Haustierwerdung.

dorsal: Zum Rücken gehörend, zum Rücken hin (gelegen).

Dorsalis: Rückenflosse.

Epithel: Abschlussgewebe, Deckgewebe; Körperaußenflächen oder -innenflächen begrenzende Zelllage.

euryök: Einen breiten Toleranzbereich bezüglich eines oder mehrerer Umweltfaktoren aufweisend.

Fission-Fusion-Organisation: »Trennen und Zusammenkommen«. Bezeichnung für Gruppen sozial hochentwickelter Tiere, die in lockeren Verbänden zusammen leben. Die Mitglieder kennen sich individuell, kommen zusammen und gehen wieder getrennter Wege.

Gameten: Geschlechtszellen, Keimzellen.

Geschlechtsdichromatismus: Unterschiede in der Färbung von männlichen und weiblichen Individuen der gleichen Art.

Geschlechtsdimorphismus: Unterschiede im Erscheinungsbild von männlichen und weiblichen Individuen der gleichen Art.

Habitat: Für eine Art charakteristischer Lebensraum.

Habitus: Die äußere Gestalt, der Körperbau, der körperliche Zustand.

Hermaphroditismus: Zwittrigkeit.

Isoenzym: Eine von mehreren Formen eines Enzyms, die alle die gleiche Reaktion katalysieren, wobei die einzelnen Formen sich in der Aminosäuresequenz unterscheiden.

Komforthandlung: Eine Handlung oder eine Bewegung, die der Körperpflege oder dem Wohlbefinden des sie ausführenden Tieres dient.

Kommentkampf: Ritualisierter Kampf, bei dem die Verletzungsgefahr der Kontrahenten relativ gering ist. K. sind im Tierreich weit verbreitet und werden meist im Zusammenhang mit dem Festlegen der Rangordnung oder im Verlauf eines Balzrituals ausgetragen.

Life History: Das zeitliche Muster von Geburt, sexueller Reifung, Reproduktion, Altern und Tod eines Organismus.

Locus (Pl. Loci): Position eines Gens im Genom, d. h., der Ort auf dem Chromosom, an dem sich das Gen befindet.

meristische Daten: Maßangaben zur Bestimmung der Körperverhältnisse eines Tieres.

mikrocarnivor: Sich von kleinen Tieren ernährend.

Morphologie: Wissenschaft von der Gestalt und dem Bau der Lebewesen.

Mortalität: Sterblichkeit.

neonatal: neugeboren.

Neozoon (Pl. Neozoen): Tierart, die sich in einem Gebiet angesiedelt und etabliert hat, in dem sie früher nicht heimisch war.

omnivor: Allesfressend, sowohl tierische als auch pflanzliche Nahrung fressend.

Ontogenese: Individualentwicklung; die Entwicklung von der befruchteten Eizelle bis zum Tod. Die O. lässt sich unterteilen in eine embryonale und eine postembryonale Phase.

Ornamente: Schmuck, Farbabzeichen.

Otolithen: Gehörsteinchen; diese weisen Wachstumsringe auf, die zur Altersbestimmung genutzt werden können.

pathogen: Krankheitserregend, krank machend.

Pectoralis: Brustflosse.

Phänotyp: Äußeres Erscheinungsbild.

piscivor: Fische fressend.

Plankton: Im Wasser schwebende Organismen, deren Schwimmrichtung von der Wasserströmung vorgegeben wird.

polyandrisch: Sich mit mehreren Männchen paarend.

polygyn: Sich mit mehreren Weibchen paarend.

Prädator: Fressfeind.

Promiskuität: Fortpflanzung mit verschiedenen, häufig wechselnden Geschlechtspartnern.

Pseudogaster: »Unechter Magen«; sackartige, stark dehnbare Erweiterung des Mitteldarms zur Aufnahme größerer Nahrungsmengen; ihm fehlen Magensäure bildende Zellen, weswegen er einen nur schwach sauren bis neutralen pH-Wert aufweist.

Resistenz: Widerstandsfähigkeit eines Organismus gegenüber äußeren Einflüssen.

Rezeptivität: Empfänglichkeit, Paarungsbereitschaft.

rheophil: Vorzugsweise in strömendem Wasser lebend.

semiletal: Eingeschränkt lebensfähig, häufig mit stark verminderter Vitalität und Fertilität.

subadult: Heranwachsend, noch nicht adult.

Superfötation: Befruchtung mehrerer Eier aus verschiedenen Zyklen, dadurch kommt es zu »Parallelträchtigkeiten« mit unterschiedlichen Embryonenstadien und mehreren aufeinander folgenden Würfen.

sympatrisch: Bezeichnung für Arten, die im selben geografischen Raum nebeneinander vorkommen.

syntop: Bezeichnung für Arten, die im selben Lebensraum (Biotop) nebeneinander vorkommen.

Ventralis: Bauchflosse.

vivipar: Lebendgebärend (Gegensatz: ovipar = eierlegend).

Xanthorismus: Eine Form des Albinismus, die eine gelbliche Körperfärbung aufgrund des Fehlens dunkler Pigmente zur Folge hat.

Zooplankton: Im Wasser schwebende tierische Organismen, deren Schwimmrichtung von der Wasserströmung vorgegeben wird.

9 Literaturverzeichnis

AGASSIZ, L. (1853): Recent researches of Prof. Agassiz. [Extract from letter to J. D. Dana dated Cambridge, June 9, 1853.]. American Journal of Science and Arts (Series 2) v. 16 (no. 46): 134–136.

AGASSIZ, L. (1855): Remarks on Dr. B. Dowler's paper »Discovery of viviparous fish in Louisiana. American Journal of Science and Arts (Series 2) v. 19: 133–136.

ALA-HONKOLA, O. (2009): Pre- and post-copulatory sexuel selection in the least killifish, *Heterandria formosa*. Academic dissertation. University of Helsinki, Finland.

ALA-HONKOLA, O., A. UDDSTRÖM, B. D. PAULI & K. LINDSTRÖM (2009): Strong inbreeding depression in male mating behaviour in a poeciliid fish. J. Evol. Biol. 22: 1396–1406.

ALA-HONKOLA, O., L. SÄILÄ & K. LINDSTRÖM (2010): Males Prefer Small Females in a Dichotomous Choice Test in the Poeciliid Fish *Heterandria formosa*. Ethology 116: 736–743.

ARNOLD, J. P. (1912): *Girardinus formosus*, GIRARD. Wochenschrift für Aquarien- und Terrarienkunde 9 (38): 553–554.

ARNOLD, A. (1974): Sexuelle Aktivität von Männchen Lebendgebärender Zahnkarpfen gegenüber artfremden Weibchen. Aquarien Terrarien 21:31.

ARNOLD, A. (1989): Der Scheckenkärpfling, ein selten gewordener Lebendgebärender. Die Aquarien- und Terrarienzeitschrift 42: 532–533.

ASPBURY, A. & A. BASOLO (2002): Repeatable female references, mating order and mating success in the Poeciliid fish, *Heterandria formosa*. Behav. Ecol. Sociobiol. 44: 238–244

AUER, H. (2004): Lebendgebärende Gartenzwerge. Low-Budget-Sommerferien für *Heterandria formosa* im Gartenteich. DGLZ-Rundschau 31(2): 35–38.

BAER, C. F. (1998)a: Species-wide population structure in a southeastern U. S. freshwater fish, *Heterandria formosa*: gene flow and biogeography. Evolution 52: 183–193.

BAER, C. F. (1998)b: Population structure in a south-eastern US freshwater fish, *Heterandria formosa*. II Gene flow and biogeography within the St. Johns River drainage. Heredity 81: 404 – 411.

BAER, C. F. & J. TRAVIS (2000): Direct and correlated responses to artifical selection on acute thermal stress tolerance in a livebearing fish. Evolution 54(1): 238–244.

BAER, C. F., J. TRAVIS & K. HIGGINS (2000): Experimental evolution in *Heterandria formosa*, a livebearing fish: group selection on population size. Genet. Res. Camb. 76:169–178.

BAERENDS, G. P., R. BROUWER & H. T. WATERBOLK (1955): Ethological studies on *Lebistes reticulatus* PETERS I: An analysis oft the male courtship pattern. Behaviour 8: 249–334.

BAGLEY, J. C., SANEL, M. TRAVIS, J., LOZANO-VILANO, L. & J. B. JOHNSON (2013): Paleoclimatic modeling and phylogeography of least killifish, *Heterandria formosa*: Insights into Pleistocene expansion-contraction dynamics and evolutionary history of North American Coastal Plain freshwater biota.

BAILEY, R. M. (1952): Proposed use of the plenary powers to designate a type species for the genus »Heterandria« AGASSIZ, 1853 (Class Osteichthyes, Order Cyprinodontida) in harmony with current usage. Bull. Zool. Nomencl. 6: 263–265.

BAUMEISTER, W. (1997): Florida Springs. Tauchen in einem »natürlichen Süßwasseraquarium«. Die Aquarien- und Terrarienzeitschrift 50: 246–251.

BECK, P. (1950): Traité complet de la vie des animaux en aquarium. Paris.

BELK, M. C. & C. LYDEARD (1994): Effect of *Gambusia holbrooki* on a similar sized, syntopic poeciliid, *Heterandria formosa*: competitor or predator? Copeia (2): 296–302.

BELL, G. (1980): The costs of reproduction and their consequences. Am. Nat. 116:45–76.

BELSHE, F. (1961): Observations of an introduced tropical fish (*Belonesox belizanus*) in southern Florida. M. S. Thesis, Univ. Miami, USA.

BERGMANN, G. T. & P. J. MOTTA (2004): Infection by Anisakid Nematodes *Contracaecum* spp. in the Mayan Cichlid Fish '*Cichlasoma (Nandopsis) urophthalmus* (GÜNTHER 1862). Journal of Parasitology 90 (2): 405–407.

BERGMANN, G. T. & P. J. MOTTA (2005): Diet and morphology through ontogeny of the nonindigenous Mayan cichlid '*Cichlasoma (Nandopsis) urophthalmus* (GÜNTHER 1862) in southern Florida. Environmental Biology of Fishes 72: 205–211.

BISAZZA, A. (1993): Male competition, female choice and sexual size dimorphism in poeciliid fishes. Mar. Behav. Physiol. 23:257-286.

BISAZZA, A., N. NOVARINI & A. PILASTRO (1996): Male body size and male-male competition: Interspecific variation in poeciliid fishes. Ital. J. Zool. 63: 365-369.

BISAZZA, A. & A. PILASTRO (1997): Small male mating advantage and reversed size dimorphism in poeciliid fishes. Journal of Fish Biology 50: 397-406.

BORTONE, S. A. & W. P. DAVIS (1994): Intersexuality as Indicator of Environmental Stress. BioScinece Vol. 44 (3): 165-172.

BORTONE, S. A. & R. P. CODY (1999): Morphological Masculinization in Poeciliid Females from a Paper Mill Effluent Receiving Tributary of the St. Johns River, Florida, USA. Bull. Environ. Contam. Toxicol. 63: 150-156.

BOWDEN, B. S. (1970): The relationship of light and temperature to reproduction in the guppy, *Poecilia reticulata* PETERS. Ph.D. Dissertation Univ. Connecticut, USA.

BREMER, H. (1997): Aquarienfische gesund ernähren. Stuttgart.

BRENNER, M., M. W. BINFORD & E. S. DEEVEY (1990): Lakes. Seiten 364-391. In: Ecosystems of Florida (MYERS, R. L. & J. J. EWEL, Hrg.). Orlando.

BRITTON, R. H. & M. E. MOSER (1982): Size specific predation by herons and its effects on the sex ratio of natural populations of the mosquito fish *Gambusia affinis* BAIRD & GERARD. Oecologia 53: 146-151.

CHAMBERS, J. (1990): The gonopodia of the fishes of the tribe Cnesterodontini (Cyprinodontiformes, Poeciliidae). Journal of Fish Biology 36: 903-916.

CHANEY, J. C. & D. L. BECHLER (2006): Occurrence and distribution of *Heterandria formosa* (Teleostei, Poeciliidae) in Lowndes County, Georgia, THE. Georgia Journal of Science.

CHEONG, R. T., S. HENRICH, J. A. FARR & J. TRAVIS (1984): Variation in Fecundity and Its Relationship to Body Size in a Population of the Least Killifish, *Heterandria formosa* (Pisces: Poeciliidae). Copeia 3: 720-726.

COLSON, C. M. (1969): Effects of daylength and temperature on the reproduction of *Heterandria formosa*. Ph.D. Dissertation, Univ. Florida, USA.

CONSTANZ, G. D. (1989): Reproductive biology of poeciliid fishes. - In: Ecology and Evolution of livebearing fishes (Poeciliidae). MEFFE, G. K. & F. F. SNELSON Jr. (eds.). Prentice Hall Advanced References Series. New Jersey, 33-50.

COURTENAY, W. R. jr. & G. K MEFFE (1989): Small fishes in Strange Places: A Review of Introduced Poeciliids. Seiten 319-329. In: Ecology and Evolution of Livebearing Fishes (Poeciliidae) (MEFFE, G. K. & F. F. SNELSON jr., Hrg.). New Jersey.

COX, S., S. CHANDLER, C. BARRON & K. WORK (2009): Benthic fish exhibit more plastic crypsis than non-benthic species in a freshwater spring. J. Ethol. 27:497-505.

DEWAYNE REIMER, R. (1970): A food study of *Heterandria formosa* Agassiz. T. Am. Midland Naturalist 83 (1): 311-315.

DIETRICH, G. (1993): Lebendgebärende Zahnkarpfen in Florida. DGLZ-Rundschau 20 (3): 52-54.

DORN, A. (2004): Ethologische und morphologische Untersuchungen zur Fortpflanzung von *Heterandria formosa* (Teleostei; Poeciliidae). Diplomarbeit, Universität Erlangen-Nürnberg.

DORN, A. (2006): Verhaltensbiologische Untersuchungen an *Heterandria formosa*. Teil 1 - Aggressivität und Revierverhalten. DGLZ-Rundschau 33 (4): 116-121.

DORN, A. (2007): Verhaltensbiologische Untersuchungen an *Heterandria formosa*. Teil 2 - Paarung und Fortpflanzung. DGLZ-Rundschau 34 (1): 3-14.

DZWILLO, M. (1961): Lebendgebärende Zahnkarpfen. Stuttgart.

FARR, J. A. (1989): Sexual selection and secondary sexual differentation in Poeciliids: Determinations of male mating success and the evolution of female choice. Seiten 91-122. In: Ecology and Evolution of Livebearing Fishes (Poeciliidae) (MEFFE, G. K. & F. F. SNELSON jr., Hrg.). New Jersey.

FORSTER-BLOUIN, S. L. (1989): Genetic and environmental components of thermal tolerance in the least killifish, *Heterandria formosa*. Ph.D. Diss. Florida State University, Tallahassee.

FRASER, E. A. & R. M. RENTON (1940): Observation on the breeding and development oft he viviparous fish, *Heterandria formosa*. Quarterly Journal of Microscopical Science 81:479-520.

FROMMEN, J. G., S. M. ZALA, F. C. SCHAEDELIN, B. WERNISCH & B. HETTYEY (2013): Investigating the Effect of Familiarity on Kin Recognition of Three-Spined Stickleback (*Gasterosteus aculeatus*). Ethology e 119:531-539.

GÄRTNER, G. (1981): Zahnkarpfen - die Lebendgebärenden im Aquarium. Stuttgart.

GENTZSCH, D. (1991): Superfötation beim Zwerg-Schmuckkärpfling. Die Aquarien- und Terrarienzeitschrift 44: 288-290.

GENTZSCH, D. (2018): Lebendgebärende Zierfische des südlichen Südamerikas, des nördlichen Lateinamerikas und der südlichen USA. AKFS-aktuell 39/2018.

Literaturverzeichnis 217

GIBB, A., L. A. FERRY-GRAHAM, L. P. HERNANDEZ, R. ROMANSCO & J. BLANTON (2008): Functional significance of intramandibular bending in Poeciliid fishes. Environ. Biol. Fish 83:473–485.

GIRARD, C. F. (1859) Ichthyological notices. Proceedings of the Academy of Natural Sciences of Philadelphia 11: 56–68.

GRAVEMEIER, B. & H. GREVEN (2006): The envelope of fully grown, unfertilised oocytes in *Heterandria formosa* (Poeciliidae) and *Xenotoca eiseni* (Goodeidae). Verh. Ges. Ichthyologie 5: 17–11.

GREVEN, H. (1995): Viviparie bei Aquarienfischen (Poeciliidae, Goodeidae, Anablepidae, Hemiramphidae). Seiten 141–160. In: Fortpflanzungsbiologie der Aquarienfisch (GREVEN, H. & R. RIEHL, Hrg.). Bornheim.

GREVEN, H. (2000): Wie benutzt man ein Gonopodium? - Aquaristik Fachmagazin 32(4): 40–45

GREVEN, H. (2005)a: Von dicken Eiern und dünnen Samenfäden. Aquaristik Fachmagazin 37 (5): 4–14.

GREVEN, H. (2005)b: Structural and Behavioral Traits Associated with Sperm Transfer in Poeciliinae. Seiten 146–163. In: Viviparous Fishes (URIBE, M. C. & H. J. GRIER, Hrg.). Homestead, USA.

GREVEN, H. (2011): Gonads, genitals, and reproductive biology. Seiten 3–17. In: Ecology and Evolution of Poeciliid Fishes (EVANS, J. P., A. PILASTRO & I. SCHLUPP, Hrg.). Chicago, USA.

GREVEN, H. (2013): Zur Fortpflanzungsbiologie von Hochlandkärpflingen. Seiten 176–216. In: Beiträge zur Biologie und zum Artenschutz der Hochlandkärpflinge (KEMPKES, M., M. KÖCK & R. STAWIKOWSKI, Hrg.). Hohenwarsleben.

GRIOCHE, A. (2011): Virginité relative. Le Vivipare 106, 4/2011.

GROVE, B. D. & J. P. WOURMS (1991): The follicular placenta of the viviparous fish, *Heterandria formosa*: Ultrastructure and developement of the embryonic absorptive surface. J. Morphol. 209: 265–284.

GROVE, B. D. & J. P. WOURMS (1994): The follicular placenta of the viviparous fish, *Heterandria formosa* II: Ultrastructure and developement of the follicular epithelium. J. Morphol. 220: 167–184.

GUTJAHR, A. (1999): Interessantes über den Zwergkärpfling. Die Aquarien- und Terrarienzeitschrift 52 (11): 12–14 (Aquarien-Praxis)

HAAKE, P. W. & J. M. DEAN (1983): Age und growth of four Everglades fishes using otolith techniques. Report SFRC-83/03 Homestead, USA.

HARTIG-BEECKEN, J. (1984): *Heterandria formosa* – mein Souvenir aus Florida. Die Aquarien- und Terrarienzeitschrift 37: 159–160.

HENRICH, S. (1988): Variation in offspring sizes oft he poeciliid fish *Heterandria formosa* in relation to fitness. Oikos 51:13–18.

HENRICH, S. & J. TRAVIS (1988): Genetic variation in reproductive traits in a population of *Heterandria formosa* (Pisces: Poeciliidae). Journal evol. Biol. 1: 275–280.

HERRE, W. & M. RÖHRS (1990): Haustiere – zoologisch gesehen. Stuttgart.

HIERONIMUS, H. (2002): Zum Thema Matrotrophie und Superfötation. DGLZ-Rundschau 29 (2): 47–49.

HOFFMANN, M. (1984): Ein Beitrag zur Produktivität von *Heterandria formosa*. Die Aquarien- und Terrarienzeitschrift 37: 479.

HUNT, B. P. (1953): Food relationships between Florida spotted gar and other organisms in the Tamiami Canal, Dade County, Florida. Trans. Amer. Fish. Soc. 82: 13–33

JACOBS, K. (1969): Die lebendgebärenden Fische der Süßgewässer. Frankfurt am Main und Zürich.

JANICKI, E. (1980): Nochmals *Heterandria formosa*. Die Aquarien- und Terrarienzeitschrift 33: 215.

JOHNEN, P. (2006): Temperaturabhängige Geschlechtsbestimmung bei *Cnesterodon decemmaculatus* (Poeciliidae). Seiten 39–43. In Biologie der Aquarienfische (GREVEN, H. & R. RIEHL, Hrg.). Berlin-Velten.

JOHNSON, J. B. & J. C. BAGLEY (2011): Ecological drivers of life-history divergence. Seiten 38–49. In: Ecology and Evolution of Poeciliid Fishes (EVANS, J. P., A. PILASTRO & I. SCHLUPP, Hrg.). Chicago, USA.

JOHNSON, J. E. & C. HUBBS (1989): Status and Conservation of Poeciliid Fishes. Seiten 301–317. In: Ecology and Evolution of Livebearing Fishes (Poeciliidae) (MEFFE, G. K. & F. F. SNELSON jr., Hrg.). New Jersey.

JONG DE, K. (1994): Enkele bijzonderheden met betrekking tot *Heterandria formosa*. Poecilia Nieuws 11:108113.

JONG DE, K. (1997): Wie is de kleinste? Poecilia Nieuws 14:68–70.

KAHLE, J. (1978): Totgeburten bei *Heterandria formosa* AGASSIZ. Aquarien Terrarien 25:45

KAVANAGH, J. (2010): The Natur of Florida. Phoenix, USA.

KEMPKES, M. (1999): Lebendgebärende Zahnkarpfen. Stuttgart.

KEMPKES, M. (2001): Schockverhalten bei Goodeiden. DGLZ-Rundschau 28: 31–32.

KEMPKES, M. (2006): *Heterandria formosa* – ein phänomenaler Winzling. Die Aquarien- und Terrarienzeitschrift 59 (2): Aquarien Praxis 6.

KEMPKES, M. (2010): Die Guppys. Hohenwarsleben.

KEMPKES, M. (2011): *Heterandria formosa*. Sommergäste aus Florida am Unteren Niederrhein. Die Aquarien- und Terrarienzeitschrift 64: 41–44.

KEMPKES, M. (2012): *Heterandria formosa*. Beobachtungen an Zwergkärpflingen in Südflorida. Die Aquarien- und Terrarienzeitschrift 65: 90–97.

KEMPKES, M. (2013): De invloed van de watertemperatuur op de voortplanting, de ontogenese en de geslachtsverhouding (sex ratio) in een gedomesticeerde stam van *Heterandria formosa*, de dwergtandkarper. Poecilia Nieuws 30 (5): 27–32.

KEMPKES, M. (2015): *Heterandria formosa*. Das Weibchen 2/13 und seine Geburtsintervalle. Viviparos 13 (27): 14–15.

KEMPKES, M. (2018): Ein außergewöhnlicher Aquarienfisch: der Zwergkärpfling. Amazonas (75): 56–61.

KEMPKES, M. (2019): Farbanomalie bei *Heterandria formosa*. Viviparos 17 (33): 38–39.

KEMPKES, M. & F. SCHÄFER (1998): Alle Lebendgebärenden. All Livebearers and Halfbeaks. Rodgau.

KOFRON, C. P. (1978): Foods and habitats of aquatic snakes (Reptilia, Serpentes) in a Louisiana swamp. J. Herpetology 12: 543–554.

KRUISTUM, H. V., HEUVEL, J. V. D., TRAVIS, J., KRAAIJEVELD, K., ZWAAN, B. J., MARTIEN, A., GROENEN, M., MEGENS, H.-J. & B. J. A. POLLUX (2019): The genome of the live-bearing fish *Heterandria formosa* implicates a role of conserved vertebrate genes in the evolution of placental fish. BMC Evolutionary Biology 19: 156.

KUNATH, D. (1962): Über die Verbreitung einer Schreckreaktion bei Fischen. Aquarien Terrarien 12:267–269.

LANDY, A. J. & J. TRAVIS (2015): Shape variation in the least killifish: ecological associations of phenotypic variation and the effects of a common garden. Ecology and Evolution 2015 (23): 5616–5631.

LANDY, A. J. & J. TRAVIS (2018): Unique maternal and environmental effects on the body morphology of the Least Killifish, *Heterandria formosa*. Ecology and Evolution. 2018 (8): 6265–6279.

LEATHERBURY, K. N. & J. TRAVIS (2019): The effects of food level and social density on reproduction in the Least Killifish, *Heterandria formosa*. Ecology and Evolution. 2019 (9) :100–110.

LEIPS, J. (1997): Genetic differentation in life history traits: Influences of population dynamics in the least killifish, *Heterandria formosa*. PhD dissertation, Florida State University, Tallahasee, Florida.

LEIPS, J. & J. TRAVIS (1999): The relationship between life histories and population dynamics: a study of four natural populations of the least killifish, *Heterandria formosa*. Journal of Animal Ecology 68:595–616.

LEIPS, J., J. TRAVIS & F. H. RODD (2000): Genetic Influences on Experimental Population Dynamics of the least Killifish. Ecological Monographs 70(2):289–309.

LEIPS, J., J. M. L. RICHARDSON, F. H. RODD & J. TRAVIS (2009): Adaptive maternal adjustments of offspring size in response to conspecific density in two populations of the Least Killifish, *Heterandria formosa*. Evolution 63–5:1341–1347.

LEVELL, S. T. & J. TRAVIS (2018): Activity Level and Predation Risk in the Least Killifish, *Heterandria formosa*. Copeia 106, No. 3, 2018, 436–442.

LISEK, B. (1987): *Heterandria formosa* – Bemerkenswerte Zwerge. Aquarien Terrarien 34:50

LOFTUS, W. F. 1987. Possible establishment of the Mayan cichlid, *Cichlasoma urophthalmus* (Günther) (Pisces: Cichlidae), in Everglades National Park, Florida. Florida Scientist 50: 1–6.

LOFTUS, W. F. & J. A. KUSHLAN (1987): Freshwater fishes of southern Florida. Bull. Of the Florida State Museum, Biol. Sciences 31:147–344.

LUNDKVIST, R. (2010): Fischbiotope in Südflorida. DGLZ-Rundschau 37 (2): 38–44

LYDEARD, P. H. & M. C. BELK (1993) Management of indigenous fish species impacted by introduced mosquitofish: an experimental approach. Southwestern Naturalist 38: 370–373.

MÄRZ, H. (2000): Meine Erfahrungen und Erlebnisse mit dem »Allerweltsfisch« *Heterandria formosa*. DGLZ-Rundschau 27(1): 6–7.

MAGURRAN, A. (2011): Sexual coercion. Seiten 209–217. In: Ecology and Evolution of Poeciliid Fishes (EVANS, J. P., A. PILASTRO & I. SCHLUPP, Hrg.). Chicago, USA.

MARSH-MATTHEWS, E. (2011): Matrotrophy. Seiten 18–27. In: Ecology and Evolution of Poeciliid Fishes (EVANS, J. P., A. PILASTRO & I. SCHLUPP, Hrg.). Chicago, USA.

MARTIN, F. D. (1980): *Heterandria formosa*. Seite 547 in: Atlas of north American freshwater fishes (D. S. Lee, Gilbert, C. R., Hocutt, C. H., Jenkins, R. E., McAllister, D. E., & Stauffer jr., J. R., eds.) North Carolina Biological Survey.

MCEACHRAN, J. D. & T. J. DEWITT 2008: A new livebearing fish, *Heterandria tuxtlaensis*, from Lake Catemaco, Veracruz, Mexico (Cyprinodontiformes: Poeciliidae). Zootaxa 1824: 45–54.

MEFFE, G. K. & F. F. SNELSON jr. (1989): An ecological overview of poeciliid fishes. Seiten 13–31. In: Ecology and Evolution of Livebearing Fishes (Poeciliidae) (MEFFE, G. K. & F. F. SNELSON jr., Hrg.). New Jersey.

MELLEN, I. (1927): The natural and artificial foods of fishes. Ibid. 57: 120–142

MENHINICK, E. F. (1991): The freshwater fishes of North Carolina. North Carolina Wildlife Resources Commission. North Carolina. USA.

Literaturverzeichnis

MEYER, M. K. (2015) Lebendgebärende Zierfische. Band 1 Poeciliidae. Bad Nauheim.

MEYER, M. K., L. WISCHNATH & W. FOERSTER (1985): Lebendgebärende Zierfische. Arten der Welt. Haltung, Pflege, Zucht. Melle.

MILEY, W. W. (1978): Ethological impact oft he pike killifish, *Belonesox belizanus* KNER, (Poeciliidae) in southern Florida. M. S. Thesis, Florida Atlantic Univ. USA.

MÖLLER, K. (1968): Der Zwergkärpfling, *Heterandria formosa*, und einige seiner Verhaltensweisen im Gesellschaftsaquarium. Aquarien Terrarien 15: 244.

MOLCH, K. (1961): Wissenswertes über *Heterandria formosa*. Aquarien Terrarien 11:164.

MORALES-CAZAN, A. & J. S. ALBERT (2012): Monophyly of Heterandrinii (Teleostei: Poeciliidae) revisited: a critical review of the data. Neotropical Ichthyology 10 (1): 19–44.

MUKHERJEE, S., M. R. HEITHAUS, J. C. TREXLER, J. RAY-MUKHERJEE & J. VAUDO (2014): Perceived Risk of Predation Affects Reproductive Life-History Traits in *Gambusia holbrooki*, but not in *Heterandria formosa*. PLoS ONE 9(2): e88832. doi:10.1371/journal.pone.0088832.

MUSHINSKY, H. R & J. J.HEBRARD (1977): Food partitioning by five species of water snakes in Lousiana. Herpetologica 33: 162–166.

NELSON, J. S. (2006): Fishes of the World. New York

NUNZIATA, C. A. & B. K. SKIDMORE (2009): Florida Collecting Guide. A Guide to Collecting, Identification and Aquarium Maintenance of Florida´s Non-Game Fishes. 3. Edition. St. Petersburg, Florida, USA.

ORLANDO, E. F., W. P. DAVIS, T. M. EDWARDS, D. F. SULKOWSKI, G. TOFT & L. J. GUILETTE jr. (2005): Mosquitofish as Sentinels of Exposure to Environmental Androgens and Estrogens. Seite 435–453. In: Viviparous Fishes (URIBE, M. C. & H. J. GRIER, Hrsg.). Homestead, USA.

OSCHE, C. (2000): Lebendgebärende. Stuttgart.

PAGE, L. M. & B. M. BURR (1991): A field guide to freshwater fishes of North America north of Mexico. Boston. USA

PARENTI, L. R. (1981): A phylogenetic and biogeographic analysis of cyprinodontiform fishes (Teleostei, Atherinomorpha). – Bull. Am. Mus. Nat. Hist.: 335–557.

PARENTI, L. R. & M. RAUCHENBERGER (1989): Systematic Overview of the Poeciliines. Seiten 3–12. In: Ecology and Evolution of livebearing fishes (Poeciliidae). MEFFE, G. K. & F. F. SNELSON Jr. (eds.). Prentice Hall Advanced References Series. New Jersey.

PETTERSON, L. B., I. W. RAMNARINE, S. A. BECHER, R. MAHABIR & A. E. MAGURRAN (2004): Sex ratio dynamics and fluctuating selection pressures in natural populations oft he Trinidadian guppy, *Poecilia reticulata*. Behav. Ecol. Sociobiol. 55:461–468.

PHILIPPI, E. (1908): Fortpflanzungsgeschichte der viviparen Teleosteer *Glaridichthys januaris* und *G. decemmaculatus* in ihrem Einfluß auf Lebensweise, makroskopische und mikroskopische Anatomie. Zool. Jb. Anat. 27:1–93

PIRES, M., A. I. BANET, B. J. A. POLLUX & D. N. REZNICK (2011): Variation and evolution of reproductive strategies. Seiten 28–37. In: Ecology and Evolution of Poeciliid Fishes (EVANS, J. P., A. PILASTRO & I. SCHLUPP, Hrg.). Chicago, USA.

PLATH, M., A. M. MAKOWICZ, I. SCHLUPP & M. TOBLER (2007): Sexual harrasment in live-bearing fishes (Poeciliidae): comparing courting and noncourting species. Behavioral Ecology 18: 680–688.

PLÖGER-BREMBACH, K. (1982): Lebendgebärende. Stuttgart.

POESER, F. N. (2003): From the Amazon River tot he Amazon Molly and back again. Taxonomy and Evolution of *Poecilia* BLOCH and SCHNEIDER. Academisch Proefschrift, Amsterdam.

POESER, F. N. (2005): Phylogeny and Biogeography of *Poecilia* in Central Amercia. Seiten 41–48. In: URIBE, M. C. & H. J. GRIER (eds.): Viviparous Fishes. Homestead, Florida.

POESER, F. N. (2010): *Heterandria formosa* GIRARD, 1859. Lessen in taxonomie en waakzaamheid. Poecilia Nieuws 27 (2): 14–15.

POLLUX, B. J. A., M. N. PIRES, A. I. BANET & D. N. REZNICK (2009): Evolution of Placentas in the Fish Family Poeciliidae : An Empirical Study of Macroevolution. Annu. Rev. Ecol. Evol: Syst. 40:271–289.

POLLUX, B. J. A. & D. N. REZNICK (2011): Matrotrophy limits a female´s ability to adaptively adjust offspring size and fecundity in fluctuating environments. Functional Ecology 25:747–756.

RACHOW, A. (1912a): *Girardinus formosus* AGASSIZ. Blätter für Aquarien- und Terrarienkunde 23 (18): 287–288.

RACHOW, A. (1912b): Weiteres über *Girardinus formosus* AGASSIZ. Blätter für Aquarien- und Terrarienkunde 23 (38): 612–613.

RADDA, A. C. (1986): Revalidisierung der Gattung *Pseudoxiphophorus* BLEEKER 1860 (Poeciliidae, Osteichthyes). DGLZ-Rundschau 13 (1): 13–15.

REZNICK, D. N. & B. MILES (1989): Review of Life History Patterns in Poeciliid Fishes. Seiten 125–148. In: Ecology and Evolution of livebearing fishes (Poeciliidae). MEFFE, G. K. & F. F. SNELSON jr. (eds.). Prentice Hall Advanced References Series. New Jersey.

Reznick, D. N., H. Callahan & R. Llauredo (1996): Maternal effects on offspring quality in poeciliid fishes. American Zoologist 36: 147.156.

Reznick, D. N. & B. J. A. Pollux (2014): Eine Studie zur Reproduktionsweise und zum Balzverhalten der Lebendgebärenden Fische aus der Familie Poeciliidae – Eine Bitte um Ihre Mitarbeit. Viviparos 12 (2): 44–47.

Rehkämper, G., C. W. Werner & H. D. Frahm (2000): Grundlagen, Stand und Perspektiven der Haustierkunde. Acta Biol. Benrodis 11:95–120.

Richardson, J. M. L., M. S. Gunzbruger & J. Travis (2006): Variation in predation pressure as a mechanism underlying differences in numerical abundance between populations oft he poeciliid fish Heterandria formosa. Oecologica 147:596–605.

Riehl, R. (1978): Feinstruktur der Knochenzellen in dem Gonopodium von Heterandria formosa Agassiz, 1853 (Teleostei, Poeciliidae). Acta zool. 59:199-202

Riehl, R. (1980)a: Giant collagen fibres in the gonopodium oft he mosquitofish Heterandria formosa Agassiz, 1853 (Pisces, Poeciliidae). Experientia 36:961–962.

Riehl, R. (1980)b: The Occurence of Spermatozoa in the Ovary of Nulliparous Females of Heterandria formosa Agassiz, 1853 (Pisces, Poeciliidae). Cel Tissue Res. 205:289–294.

Riehl, R. (1984): Heterandria formosa – ein Fisch, der nicht nur für Aquarianer interessant ist. I. Untersuchungen am Gonopodium. Die Aquarien- und Terrarienzeitschrift 37: 301–304.

Riehl, R. (1991): Masculinization in a hermaphroditic female oft he mosquitofish Heterandria formosa. Japanese Journal of Ichthyology 37. 374–380.

Riehl, R. (1995): Die Eier und Eihüllen von Knochenfischen. Seiten 11–26. In: Fortpflanzungsbiologie der Aquarienfisch (Greven, H. & R. Riehl, Hrg.). Bornheim.

Riehl, R., A. Holl & E. Schulte (1978): Morphologische und feinstrukturelle Untersuchungen an dem Gonopodium von Heterandria formosa Agassiz 1853 (Pisces, Poeciliidae). Zoomorphologie 91: 133–146.

Riehl, R. & P. Schmitt (1985): The Skull in Normal and Pugheads Females oft he Mosquitofish, Heterandria formosa, Agassiz 1853 (Teleostei, Poeciliidae). Gegenbaurs morph. Jahrb. Leipzig 131(2):261–270.

Riehl, R. & H. Greven (1993): Fine structure of egg envelopes in some viviparous goodeid fishes, with comments on the relation oft he envelope thinness to viviparity. Can. J. Zool. 71: 91–97.

Rössel, D. (1988): Ein Kleinod im Aquarium – Heterandria formosa, der Zwergkärpfling. Die Aquarien- und Terrarienzeitschrift 41:12–14.

Rogner, M. (1990): Zur Biologie, Pflege und Zucht des Zwergkärpflings Heterandria formosa. Die Aquarien- und Terrarienzeitschrift 43: 661–662.

Rosen, D. E. & M. Gordon (1953): Functional anatomy and evolution of male genitalia in poeciliid fishes. Zoologica 38: 1–47.

Rosen, D. E. & A. Tucker (1961): Evolution of Secondary Sexual Characters and Sexual Behavior Patterns in a Family of Viviparous (Cyprinodontiformes: Poeciliidae. – Copeia 2: 201–212.

Rosen, D. E. & R. M. Bailey (1963): The poeciliid fishes (Cyprinodontiformes), their structure, zoogeography, and systematics. Bull. Am. Mus. Nat. His. 126: 1- 176.

Rosen, D. E. (1979): Fishes from the uplands and intermonaten basins of Guatemala: Revisionary studies and comparative geography. Bull. Amer. Mus. Nat. Hist. 162 (5): 267–376.

Ruetz III, C. R., J. C. Trexler, F. Jordan, W. F. Loftus & S. A. Perry (2005): Population dynamics of wetland fishes: spatio-temporal patterns synchronized by hydrological disturbance? Journal of Animal Ecology 74:322–332.

Sachs, W. (1917): Heterandria formosa (früher Girardinus formosus). Blätter für Aquarien- und Terrarienkunde 28 (19): 289.

Sachs, W. B. (1972): Der Zwergkärpfling, Heterandria formosa Agassiz. Die Aquarien- und Terrarienzeitschrift 25: 4–5

Sänger, E. (1988): Heterandria formosa – einige Beobachtungen. Aquarien Terrarien 35: 210.

Sander, E. (1973): Erlebnisse in Florida. Die Aquarien- und Terrarienzeitschrift 26: 35–36.

Schaefer, J. F., S. T. Heulett & T. M. Farrell (1994): Interactions between two poeciliid fishes (Gambusia holbrooki and Heterandria formosa) and their prey in a Florida marsh. Copeia (2): 516–520.

Schartl, M., D. Galiana-Arnoux, C. Schultheis, A. Böhne & J.-N. Volff (2011): A primer of sex determination. Seiten 264–275. In: Ecology and Evolution of Poeciliid Fishes (Evans, J. P., A. Pilastro & I. Schlupp, Hrg.). Chicago, USA.

Schotenröhr, Ch. (1976): Der Zwergkärpfling, ein hübscher Lebendgebärender. Die Aquarien- und Terrarienzeitschrift 29: 323.

Schotenröhr, Ch. (1980): Ein hübscher kleiner Lebendgebärender Zahnkarpfen – der Zwergkärpfling, Heterandria formosa. Die Aquarien- und Terrarienzeitschrift 33: 35.

Schrader, M. S. (2009): The expression and impact of parental-offspring conflict in natural populations oft he least killifish, Heterandria formosa. Diss. Ann Arbor, USA.

Schrader, M. & J. Travis (2005): Population differences in pre- and post-fertilization offspring provisioning in the least killifish, *Heterandria formosa*. Copeia 2005: 649–656

SCHRADER, M. & J. TRAVIS (2008): testing the Viviparity-Driven-Conflict Hypothesis: Parent-Offspring Conflict and the Evolution of Reproductive Isolation in a Poeciliid Fish. The American Naturalist 172 (6): 806–817.

SCHRADER, M. & J. TRAVIS (2009): Do embryos influence maternal investment? Evaluating maternal-fetal coadaptation and the potential for parent-offspring conflict in a placental fish. Evolution 63 (11):2805–2815.

SCHRADER, M. & J. TRAVIS (2011): Variation in offspring size with birth order in placental fish: a role for asymmetric sibling competition? Evolution 66 (1): 272–279.

SCHRADER, M. & J. TRAVIS (2012): Assessing the roles of population density and predation risk in the evolution of offspring size in populations of a placental fish. Ecology and Evolution 2 (7): 1480–1490.

SCHRADER, M., J. TRAVIS & R. C. FULLER (2011): Do density-driven mating system differences explain reproductive incompatibilities between populations of a placental fish? Molecular Ecology 20: 4140–4151.

SCHRADER, M., J. J. APODACA, P. S. D. MACRAE & J. TRAVIS (2012): Population density does not influence male gonadal investment in the Least Killifish, *Heterandria formosa*. Ecology & Evolution 2 (12): 2935–2942.

SCHREITMÜLLER, W. (1925): *Heterandria formosa* AGASSIZ (der nordamerikanische Zwergkärpfling). Wochenschrift für Aquarien- und Terrarienkunde 22 (6): 93–94.

SCHRÖDER, A., K. A. NILSSON, L. PERSSON, T. VAN KOOTEN & B. REICHSTEIN (2009): Invasion success depends on invader body size in a size-structured mixed predation-competition community. Journal of Animal Ecology 78:1152–1162.

SCRIMSHAW, N. S. (1944)a: Embryonic growth in the viviparous poeciliid, *Heterandria formosa*. Biol. Bull. 87: 37–51.

SCRIMSHAW, N. S. (1944)b: Superfetation in Poeciliid Fishes. Copeia 1944:180–183.

SCRIMSHAW, N. S. (1945): Embryonic development in Poeciliid Fishes. Biological Bulletin 88 (3): 233–246.

SCRIMSHAW, N. S. (1946): Egg size in poeciliid fishes. Copeia 1946: 20–23.

SCHULTHEISS, C. F. (1952): Familie Formosa. Die Aquarien- und Terrarienzeitschrift 5 (4): 93–94.

SEAL, W. P. (1910): Fishes in their relation to the mosquito problem. Bulletin of the U. S. Bureau of Fisheries 28:831–838.

SEAL, W. P. (1911): Breeding habitas oft he viviparous fishes *Gambusia holbrooki* and *Heterandria formosa*. Proceedings oft he Biological Society of Washington 24: 91–96.

SNELSON, F. jr. (1989): Social and Environmental Control of Life History Traits in Poeciliid Fishes. Seiten 149–161. In: Ecology and Evolution of Livebearing Fishes (Poeciliidae) (MEFFE, G. K. & F. F. SNELSON jr., Hrg.). New Jersey.

SOUCY, S. & J. TRAVIS (2003): Multiple paternity and population genetic structure in natural populations oft he poeciliid fish, *Heterandria formosa*. Journal of Evolutionary Biology 16: 1328–1335.

SPRINGER, C. (2010): Freshwater Fishes of Florida. Austin, USA.

STALLKNECHT, H. (1962): Zum Problem der Schwimmblasenfüllung bei Jungfischen. Aquarien Terrarien 9:204.

STALLKNECHT, H. (1976)a: Klein, aber hochinteressant – *Heterandria formosa* I. Aquarien Terrarien 23: 292- 293.

STALLKNECHT, H. (1976)b: Klein, aber hochinteressant – *Heterandria formosa* II. Aquarien Terrarien 23: 338–341.

STALLKNECHT, H. (1993)a: Betrifft: »Schwarmfische«. Die Aquarien- und Terrarienzeitschrift 46 (2): 123–125.

STALLKNECHT, H. (1993)b: Verhaltensbeobachtungen an *Elassoma evergladei*. Die Aquarien- und Terrarienzeitschrift 46 (4): 216–219.

STALLKNECHT, H. (2000): Lebendgebärende Zahnkarpfen. Bissendorf.

STEARNS, S. C. (1992): The Evolution of Life Histories. New York, USA.

STEIN, K.-H. (1962): *Heterandria formosa*, der Zwergkärpfling. Die Aquarien- und Terrarienzeitschrift 15: 298–300.

STOLZENHAIN, F. (1923): Heterandria formosa AG. Wochenschrift für Aquarien- und Terrarienkunde. 20 (15): 229–230.

TEUSCHL, K. (2009): Florida. München.

THIBAULT, R. E. & R. J. SCHULTZ (1978): Reproductive adaptions among viviparous fishes (Cyprinodontiformes: Poeciliidae). Evolution 32: 320–333.

TRAVIS, J. (1989): Ecological Genetics on Life History Traits in Poeciliid Fishes. Seiten 13–31. In: Ecology and Evolution of Livebearing Fishes (Poeciliidae) (MEFFE, G. K. & F. F. SNELSON jr., Hrg.). New Jersey.

TRAVIS, J., J. A. FARR, S. HENRICH & R. T. CHEONG (1987): Testing theories of clutch overlap with the reproductive ecology of *Heterandria formosa*. Ecology 68: 611–623.

TRAVIS, J., M. G. MCMANUS & C. F. BAER (1999): Sources of Variation in Physiological Phenotypes and their Evolutionary Significance. American Zoologist 39 (2):422–433.

TREXLER, J. C., J. TRAVIS & M. TREXLER (1990): Phenotypic plasticity in the sailfin molly, *Poecilia latipinna* (Pisces: Poeciliidae): II. Laboratory experiment. Evolution 44:157–167.

TREXLER, J. C., D. L. DEANGELIS & J. JIANG (2011): Community assembly and mode of reproduction: predicting the distribution of livebearing fishes. Seiten 95–108. In: Ecology and Evolution of Poeciliid Fishes (EVANS, J. P., A. PILASTRO & I. SCHLUPP, Hrg.). Chicago, USA.

TROUTMAN, J. P., D. A. RUTHERFORD & W. E. KELSO (2007): Patterns of Habitat Usa among Vegetation-Dwelling Littoral Fishes in the Atchafalaya River Basin, Louisiana. American Fisheries Society 136:1063–1075.

TURNER, C. L. (1937): Reproductive cycles and superfetation in poeciliid fishes. Biol. Bull. 72: 145–164.

TURNER, C. L. (1940a): Pseudoamnion, pseudochoroin, pseudo-placenta and other foetal tructures in viviparous Cyprinidonid fishes. Journal Morphol. 67: 59–87.

TURNER, C. L. (1947): Viviparity in teleost fishes. Scientific Monthly 65: 508–518.

URIBE M. C. & H. J. GRIER (2011): Oogenesis of Microlecithal Oocytes in the Viviparous Teleost *Heterandria formosa*. Journal of Morphology 272: 241–257.

URIBE ARANZÁBAL, M. C., M. AGUILAR-MORALES, G. DE LA ROSA-CRUZ, A. GARCÍA-ALARCÓN, J. C. CAMPUZANO-CABALLERO & S. M. GUERRERO-ESTÉVEZ (2010): Ovarian Structure and Embryonic Traits Associated with Viviparity in Poeciliids and Goodeids. Seiten 211–229. In: Viviparous Fishes II (URIBE, M. C. & H. J. GRIER, Hrg.). Homestead, USA.

VAN DER JEUGHT, W. (2006): Waren dit de Everglades? Aquariumwereld 59 (6):150–155.

VAN WILGENBURG, E., G. DRIESSEN & L. W. BEUKEBOOM (2006): Single locus complementary sex determination in hymenoptera: an »unintelligent« design? Front. Zool. 3:1.

VOGEL, T. (2013): Die Sache mit dem Wasserwechsel. Die Aquarien- und Terrarienzeitschrift 66 (7):56–61.

WACHSMUTH, G. (1952): Unser »Kleiner«. Die Aquarien- und Terrarienzeitschrift 5 (4): 94

WEBB, S. D. (1990): Historical biogeography. Seiten 70–100. In: Ecosystems of Florida (MYERS, R. L. & J. J. EWEL, Hrg.). Orlando.

WEBER, W. (1960): Interessante Beobachtungen. Aquarien Terrarien 7:347.

WEINHOLD, K. (1924): *Heterandria formosa* AG. Blätter für Aquarien- und Terrarienkunde. Vereinigt mit Natur und Haus 35 (3): 60.

WIESEMEYER, W. L. (1956): *Heterandria formosa* – kleine Freunde für besinnliche Stunden. Aquarien Terrarien 3: 166–167.

WOOTEN, M. C., K. T. SCRIBNER & M. H. SMITH (1988): Genetic variability and systematics of *Gambusia* in the southeastern United States. Copeia: 283–289.

WOURMS, J. P. (1981): Viviparity: the maternal-fetal relationship in fishes. Am. Zool. 21: 473–515.

WOURMS, J. P., B. D. GROVE & J. LOMBARDI (1988): The maternal embryonic relationship in viviparous fishes. Seiten 1–134. In: Fish Physiology Vol. XI Part B (HOAR, W. S. & D. J. RONDALL, eds.). London.

ZANDER, C. D. (1961): Künstliche Befruchtung bei lebendgebärenden Zahnkarpfen. Zoologischer Anzeiger 166 3/4: 81–87.

ZEH, D. W. & J. A. ZEH (2000): Reproductive mode an speciation: the viviparity-driven conflict hypothesis. Bioessays 22 (10): 938–946.

ZEH, D. W. & J. A. ZEH (2008): Viviparity-driven Conflict. More to Speciation than meets the Fly. Year in Evolutionary Biology: 126–148.

10 Register

Aeshnidae 85
Afterflosse 16, 23, 28, 35, 37, 44, 93, 123, 132, 176, 214
Aggressionsverhalten 96 f., 111, 113, 116, 119, 193, 209
Alona 91
Ambloplites ariommus 82
Ameiurus sp. 83
Amia calva 82
Amphipoden 77, 92
Analfleck 28 f., 149
Analis 28, 35 ff., 49, 51, 177
Anax junius 83 f.
Anguilla rostrata 82
Anhinga anhinga 83
Anhingidae 86
Aphredoderus sayanus 81, 84 f.
Apistogramma reitzgi 109
Aquariengröße 123, 187, 207
Ardea alba 49, 83
Ardeidae 86
Argulus foliaceus 199
Artemia salina 200
Artemia-Nauplien, -Zysten 28, 30, 100, 103 f., 174, 197 f., 200 ff., 207
Aufwuchs 49 ff., 55, 77, 92, 102 f., 197 f., 207

Balz 35, 37, 44, 58, 66, 70, 96, 98, 120 ff., 127 ff., 133 ff., 140, 143, 145, 169, 174, 207
Belonesox belizanus 18, 87, 94
Blasenschnecken s. *Physella acuta*
Bodengrund 51, 103, 112, 116, 118, 129, 193, 195 ff., 206
Butorides virescens 49, 83

Caridina sp. 204
Centrarchus macropterus 82
Ceratopteris 195
Chaoborus sp. 199
Chironomus plumosus 199
Cichlasoma bimaculatum 87

Cichlasoma urophthalmus 93
Cladocera 91
Clarias batrachus 87
Cnesterodon decemmaculatus 170
Copepoden 91
Corydoras paleatus 120
Coryphaeschna ingens 83 f.
Culex pipiens 105, 199
Cyclops sp. 199, 201
Cyprinus carpio 87

Daphnia sp. 199, 201
Domestikationsprozess 68, 96, 118, 185 f.
Dominanzfärbung 105
Drosophila melanogaster 107, 199 f.
Düngemittel 94

Eichhornia crassipes 46, 57
Eichhornia sp. 74
Eisvogel 83, 86
Elassoma evergladei 73, 109
Embryonen 62, 64 f., 90, 92, 131, 134, 143 f., 146 ff., 166 f., 201, 208, 214
Erimyzon sp. 82
Ernährung 28, 131, 134, 148, 178, 197 f., 200 f.
Esox americanus americanus 81
Esox americanus vermiculatus 81
Esox niger 82
Essigälchen 200
Everglades 47 ff., 53, 55, 57, 68, 71 ff., 86 f., 92 ff., 98, 180

Färbung 13, 24, 27 ff., 49, 51 f., 66 f., 76, 80, 99, 101, 104 f., 113 ff., 134, 169, 177 f., 194, 196, 213 f.
Fission-Fusion-Organisation 97
Flohkrebse s. Amphipoden
Florida 13, 21 f., 24 f., 29, 32 f., 44, 46 ff., 53, 55 ff., 60 f., 63, 66 ff., 70, 73, 75 ff., 79 f., 82,

85 ff., 93 ff., 99, 103, 109, 111 f., 129, 167, 169, 183, 185, 188 ff., 196
Follikel 39 ff., 131, 144
Fortpflanzung, saisonale 54 ff., 145, 161, 163, 166, 168, 188, 208
Fortpflanzungsverhalten 35, 93, 96 f., 120 f., 125, 128 f., 133, 136, 146, 169, 207
Fressfeinde 32, 49 ff., 62, 69, 71, 73, 77 ff., 84 ff., 92, 97 ff., 111, 116, 125, 129 f., 135, 149, 186

Gambusia affinis 18, 79, 87, 126, 180
Gambusia holbrooki 21, 32, 44, 47, 49 f., 53, 57, 66, 68 f., 71 ff., 75 f., 78, 80, 84, 87, 92, 97 ff., 107, 119, 186, 191
Gambusia rhizophorae 73
Gambusia vittata 131
Gelbrandkäfer 49, 86, 205
Genom 44, 213
Geschlechterverhältnis 34, 49 ff., 68 f., 78 f., 84, 89, 143, 168 ff.
Geschlechtsöffnung 39
Girardinus 13, 19
Gonodukt 35, 39
Gonopodialsuspensorium 15
Gonopodium 15, 23, 25, 28, 35 ff., 44, 114 ff., 119, 121 ff., 127 f., 133, 135, 141 f., 176 f., 207, 210
Grundnessel s. *Hydrilla*
Gruppenstrukturen 69, 97, 99
Guppy s. *Poecilia reticulata*

Haken 36, 38
Hamburger Mattenfilter 194
Heterandria tuxtlaensis 16
Heterandriini 14, 16, 19
Hohlkreuzstellung 113
Hoplosternum littorale 87
Hüpferlinge s. *Cyclops* sp.

Hydra 199
Hydra vulgaris 199
Hydrilla 46, 57, 84
Hydrocotyle vulgaris 73

Individuendichte 48, 50, 55, 62 f., 65 f., 75, 84 f., 87 ff., 99, 107, 112, 133, 136, 140, 146, 172, 175 f., 193, 209
Infusorien 197, 207

Javamoos s. *Taxiphyllum barbieri*
Jungfische 25, 28, 34, 50 f., 55 f., 59, 62, 65 f., 76 f., 85, 88 f., 92, 97 f., 102 ff., 107 f., 109 f., 118 f., 143 ff., 163 ff., 171 ff., 178, 181, 193 ff., 203, 206 f., 209 f.

Karpfenlaus 199
Katzenwels 83, 87
Keilfleckbarben s. *Rasbora heteromorpha*
Kommentkampf 96, 111 ff., 116 f., 127, 133, 213
Kopulation 24, 34 f., 39, 66, 96 ff., 103, 115, 120 ff., 133 ff., 138 ff., 169, 179, 191
Körperlänge 24 f., 27, 49, 66 ff., 75, 132, 135, 139, 172, 179, 204

Lake Okeechobee 93
Längsbandziersalmler s. *Nannostomus beckfordi*
Lebendfutter 187, 197 f., 204
Lebendgebärende Zahnkarpfen 14 f., 20 f., 23, 27, 35, 41, 43, 45 f., 57, 70, 73, 86, 94, 96, 98, 107 f., 111, 120, 129, 132, 134, 137, 167, 170, 179 f., 182, 191, 203
Lepomis gulosus 81, 84 f.
Lepomis punctatus 81, 84 f.
Ligastyl 15, 38
Limia melanogaster 18, 43, 108

Matrotrophie 90 f., 132, 146 f.
Megaceryle alcyon 83
Melanoides tuberculata 204
Micropoecilia 28, 133, 203
Micropterus salmoides 77
Micropterus sp. 82
Mikrowürmchen 200
Misgurnus fossilis 87
Moore Lake 62 ff., 91, 144, 146 f.

Mückenlarven 49 ff., 70, 77, 80 f., 83, 105 f., 199, 201 f.
Mutter-Kind-Konflikt 146 f.
Myriophyllum 46, 57, 84, 195

Nahrungserwerb 91, 93, 100 ff., 110, 125, 138, 198, 202
Nahrungstransfer 90, 144, 146 ff.
Najas guadalupensis 169, 195
Nannostomus beckfordi 99
Neocaridina sp. 204
Neoheterandria 131
Neoheterandria elegans 23, 128, 132, 140
Neophyt 57, 74
Neozoon 70, 87, 93 f., 214
Nitrat 93, 193
Nixkraut s. *Najas guadalupensis*
North American Native Fishes Association 185

Ontogenese 32 ff., 58, 70, 89 f., 128, 131 ff., 170 ff., 178 f., 208, 214
Oogonien 39 f., 42
Oozyten 39 ff., 44, 90, 143 ff., 166
Ovar 39 ff., 44, 132 f., 135, 137, 141, 144 f., 148, 160, 166
Ovidukt 35, 142

Pachypanchax playfairi 202
Panzerwelse s. *Corydoras paleatus*
Pestizide 93
Pflanzenmethylester (PEM) 44, 93
Phallichthys 131
Phalloceros caudimaculatus 190
Phalloptychus 131
Phalloptychus januaris 147
Phosphate 93
Physella acuta 204
Poecilia 73, 132, 203
Poecilia (Micropoecilia) picta 203
Poecilia branneri 131
Poecilia chica 108
Poecilia formosa 44
Poecilia reticulata 43 f., 69, 81, 87, 94, 107, 116, 124, 126, 129, 133, 142, 147, 168 f., 183, 185
Poecilia latipinna 32, 44, 49, 68 f., 72 ff., 87, 126, 132
Poecilia mexicana 126
Poecilia orri 126
Poecilia velifera 132

Poecilia wingei 133
Poeciliinae 14 f., 19, 21, 23, 25, 31, 36, 42, 69 f., 86, 103, 107, 110, 131 ff., 137, 147, 190, 202, 210
Poeciliopsis 16, 18 f., 131 f.
Poeciliopsis baenschi 121
Pomoxis nigromaculatus 82
Populationsdichte 25, 43, 53 f., 57 f., 62 f., 65, 84 f., 89 f., 118, 132, 137, 144, 172, 180
Priapella 131
Priapichthys 131
Priapichthys festae 147
Pseudoxiphophorus 15 ff.
Pseudoxiphophorus bimaculatus 17

Quecksilber 94

Ranatra sp. 86
Rasbora heteromorpha 109
Reiher 49 ff., 66, 69, 77, 79, 83, 86 f., 98 f., 205
Riccia fluitans 195
Rückenflosse 16, 28, 32, 66, 74, 113 f., 120 f., 177, 213
Ruderfußkrebse s. Copepoden

Salinenkrebse s. *Artemia salina*
Schädel 26 f.
Schlangenhalsvögel 83, 86
Schwanzflosse 29, 114, 117, 132, 171, 174, 180, 213
Schwimmnatter 83, 86
Schwimmpflanzendecke 84
Sonnenstrahlährenfisch s. *Telmatherina ladigesi*
South Carolina 13, 28, 32, 46, 56, 67, 70, 112, 154 ff., 169, 190
Sozialverhalten 97 ff.
Spermatozoen 43 f.
Spermiozeugmen 124, 142
Stabwanzen s. *Ranatra* sp.
Superfötation 16, 23, 62, 90 f., 131 f., 137, 139 f., 143, 147, 149, 214
Suspensorium 36 ff.

Tarnfärbung 80, 194
Tausendblatt s. *Myriophyllum*
Taxiphyllum barbieri 169, 195
Teichlebermoos s. *Riccia fluitans*
Telmatherina ladigesi 109

Territorialität 97 f., 100, 110 ff., 117 f.,
Tilapia 87
Tilapien s. *Tilapia*
Totallänge 49, 171, 176
Trockenmasse 64, 88, 91, 148
Trout Pond 62 ff., 84 f., 137, 146
Tubifex sp. 200
Turmdeckelschnecken s. *Melanoides tuberculata*

UNESCO 94
Urogenitalsinus 39

Vegetation 25, 46, 48 ff., 53, 72 ff., 76 f., 80 f., 84, 98, 108, 114, 116, 129, 148 f., 195 ff., 205 ff.

Verbreitungsgebiet 20 f., 24, 31, 46 ff., 53 f., 56 ff., 60 f., 67, 71, 73 f., 80, 91 ff., 97 f., 109, 145, 186, 188, 213

Wacissa River 62 ff., 70, 84 f., 88 f., 112, 137, 146, 162, 164, 167
Wacissa Springs 69
Wakulla Springs 62 ff., 89 f., 144, 146 f., 172
Wasserflöhe 91, 101, 103, 106, 174, 199, 201 f.
Wasserhyazinthe s. *Eichhornia crassipes* und *Eichhornia* sp.
Wassernabel s. *Hydrocotyle vulgaris*
Wassertemperatur 25, 53 ff., 71, 93, 123, 129, 150 ff., 163 f., 166, 168 ff., 173 ff., 178, 180 f., 188 ff., 194, 203, 211
Wasserwechsel 189

Xiphophorini 43
Xiphophorus helleri 25, 43, 109
Xiphophorus maculatus 44

Zähne 15, 92
Zooplankton 80, 91 f., 102, 197, 214
Zwergbuntbarsch, Gelber s. *Apistogramma reitzgi*
Zwergsonnenbarsch s. *Elassoma evergladei*

11 Vereine und Internetadressen

In vielen europäischen Ländern beschäftigen sich in Vereinen organisierte Liebhaber/-innen und Züchter/-innen mit dem Zwergkärpfling und vielen anderen Wildformen der Lebendgebärenden Zahnkarpfen. Im Folgenden gebe ich eine Übersicht zu den wichtigsten Vereinen Europas. Auf den Internetseiten lassen sich Termine für Züchtertreffen, Tagungen und Ausstellungen finden, in deren Rahmen sich gut einige Zwergkärpflinge erwerben lassen.

Deutschland, Österreich und Schweiz:

Deutsche Gesellschaft für Lebendgebärende Zahnkarpfen e. V.: www.dglz.de

Verband Deutscher Vereine für Aquarien- und Terrarienkunde e. V., Arbeitskreis Lebendgebärende Aquarienfische: www.lebendgebaerende-aquarienfische.de

Niederlande und Belgien:

Poecilia Nederland: www.poecilia.nl

Frankreich:

Association France Vivipare: www.francevivipares.fr

Großbritannien:

British Livebearer Association: www.britishlivebearerassociation.co.uk

Skandinavien:

Poecilia Scandinavia: www.poecilia.org

Weitere Bücher von Michael Kempkes über Zahnkärpflinge

»Ohne Zweifel sollten und werden *Die Guppys* zur Standardliteratur eines jeden ambitionierten Aquarianers gehören. Verständlicher, umfassender und spannender kann man ein Thema kaum behandeln.« (David Bierboj in: DATZ 12/2010)

Die Guppys
Michael Kempkes
Gesamtausgabe
Band 1 und 2
780 S.
ISBN 978-3-89432-905-1

»Es ist nicht übertrieben zu sagen, dass es zu dieser Fischgruppe derzeit kein besseres Buch gibt, es ist seinen Preis mehr als wert.« (Anton Lamboj in: aqua · terra · austria, Oktober 2013)

Beiträge zur Biologie und zum Artenschutz der Hochlandkärpflinge
Michael Kempkes, Michael Köck,
Rainer Stawikowski (Hrsg.)
368 S.
ISBN 978-3-89432-408-7